KB211279

후한 선물

Precious gift

후한 선물

김양재 지음

QTM

이 책을 펴내며

학창 시절 시험에 자주 등장하던 문제 유형 중 하나가 빈칸 채우기입니다. 핵심 단어를 비워 두고 그 빈칸을 채우게 하는 형식이죠. 저도 여러분에게 이 빈칸 채우기 문제 하나를 출제해 보겠습니다. 한번 풀어 보세요.

"나의 인생은 (　　　　)이다."

여러분은 이 빈칸을 어떤 낱말로 채우셨습니까? 아마 저마다 다양한 답을 내놓겠지요. 그런데 성경을 보니, 한 여인은 답안지에 이런 답을 내놓았습니다.

"나의 인생은 후한 선물이다."

바로 야곱의 조강지처 레아입니다. 그러면 이쯤에서 궁금해집니다. 그녀는 도대체 얼마나 행복한 삶을 살았기에 자기 인생을 가리켜 보통 선물도 아니고 '후한' 선물이라고 했을까.

레아는 사랑 받지 못한 아내입니다. 레아의 남편 야곱은 둘째 부인이자 그녀의 동생인 라헬만을 평생 총애했습니다. 야곱이 라헬을 얼마나 사랑했는지 그녀를 얻고자 장인 라반 아래서 7년을 무보수로 섬겼는데, 그 7년을 며칠같이 여겼다고 합니다(창 29:20). 그런데 라반에게 홀랑 속아서 라헬이 아닌 레아를 아내로 맞게 됐습니다. 야곱의 노동력을 탐한 라반이 레아를 끼워팔기식으로 야곱에게 시집보낸 겁니다. 이후 원하던 라헬을 얻기는 했지만, 그 조건으로 야곱은 7년을 더 일해야 했죠. 그러니 야곱은 레아만 보면 부아가 치밉니다. 내 고생의 원인이 다 레아 때문인 것만 같습니다.

그런데 레아 입장에서 생각해 보세요. 너무 외로운 인생 아닙니까? 자기 잘못도 아닌데 괜스레 미움을 받습니다. 아버지는 나를 팔아먹고, 남편은 라헬만 사랑하고, 동생 라헬은 나만 보면 시기가 발동해서 날뜁니다. 누구 하나 그를 진심으로 사랑해 주는 이 없습니다. 정말 비련의 여주인공이 따로 없습니다.

그러나 사랑 받지 못해서, 삶이 너무 괴로워서 레아는 하나님을 찾았습니다. 하루하루 하나님을 붙잡으며 주님의 실체를 점점 확실히 보게 됐습니다. 육적 신랑에게 사랑 받지 못해서 영적 신랑 되신 그리스도의 사랑을 알게 됐습니다. 공평하신 하나님이 레아가 사랑 받지 못함을 보시고 아들을 더해 주실 때마다 그녀는 고백했습니다.

"여호와께서 나의 괴로움을 돌보셨다(르우벤), 내가 사랑 받지 못함을 들으셨다(시므온), 연합하리로다(레위), 찬송하리로다(유다), 복되도다(갓), 기쁘도다(아셀), 내게 값을 주셨다(잇사갈)!"

그리고 그 마지막 고백이 '스불론'입니다.

"하나님이 내게 후한 선물을 주시도다!"

그녀는 이렇게 자기 인생을 결론짓습니다. 남편에게 사랑 받지 못해도 나의 인생이 후한 선물이며, 자녀도 후한 선물이라고 고백합니다.

바로 이것이 레아의 구속사입니다. 이 레아의 후사인 유다에게서 예수 그리스도가 오셨습니다. 비록 무시와 미움을 받았어도 그리스도의 씨를 낳았기에 결국 그녀가 구속사의 근간을 이루는 엄청난 역할을 한 것입니다. 창세기 26장부터 30장까지 다루는 이 책에서 우리는 야곱의 구속사도 볼 수 있습니다. 야곱 역시 자신의 형편없음을 깨닫고 주님 앞에 나아가 결국 모든 자녀를 믿음의 후사로 올려놓았습니다.

레아처럼 누구도 사랑해 주지 않는 외로운 인생입니까? 야곱처럼 나도, 우리 가정도 너무 형편없습니까? 그런 나를 주님이 보아 주십니다. 하나님을 부르며 영적 후사를 낳는 구속사로 나를 불러 주십니다. 아무쪼록 이 후한 선물을 잘 받아서 언제 어디서나 "나의 인생은 후한 선물"이라고 고백하는 여러분 되기를 축원합니다.

2023년 7월
우리들교회 담임목사 김양재

차
례

Part 1

치졸하고
부족해도
축복하십니다

01

네게 축복하게 하라

창세기 26장 34절~27장 4절

하나님 아버지, 어떻게 참된 축복을
주고받을 수 있을지 우리에게 가르쳐 주옵소서.
진정한 축복을 받는 우리가 되기를 원하오니
말씀하여 주옵소서. 듣겠습니다.

수년 전, 한 배우의 어린 아들이 감염병으로 세상을 떠났습니다. 얼마나 예쁜지 보고 있어도 보고 싶을 것만 같은 아이였는데 저도 소식을 듣고 마음이 무척 아팠습니다. 배우인 아버지는 자신의 홈페이지에 아들에게 이런 마지막 편지를 남겼습니다.

우리 ○○이가 아기 천사가 되었습니다. 그동안 함께 슬퍼하며 위로해 주신 동료들과 많은 팬 여러분께 진심으로 감사의 마음을 전합니다. 지난 3일 동안 너무나 많은 눈물을 흘렸습니다. 하지만 남은 가족을 위해서 이제는 눈물을 보이지 않으려 합니다. 우리 예쁜 ○○이는 원래부터 나의 아들이 아니라 하나님의 아들이었다고 생각하니 마음이 훨씬 평화로워지네요. 지금 생각하면 우리 ○○이가 다시 천사로 돌아갈 준비를 한 것 같습니다.

지난주 우리 부부의 결혼기념일에는 ○○이가 자신의 보물 창고에서 꼬깃꼬깃한 만 원 지폐 한 장을 꺼내서 아빠 엄마에게 주었습니다. 또 잠시 욕실로 오라고 하더니 고사리 같은 작은 손으로 엄마, 아빠 그리고 누나에게 발 마사지를 해 주고 발을 씻겨 주었습니다. 그것이 ○○이가 우리에게 준 마지막 선물이었습니다. 지난 시간, ○○이는 우리 가족을 비롯한 많은 사람에게 기쁨과 사랑, 행복을 전해 주었습니다.

이제는 자신의 본모습인 천사가 되어 하늘에 있는 또 다른 사람들에게 또 다른 기쁨과 사랑과 행복을 전해 주러 갔습니다. ○○이는 마지막까지 미소를 잃지 않고 우리 곁을 떠나 하나님의 품속으로 돌아갔습니다.

정말 아름답고 예쁜 것들만 보고 간 우리 ○○아, 사랑한다! 아빠와 엄마, 누나는 영원히 너를 사랑해. 안녕!

"아들은 나의 자녀가 아니라 본래 하나님의 자녀였습니다." 참 아름다운 고백입니다. 이 고백을 통해 아버지가 아들을 축복하고 아들은 축복 받은 인생이 되었습니다. 이렇게 예수를 잘 믿으시니 얼마나 기쁜지요.

우리도 아버지에게 축복을 받고 싶습니다. 그런데 이제 묵상할 본문을 살펴보니까 아버지 이삭이 맏아들 에서에게 마음껏 축복을 베풀고자 하지만 끝내 에서는 축복을 받지 못합니다. 이삭이 얼마나 좋은 신앙 가문 출신입니까. 아브라함의 아들에다 부자입니다. 아들도 둘이나 얻었습니다.

게다가 이삭은 하나님에 대해서도 잘 알았습니다. 창세기 12장에서 하나님은 아브라함에게 "너를 축복하는 자에게는 내가 복을 내리고 너를 저주하는 자에게는 내가 저주하리니 땅의 모든 족속이 너로 말미암아 복을 얻을 것이라"고 약속하셨죠(창 12:3). 이는 곧 하나님이 복의 근원이시라는 뜻입니다. 약속의 자손으로서 이삭은 누구보다 이 사실을 잘 알았을 것입니다. 그런데도 그는 자기 뜻대로 에서를 축복하지 못했습니다. 심지어 그의 가정은 거룩과도, 행복과도 거리가 멀어 보입니다.

아버지라고 자녀를 무조건 축복할 수 있는 것은 아닙니다. 말로 축복한다고 정말 축복이 되는 것은 아니지요. 자녀를 축복하려면 먼저 부모가 잘 살아야 합니다. 하나님의 뜻을 거역하는 자는 축복을 할 수도, 받을 수도 없습니다.

지난 26장에서 이삭은 올라감의 축복을 받았습니다. 세상을 설득하여 아비멜렉에게서 "여호와께 복 받은 자"라는 칭찬을 듣기도 했습니다(창 26:29). 그런데 본문을 보니 이삭이 영적으로 다시 내려갑니다. 왜 이렇게 오르락내리락할까요?

하나님은 이삭에게 육의 복을 백 배로 주신 뒤 끊임없이 우물을 파야 하는 육적 고난을 허락하여 영적 복을 받도록 인도하셨습니다. 마침내 이삭이 영적 복을 받자 우물을 주시며 육의 복을 더하셨습니다. 이처럼 하나님께서 우리네 인생을 엎치락뒤치락 뒤엎으시는 것은 영의 복을 받건 육의 복을 받건 택하신 자로 하여금 언제나 하나님만 섬기게 하기 위해서입니다. 어떤 상황에서도 우리가 하나님만 섬기도록 인도하십니다. 별 인생이 없습니다. 그러니 너무 우러러보지도, 비하하지도 마십시오. 최악의 환경에 처했더라도 하나님을 찾으면 최고의 인생이 되는 겁니다.

그러면 이삭이 어떤 잘못을 했기에 에서가 축복 받지 못했을까요? 본문을 묵상하며 함께 살펴보겠습니다.

이삭이 에서를 불신(不信)결혼시켰습니다

에서가 사십 세에 헷 족속 브에리의 딸 유딧과 헷 족속 엘론의 딸 바
스맛을 아내로 맞이하였더니_창 26:34

장자권을 팔아먹은 에서는 점점 밖으로 돕니다. 결혼도 약속의
가문과는 상관없는 이방 여인, 부패한 가나안 여인과 합니다. "가나안
을 정복하라"는 하나님의 명령은 가나안 땅을 변화시키라는 뜻이지
그 땅 족속과 혼인을 맺으라는 의미가 아닙니다. "유딧"이라는 이름
은 '칭찬하다', "바스맛"은 '향기'라는 뜻입니다. 그로 보아 에서의 아
내들은 드러나는 일에 더 신경 쓰고 외모를 치장하는 데 힘쓴 여인들
이었던 것 같습니다. 우리 모두가 그런 배우자를 원하고 그런 결혼을
합니다.

그런데 불신결혼한 게 비단 에서만의 문제입니까? 자녀가 불신
결혼을 하는 것은 결국 부모가 그 길로 내몰았기 때문입니다. 왜냐하
면 문제아는 없고 문제 부모만 있기 때문입니다. 이삭은 아버지 아브
라함의 간절한 기도와 늙은 종 엘리에셀의 충성 어린 섬김으로 고향
땅, 믿음의 땅에서 아내 리브가를 구했습니다. 자신은 가 보지도 않고
가만있는데 부모가 구해다 주었습니다. 그래서 자녀의 결혼 문제에
대해 간절함이 덜 했는지도 모르겠습니다.

그들이 이삭과 리브가의 마음에 근심이 되었더라_창 26:35

당시 가나안 사람들은 부모에게 불순종하고 항거하는 기질을 가지고 있었다고 합니다. 에서의 아내들도 예외는 아니었겠지요. 그들이 이삭 부부를 얼마나 노엽게 했는지 이삭과 리브가의 "마음에 근심이 되었더라"고 합니다. 이는 극심한 슬픔과 비통 속에서 생활했다는 의미입니다.

신명기를 보면 하나님이 이와 같이 말씀하십니다.

"또 그들과 혼인하지도 말지니 네 딸을 그들의 아들에게 주지 말 것이요 그들의 딸도 네 며느리로 삼지 말 것은 그가 네 아들을 유혹하여 그가 여호와를 떠나고 다른 신들을 섬기게 하므로 여호와께서 너희에게 진노하사 갑자기 너희를 멸하실 것임이니라"(신 7:3~4).

불신결혼하면 필연적으로 가정불화가 따릅니다. 불신결혼한 자녀는 불신 배우자의 세상 가치관을 따라 부모에게 불순종하게 되고 자연스레 하나님까지 대적하며 불신앙으로 가고 맙니다. 그래서 성경은 신명기뿐만 아니라 여호수아, 에스라, 느헤미야, 마태복음에서도 "불신결혼하지 말라"고 끊임없이 이야기합니다. 이것은 하나님의 준엄한 명령입니다.

에서의 불신결혼은 일차적으로는 본인의 선택이지만, 에서를 그렇게 만든 건 문제 부모 이삭이라고 했습니다. 이삭이 어떻게 했습니까? 앞서 25장에서 우리는 에서를 편애하는 이삭을 보았습니다. 26장에서는 브엘세바를 떠나 부유한 그랄에 거하면서 자녀들을 가나안 문화에 물들게 했습니다. 또한 아내 리브가를 누이라고 거짓말했다가 그랄 왕 아비멜렉에게 책망 받기도 했습니다. 두 자녀가 이 일을 다 보고 듣지 않았겠습니까. 결국 이삭의 편견과 편애가 모든 고통을 불러온 셈입니다. 이삭 삶의 결론으로 에서가 여호와 신앙을 버리고 이방 여인과 결혼하여 근심거리가 되고, 끝내 하나님에게까지 버림받게 된 겁니다. 야곱 또한 부모의 잘못으로 험악한 인생을 살았습니다. 이삭이 신앙을 가졌어도 삶으로 본을 보이지 못해서 자녀들이 수고합니다.

에스라 2장은 70년 바벨론 포로기가 끝나고 예루살렘으로 돌아온 1차 귀환자들의 명단을 기록하고 있습니다. 그런데 2장 1절을 보면 바벨론으로 갔던 자들의 "자손들"이 돌아왔다고 합니다. 당시 바벨론 문화가 얼마나 대단했는데 당사자도 아닌 자손들이 모든 걸 뒤로하고서 믿음의 땅으로 돌아올 수 있었을까요?

요즘 자녀를 키울 때 가장 벗어나기 힘든 것이 바로 물질주의입니다. "너는 세상과 다르게 살라"고 아무리 가르쳐도 정작 자녀들은 왜 세상과 다르게 살아야 하는지 이해하지 못합니다. 부모가 그럴에 머물면서 "너는 세상을 따르지 마라" 하면 자녀가 그 말을 듣겠습니까? 어릴 때는 말을 잘 들어도 부모의 위선을 보고 자랐기에 결국 예수를 안 믿습니다. 부모의 믿음과 삶이 하나 되지 못하면 자녀들은 신앙생활에 회의를 느끼게 마련입니다.

특별히 주일예배나 신앙 수련회를 빠지고 관광여행을 다닌다든지, 예배 시간에 늘 지각하고 시계만 들여다보면서 빨리 끝나기만 기다리는 그 모든 만행(?)을 자녀들이 다 보고 있습니다. 또 어떤 부모는 목회자의 실수나 불합리한 행정을 빌미 잡아 습관적으로 교회를 비난합니다. 울며 겨자 먹기로 헌금과 십일조를 내면서 하나님께 물질

드리기를 아까워하는 부모도 있습니다. 이런 위선적인 모습이 자녀들 마음속에 다 쌓이고 있다는 걸 기억하십시오. 그래서 우리 자녀들이 신앙을 부정적으로 여기는 겁니다. 또 부모가 평소에는 기도 한번 하지 않다가 사건이 올 때만 "기도하자" 하면 자녀들이 자기도 모르게 기복주의를 배우게 됩니다. 자녀들은 부모의 말보다 삶에서 영향을 받습니다.

자녀가 어릴 때는 부모가 무서우니까 말을 잘 듣습니다. 그러다 대학에 들어가 보니 미팅 신, 다이어트 신, 성형수술 신 등등 전혀 알지 못하던 다른 신, 다른 기쁨이 있습니다(신 13:6). 각종 세상 신을 접하며 왜 부모가 위선적으로 살았는지 알게 됩니다. '우리 아버지가 이런 것을 좋아한 거구나', '엄마가 이런 재미 때문에 그랬구나…….' 그렇게 점점 세상으로, 멀리멀리 떠내려갑니다. 이 모든 것이 부모가 말로는 "교회 가라" 하면서 돈과 일류를 좋아하는 걸 온몸으로 가르쳤기 때문입니다.

이스라엘 백성이 아무리 포로로 살았어도 세계 최고 문명인 바벨론을 떠나 폐허인 예루살렘으로 돌아가기가 쉬웠겠습니까? 하나님이 "돌아가라" 하셔도 발길이 쉬이 떨어지지 않았을 겁니다. 그런데도 어떻게 그 자손들이 돌아온 겁니까? 바로 부모들이 생명을 바쳐 신앙교육을 했기 때문입니다. 이처럼 생명을 바쳐 적용한 것만이 자녀들에게 기억됩니다. 그러므로 어디를 가든지 누구를 만나든지, 재물을 쓸 때도 자녀의 믿음을 위해 적용하십시오. 목숨 바쳐 신앙을 가르쳐야 자녀에게 기억되고 신뢰를 받습니다.

이삭 부부가 그랄에 오래 머문 탓에 에서는 이미 세상을 맛볼 대로 맛보았습니다. 특별히 영적으로 약한 자녀는 환경의 영향을 그대로 받습니다. 잘난 에서는 그랄의 가치관에서 도무지 떠나지 못합니다. 그래서 내가 어디서 사는지, 무엇을 하는지가 정말 중요합니다.

물론 자녀에게 책임이 전혀 없다는 건 아닙니다. 순종하지 않는 자녀는 부모를 근심에 싸이게 합니다. 이것은 사소한 문제가 아닙니다. 생명을 주신 부모를 거역하는 것은 생명의 참주인이신 하나님을 거역하는 행위이기에 영원한 형벌을 면할 수 없다는 걸 우리는 주지해야 합니다(신 11장).

평생 겸손하고 온유하게 사신 한 장로님의 아들딸이 모두 이혼했다는 이야기를 들었습니다. 이 장로님은 평소 자녀들을 끼고돌기만 했습니다. 학벌과 재물을 갖추고 부유하게 살다 보니 자녀들이 교회에 가기만 하면 마음대로 살아도 된다고 생각했답니다. 가진 것이 많으면 영적인 것에 소홀해지는 법입니다. 본문의 이삭이 딱 이 장로님 같습니다. 영의 직분도 맡고 육적으로 부유해지니까 자녀를 불신 결혼시키며 졸지에 문제 부모로 전락합니다.

- 나는 믿음을 말이 아닌 "삶"으로 보여 주는 부모입니까?
- 자녀가 위선적이라고 여길 만한 나의 행동은 무엇입니까? 늘 예배에 지각하지는 않습니까? 교회를 섬기는 데 시간이나 재물, 마음 드리는 걸 아까워하지는 않습니까? 시험 기간만 되면 자녀를 교회에 안 보내고 학원이나 독서실로 내몰지는 않습니까?

이삭의 영안이 어두워졌습니다

에서를 불신결혼시킨 이삭의 잘못으로 점점 그의 영안은 어두워집니다. 인생에 '되었다 함'이 정말 없습니다. 어떻게 이삭의 영안이 어두워졌는지 함께 살펴보겠습니다.

첫째, 자식을 객관적으로 보지 못합니다.

> 이삭이 나이가 많아 눈이 어두워 잘 보지 못하더니 맏아들 에서를 불러 이르되 내 아들아 하매 그가 이르되 내가 여기 있나이다 하니
> _창 27:1

에서가 40세에 결혼했고 쌍둥이 야곱이 에서의 축복을 가로채고 외삼촌 라반의 집으로 도망간 게 그의 나이 77세에 이루어진 일로 보입니다. 따라서 본문은 에서가 결혼한 뒤 약 37년이 흐른 때라고 볼 수 있습니다.

성경은 이 37년간의 일에 대해 침묵하고 있습니다. 이는 곧 37년 동안 하나님과의 교제가 단절되었다는 의미입니다. 아브라함이 이스마엘을 낳고 잘난 아들에게 흠뻑 빠져 있으니까 하나님이 13년 동안 침묵하셨습니다. 그런데 이삭에게는 13년의 세 배에 가까운 시간을 침묵하십니다. 결국 이삭도 에서가 너무 좋은 겁니다. 불신자에다 불순종하는 며느리들 때문에 극심한 슬픔과 비통에 빠져서 영적으로

아주 다운돼 버렸습니다. 이삭은 자꾸 좋은 게 좋은 것이라고 생각합니다. '에서에게 장자권을 주면 상황이 나아질까? 아내들이 속 썩이는데 장자권까지 빼앗겼으니 에서가 얼마나 슬플까?' 하고 자꾸 인간적으로 해결하려고 합니다.

도대체 이삭은 왜 이리도 에서가 좋은 걸까요? 지난 25장에서 이삭이 "에서가 사냥한 고기를 좋아하므로 그를 사랑했다"고 했지요 (창 25:28). 음식에 빠져서 별미를 좋아하는 이삭입니다(창 27:4). 둘째 아들 야곱은 37년 동안 결혼도 못 한 주제(?)에 돈도 못 벌고, 먹을 것 한 번 안 가져다주니 '저것도 인간인가' 못마땅합니다. 반면에 에서는 비록 믿음 없고 말씀은 나 몰라라 해도 성실하고 때마다 먹을 것을 가져다 바치니까 축복해 주고 싶은 마음이 간절합니다. 도무지 자녀를 객관적으로 못 봅니다. 그래서 에서에게 상속권을 주고 싶어서 "내 아들아" 하고 다정하게 부릅니다. 또 이삭이 "내 아들아" 부르면 에서가 딱 와서 "네!" 합니다. 죽이 척척 맞습니다.

이처럼 편견과 편애가 축복을 가로막습니다. 이삭은 에서가 믿음이 하나도 없어도 마냥 사랑스럽습니다. 우리에게도 이런 편견이 있지 않습니까? 기왕이면 맏아들이 잘돼야 하고, 딸보다는 아들이 잘 살아야 한다는 고정관념이 여전히 존재합니다.

매춘부가 있는 술집 정면에 수녀원이 있었습니다. 어느 날, 개신교 목사가 술집에 들어가는 걸 보고 수녀원의 수녀들이 비난을 퍼부었습니다. "경건한 척하더니 뒤에서 호박씨를 까는군."

며칠 후, 유대인 랍비가 술집에 들어가자 수녀들은 또다시 손가락질했습니다. "예수님을 십자가에 못 박은 유대인들이니까 저런 짓을 하는 건 당연해!"

그런데 며칠 후 가톨릭교 신부가 술집으로 들어가자 태도가 바뀌었습니다. "신부님이 매춘부들을 전도하러 가셨나 봐", "오늘 저기에 장례가 났나 봐."

죄와 죄인을 구분하지 못하니까 우리는 이렇게 늘 옳고 그름을 따지고 치우쳐 판단합니다. 이삭 내면에 굳어진 편견과 편애 때문에에서는 마냥 좋고 야곱은 싫은 겁니다. 그래서 의도적으로 하나님 뜻과 반대되는 장자권 상속 준비를 시킵니다. 모세는 늙도록 "눈이 흐리지 아니하였고 기력이 쇠하지 하니하였더라"(신 34:7)고 했는데, 이삭은 에서를 편애하더니 급기야 불신결혼시키고 회개하기는커녕 영안이 점차 어두워져 분별력을 잃습니다. 두 아들이 배 속에 있을 때부터 에서가 아니라 야곱이라고, "큰 자가 어린 자를 섬기리라"(창 25:23)고 하나님께서 말씀해 주셨건만 부러 잊으며 멋있고 호탕하고 사냥 잘하는 에서에게 장자권을 상속하려 합니다. 당시 가치 기준으로 야곱은 인간도 아닌 겁니다.

• 성경과 믿음의 지체들이 아무리 "불신결혼은 안 된다"고 외쳐도 상대가 사랑스럽고 좋아서 부러 잊으며 결혼을 진행하고 있지는 않습니까?
• 나의 영안을 흐리는 편견과 편애는 무엇입니까?

둘째, 죽음이 두려워집니다.

이삭이 이르되 내가 이제 늙어 어느 날 죽을는지 알지 못하니
_창 27:2

현재 이삭의 나이인 137세에 형 이스마엘이 세상을 떠났습니다
(창 25:17). 그래서인지 이삭이 자신도 곧 죽을지 모른다는 두려움을 느
낍니다. 실제 이삭은 180세까지 살았습니다(창 35:28~29). 영안이 어두
워지니까 이렇게 죽음이 두렵고 오래 살고 싶은 욕심이 듭니다. 아직
은 못 죽겠다 합니다. "내가 에서 때문에 못 죽어……." 자식 때문에 못
죽는다고 그럴듯한 이유를 가져다 붙입니다. 정말 하나님의 자녀가
맞는지 의문이 들 정도로 믿음이 완전히 다운됐습니다.

아브라함은 나이가 많아 늙어서도 범사에 복을 받았다고 했는데
(창 24:1) 이삭은 죽음이 그저 두렵습니다. 아브라함이 노년에 낳은 아
들이라 그런지 믿음이 유약합니다. 환경에 장사가 없다는 걸 보여 줍
니다. 아브라함도 이스마엘을 편애했지만 훗날에는 끊어 냈는데 이
삭은 끝까지 에서를 끊지 못합니다.

• 나는 죽음이 두렵습니까? 그 이유가 나의 영안이 어두워졌기 때문 아닙
  니까?

24

셋째, 모든 것이 자기 본위(本位)입니다.

3 그런즉 네 기구 곧 화살통과 활을 가지고 들에 가서 나를 위하여
사냥하여 4 내가 즐기는 별미를 만들어 내게로 가져와서 먹게 하여
내가 죽기 전에 내 마음껏 네게 축복하게 하라_창 27:3~4

마치 에서를 위하는 듯하지만 본문을 잘 보면 사실 모든 것이 이삭 본위라는 걸 알 수 있습니다. '나를 위하여', '내가 즐기는 별미', '내게로 가져와서', '내가 죽기 전에', '내 마음껏'…… 자기중심적인 생각으로만 가득 차 있습니다. 그러니 불신결혼이 얼마나 무섭습니까. 이삭 같은 믿음의 사람도 자식을 불신결혼시킨 후 37년간 내리막길을 걷는 걸 봅니다.

이타적인 사람이라야 자녀를 축복할 수 있습니다. 자녀가 수능시험을 망치면 부모로서 속상한 게 당연한 일 같아도 이 역시 자기 본위인 감정입니다. 나의 명예에 먹칠을 했다는 생각에 속상한 것이죠. 특히 남자들이 더 하답니다. 리처드 포스터(Richard Foster)의 『돈, 섹스, 권력』이라는 책을 보면 남자가 가장 넘어가기 힘든, 마지막에 걸리는 유혹이 '명예'라고 합니다. 쉽게 말하면 아빠들이 흔히 자녀에게 "너를 위해 공부하라는 거야, 공부해서 아빠 주냐!" 하지만 "공부해서 아빠 줘라"가 본심이라는 겁니다.

• "다 자녀를 위해서 그러는 거야"라는 말에 숨은 나의 본심은 무엇입니까?

넷째, 영안이 어두워진 정점에 '별미'가 있습니다.

내가 즐기는 별미를 만들어 내게로 가져와서 먹게 하여 내가 죽기
전에 내 마음껏 네게 축복하게 하라_창 27:4

"내가 죽기 전에 내 마음껏 네게 축복하게 하라." 말은 멋있습니
다. 하지만 생각해 보세요. 집안의 장자권을 물려주는 일 아닙니까?
따라서 가족 구성원 모두가 참석한 자리에서, 공정한 상황에서 이야
기하는 게 마땅합니다. 그런데 이삭은 아내 리브가와 작은아들 야곱
은 딱 배제하고서 에서에게 빼앗긴 장자권을 회복시켜 주겠다면서
"별미"를 가져오라고 합니다. 일종의 음모입니다.

안 그래도 편애의 상처로 불난 가정에 이삭은 왜 불화의 기름을
더 붓는 겁니까? 이삭이 에서가 사냥한 고기를 좋아하는 것이 모든 문
제의 발단입니다. 이삭만 그런 게 아닙니다. 일류 회사, 일류 학교에
들어간 에서는 좋아하고, 별 볼 일 없는 야곱은 무시하는 게 우리 자연
인의 본성입니다. 내가 너무 좋아하는 그것이 내 눈을 가립니다. 불신
결혼하여 근심시키는 자녀라도 별미를 가져다주는 능력 있는 에서에
게 마음이 기울어집니다. 나의 뜻보다 하나님의 뜻이 중요한데 이를
분별하기가 이렇게 어렵습니다.

"내 마음껏 너를 축복하게 하라"는 말은 "나의 몸과 마음과 정성

과 생명을 다해 너를 축복하겠다"라는 의미입니다. 에서를 향한 이삭의 편애가 극에 달했다는 걸 보여 줍니다. 이런 걸 서로 사랑이라고 착각합니다. 또한 하나님께 묻지 않고 축복권을 남용하면서 "먹을 것을 가져오면 너를 축복하겠다"고 합니다. 축복하는 조건이 "별미"입니다. 이삭은 음식을 좋아하는 정도를 넘어서 탐식에 빠져 있습니다. 맛있는 것에 중독됐습니다.

이삭처럼 별미나 밝히며 "얘야, 내게 먹을 것을 가져와라 축복해 줄게" 하다가는, 오히려 자녀가 저주의 대상으로 전락할 수 있다는 걸 아십시오. 하나님은 그런 분이 아닙니다. 하나님을 기쁘시게 하는 최고의 별미는 오직 우리의 "믿음"입니다. 이삭이 별미를 좋아하니까 에서가 팥죽 한 그릇에 망한 것 아니겠습니까. 이삭이 육적이니까 에서도 육적입니다. 꼭 닮은 둘이 죽이 맞아 놀면서 야곱을 무시합니다.

그러나 야곱이 무시당했기 때문에 믿음의 조상이 됐습니다. 잘난 에서는 끝까지 환경에서 벗어나지 못했습니다. 자존심이 하늘에 닿아서 그럴같이 좋은 환경에서 도무지 떠나지 못합니다. 평생 세상 가치관을 버리지 못합니다. 그래서 좋은 환경이 꼭 좋은 것만은 아닙니다. 이삭이 외부 세력에게 핍박을 받고서 쫓겨 다니며 우물을 팔 때는 얼마나 믿음이 좋았는지 모릅니다. 그런데 지금, 내적인 유혹 앞에는 속절없이 무너집니다. 왜 그렇습니까? 육의 복을 받아 돈이 많으니까 영적으로 무뎌진 것이죠. 문제를 영적으로 보고 하나님께 물어야 하는데 지금 하나도 심각하지 않습니다. 모든 집이 그렇습니다. 수중에 돈이 있으면 영적 심각함이 사라져서 예수 믿어야 할 필요를 못 느낍니다. 오히려 돈이 없어서 영적 복을 누리는 게 진짜 축복입니다.

이삭 같은 사람도 환경을 벗어나지 못했는데 우리라고 다르겠습니까? 우리도 자녀에게 조건부 축복을 제시합니다. 나를 기쁘게 할 별미, 좋은 성적을 가져오라고 합니다. "SKY 대학에 들어가면 아빠가 좋은 차 사 줄게", "공부는 못해도 좋으니 운동 잘해서 김연아처럼 여기저기서 입상해 봐, 그러면 엄마가 뭐든지 해 줄게" 하면서 하나라도 뚜렷한 결과물을 내놓으라고 합니다. 자녀라고 왜 가져다주고 싶지 않겠습니까. 그러나 똑똑한 자녀, 내 맘에 꼭 드는 자녀가 아니라 하나님을 믿는 자녀가 천국에 들어갑니다.

좋은 환경에서 스스로 허벅지를 꼬집어 가며 깨어 있기가 얼마나 힘든 일인지 실례를 소개합니다. 캐나다에서 온라인으로 우리들 교회 예배를 드리는 한 분이 이런 글을 보내셨습니다.

제가 사는 윌리엄스 레이크(Williams Lake)는 캐나다의 소도시입니다. 작지만 얼마나 평화로운지 지난 7개월 동안 자동차 경적 소리 한번 들어 본 적이 없습니다. 모두가 질서도 잘 지킵니다. 큰 도로가 아닌 주택가 도로에서는 정지선에 먼저 진입한 차가 우선권을 가지고 차례로 통행합니다. 또한 우선도로와 교차하는 차는 우선 통행 차량이 모두 통과한 후 장애가 없을 때 통행합니다. 심지어 마트 안에서 카트를 이동할 때도 서로서로 양보하고, 오가며 눈으로 손으로 친절히 인사합니다. 이런 특징은 자녀들 학교생활에서도 나타납니다. 학교는 경쟁보다 '함께'를 강조하고 그러면서도 학생들이 자신의 몫을 잘 담당하도록 교육합니다.

그런데 이처럼 너무나 좋은 환경에서 살다 보니까 자녀들이 하나님을 찾지 않습니다. 하나님을 부르짖지도 의지하지도 않고, 성경 말씀대로 살려는 몸부림조차 찾아볼 수 없습니다. 한국에서는 일상과도 같던 신앙생활을 여기서는 고난으로 여깁니다. 예배드리고 성경 통독하고 큐티하는 게 이곳에서는 너무 큰 괴로움으로 다가온답니다. 영어의 바다, 선진 문화의 바다에 빠져 있는 자녀들에게 주님의 음성을 들려주는 것이 정말 쉽지 않습니다. 아이들이 "고난이 축복"이라는 영적 언어를 이해하기까지 얼마나 오래 걸릴까 생각하면 참 암담합니다. 사회가 경쟁 분위기가 아니라서 악이 덜 드러날 뿐, 이곳도 다른 곳과 마찬가지로 악과 음란이 관영한 도시 아니겠습니까. 저부터 말씀의 울타리를 갑갑해하지 않으며 자녀들에게 본을 보여야겠습니다.

별 인생이 없습니다. 그러니 나의 환경을 두고 "좋다, 나쁘다" 불평하지 마십시오. 내 자식 유학 못 보냈다고, 자녀에게 최고의 환경을 제공해 주지 못했다고 속상해하지도 마십시오. 멋있는 나라에서 고난이 무엇인지도 모르고 산다고 결코 좋은 삶이 아닙니다. 너무 좋은 나라에서 살다 보니까 자녀들이 예배드리는 것조차 힘들어한다잖아요. 한국에서 태어나고 자라며 함께 고난을 겪어야 한국 사람을 진정으로 도울 수 있습니다. 내 나라, 내 고향에서 자라는 게 가장 좋은 겁니다.

최고의 부모는 좋은 환경을 만들어 주는 부모가 아니라 '회개하는 부모'입니다. 내 죄를 보고 회개하는 부모가 자녀를 축복할 수 있습니다.

우리들교회 한 목자님의 나눔을 들었습니다. 이분이 지난 한 달 반 동안 다섯 가지 고난을 겪었답니다. 첫째로 작은아들이 선배에게 폭행당해 코뼈 수술을 받은 일, 둘째로 아내가 고속도로에서 운전하다가 접촉 사고가 난 일, 셋째로 아내가 주일예배도 못 드릴 정도로 아파서 응급실에 실려 간 일, 넷째로 아내가 차선을 변경하다가 외제차와 접촉 사고를 낸 일, 마지막으로 큰아들이 음주운전으로 적발돼 면허가 취소된 일이랍니다. 세상에, 꼭 욥 같습니다. 그런데 말이죠, 이분이 이 기막힌 사건들을 묵상하면서 자기 속의 악을 직면했다고 고백하셨습니다. 그러고는 힘들어도 브엘세바로 한 발짝 옮기는 두 가지 적용을 하겠다고 만인 앞에서 선포하셨습니다.

"첫째로, 회식할 때나 친척들과 모였을 때 두세 잔 술을 마시곤 했는데 이제는 치욕을 당하더라도 일절 마시지 않겠습니다. 둘째로, 직장에서 남을 비판하는 말을 삼가겠습니다."

이런 부모야말로 자녀를 축복할 자격을 가진 부모라고 생각합니다. 부모라면 누구나 자녀를 축복하고 싶어 합니다. 그러나 그런 바람과 달리 편견과 편애로 자녀를 망치고 불신결혼으로 내모는 문제 부모가 너무 많습니다. 자녀 때문에 근심하면서도 영안이 점점 어두워져 자녀를 더더욱 끼고도는 부모도 많습니다. "내가 너 때문에 못 죽어" 하지만 실상은 자기 본위대로 살면서 별미를 내놓으라는 조건부 축복으로 자녀를 협박하는 부모도 허다합니다. 그러면서 다들 사랑이라고 착각합니다.

　나는 자녀를 축복할 수 없습니다. 오직 하나님만이 축복하실 수 있습니다. 불신결혼한 자녀 때문에 근심합니까? 구원과 전혀 상관없이 살아가는 자녀들에게 주님이 찾아가 주시기를 기도하십시오. 자녀를 축복의 자녀로 키워 내려면 무엇보다 부모가 먼저 자기 죄를 보아야 합니다. 회개함으로 거듭나서 이타적으로 살아가는 부모만이 참된 축복을 할 수 있습니다. 그러나 회개 역시 내 힘으로는 안 됩니다. 믿음의 공동체와 함께해야 합니다. 목장(소그룹 모임)에 속하여 관계와 질서에 순종하지 못하는 나 자신을 먼저 직면하고 회개할 때, 나의 자녀가 축복 받을 줄 믿습니다. 내게 축복할 자격이 생길 줄 믿습니다.

- "네가 이것만 하면 잘해 줄게, 원하는 것 뭐든지 들어줄게" 하면서 자녀에게 요구하는 별미는 무엇입니까?
- 나의 자녀를 축복의 자녀로 키워 내기 위해 내가 먼저 회개해야 할 죄는 무엇입니까?

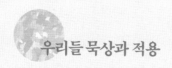

아버지는 첫째 부인과 사별한 뒤 저희 엄마와 재혼하셨습니다. 그런 탓에 저희 집 가계도는 조금 복잡합니다. 첫째 부인에게서 난 세 딸과 엄마에게서 난 저와 동생들이 가족이라고는 하지만 애매한 관계를 이루며 살았습니다. 어릴 적, 사람들이 저보고 "몇째냐"고 물으면 엄마는 넷째라고 답하기도 하고, 어느 때는 첫째라고 말하기도 했습니다. 저도 어디서 가족사를 드러내놓고 이야기해 본 적이 없었습니다.

엄마는 안정적인 직업에다 멋진 외모를 갖춘 아버지와 결혼해 행복한 삶을 살기를 꿈꿨지만, 아버지는 기대와 달리 혈기와 바람기가 많은 문제 남편이었습니다. 엄마는 기댈 곳이 사라지자 시선을 돌려 유독 저를 편애하셨습니다. 아버지와 부부 싸움을 한 날이면 이불을 뒤집어쓰고 누우셨다가도 제가 학교에서 있었던 일을 미주알고주알 늘어놓으면 비로소 웃으시곤 했습니다. 저는 그런 엄마를 더욱 기쁘게 해 주고자 때로는 과장과 거짓말을 섞어 가면서 에서처럼 별미 이야기를 만들어 내곤 했습니다(창 27:4). 형편이 어려운데도 엄마는 저에게만 음악 공부를 시켜 주셨고, 저도 기대에 부응하고자 노력했습니다. 결혼도 엄마 뜻을 따라 했습니다. 그러나 날이 갈수록 엄마의 사랑이 무거운 짐처럼 느껴졌습니다. 엄마를 만족시켜야 한다는 강박에 시달리며 날로 자존감이 떨어졌습니다.

그러다 믿음의 공동체를 만나 "우리는 100% 죄인"이라는 말씀을 듣고, 비로소 저와 가족을 객관적으로 볼 수 있었습니다. 좋은 게 좋은 것이라며 엄마의 요구를 분별없이 따르는 제가 불신자인 며느리를 허용하여 결국 근심에 빠진 이삭과 리브가와 똑같다는 생각이 들었습니다(창 26:34~35). 또한 저를 향한 엄마의 편애는 진짜 사랑이 아니라 자기애에 불과하다는 것도 깨달아졌습니다.

얼마 전, 둘째 딸의 잘못을 들춰내 몰아세웠다가 딸에게서 욕이 담긴 문자를 받은 일이 있었습니다. 저 역시 공부 잘하는 큰딸만 축복하고 싶어 하는, 영안이 어두운 엄마입니다(창 27:1). 이제는 하나님만 바라며 자녀에게 참된 축복을 해 주는 믿음의 어머니가 되기를 소원합니다.

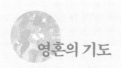
영혼의 기도

하나님 아버지, 모든 부모가 자녀를 축복하고 싶어 합니다. 자녀를 축복의 자손으로 길러 내고 싶어 합니다. 그러나 무엇이 자녀에게 진짜 축복인지 몰라서 오히려 문제 부모로 자리매김하는 부모가 얼마나 많은지요. 이삭처럼 내가 그랄 땅에 오래 거해서 자녀를 세상 가치관에 물들게 한 줄도 모르고 불신결혼시킬 수밖에 없었다고 하면서 합리화합니다. 구원과 멀어지는 자녀로 인해 근심하고 고통스러워하면서도 하나님께 나아오지 못하고 자기 연민에 빠져서 더더욱 자녀를 끼고돕니다. 그러면서 자식 때문에 죽지도 못한다고 하소연합니다. 이런 우리를 불쌍히 여겨 주옵소서.

오늘날 자녀들이 내게 근심거리가 된 것은 자녀를 위한다고 하지만 실상 나를 위해서, 내가 좋아하는 별미를 따라서 살아왔기 때문입니다. 이런 자기 본위의 신앙을 회개합니다. 우리가 얼마나 별미를 좋아하는지, 별미 헌금을 드려서라도 세상 복을 받고 싶습니다. 믿음의 조상 이삭도 그럴진대 우리는 얼마나 더 심하겠습니까. 엇나간 자녀들을 탓할 게 아니라 부모인 내가 기복을 버리지 못한 결론임을 직면하고 회개하게 하옵소서.

하나님만이 우리의 자녀를 축복하실 수 있는데 우리에게 생각만 해도 안타까운 자녀가 있습니다. 이삭처럼 "내 아들아" 불러 보아도 도무지 돌아오지 않는 자녀가 있습니다. 이들을 위해 기도하오니 나의 별미를 위함도 아니요, 나의 열심도 아닌 오직 하나님의 열심으로 "내 아들아" 하고 불러 주옵소서. "네게 축복하게 하라" 외치시는 주님의 음성을 우리 자녀들이 듣고 진정한 축복을 받게 하옵소서. 특별히 불신결혼의 아픔 가운데 있는 자녀와 부모들을 찾아가 주옵소서. 전혀 말씀이 들리지 않는 에서 같은 우리 자녀들에게 말씀이 들리는 놀라운 역사가 일어나게 도와주옵소서. 예수님 이름으로 기도하옵나이다. 아멘.

02

여호와 앞에서

창세기 27장 5~17절

하나님 아버지, 누구보다 하나님 앞에서
잘 살고 싶습니다. 말씀을 통해 우리의
영적 상태를 점검하기를 원합니다.
말씀하여 주옵소서. 듣겠습니다.

"남편과 세상적인 이야기는 잘 통하는데 영적인 이야기만 하면 전혀 통하지 않아요."

한 부인 집사님이 시름에 잠긴 얼굴로 제게 자신의 이야기를 나누셨습니다. 이분의 남편은 부인이 원하는 것은 다 들어준답니다. 부인이 소원이라니까 주일예배에도 종종 옵니다. 하지만 설교만 시작하면 꾸벅꾸벅 졸기 일쑤죠. 어느 주일에도 실컷 졸다가 깼는데 때마침 귀에 들려온 설교 내용이 남편 마음에 거슬렸던 모양입니다. 집에 돌아오는 내내 부인 집사님께 잔뜩 화를 냈다죠. 집사님이 오죽 안타까우면 "남편이 온 날은 목사님이 남편 구미에 맞게 설교해 주셨으면 좋겠다"고 하시더군요. 자신은 말씀이 귀에 쏙쏙 들어오는데 도대체 남편은 왜 안 들리는 건지, 집사님은 무척 답답해하셨습니다. 평소엔 잘 통하는 남편이 교회 이야기만 하면 벽창호 같으니 '내 힘으로는 안 되는구나, 내가 애통하면서 가야 하는 과정이구나' 절감한답니다. 남편과 영적으로 통하지 않아서 너무너무 외롭다고요.

이럴 때 여호와 앞에서 외로운 게 맞지요. 세상일에 서로 잘 통하면 뭐 합니까. 영적으로 통하지 않으면 불통인 관계나 마찬가지입니다. 그래도 이 집사님이 영적 외로움을 느끼고 있기에 이 집에 소망이 보인다고 생각합니다.

지난 말씀에서 영안이 어두워진 이삭을 보았습니다. 하나님 앞에서 잘 살기가 정말 어렵습니다. 본문을 통해 하나님 앞에서 우리 삶도 점검해 보기 원합니다. 이삭의 편견과 편애가 어떤 결과를 낳는지 함께 보겠습니다.

부부간에 대화가 단절됩니다

5 이삭이 그의 아들 에서에게 말할 때에 리브가가 들었더니 에서가 사냥하여 오려고 들로 나가매 6 리브가가 그의 아들 야곱에게 말하여 이르되 네 아버지가 네 형 에서에게 말씀하시는 것을 내가 들으니 이르시기를 7 나를 위하여 사냥하여 가져다가 별미를 만들어 내가 먹게 하여 죽기 전에 여호와 앞에서 네게 축복하게 하라 하셨으니 8 그런즉 내 아들아 내 말을 따라 내가 네게 명하는 대로 9 염소 떼에 가서 거기서 좋은 염소 새끼 두 마리를 내게로 가져오면 내가 그것으로 네 아버지를 위하여 그가 즐기시는 별미를 만들리니 10 네가 그것을 네 아버지께 가져다 드려서 그가 죽기 전에 네게 축복하기 위하여 잡수시게 하라_창 27:5~10

리브가가 술수를 써서 이삭에게 축복을 받아 내려고 합니다. 리브가는 믿음의 배우자를 만나고자 고향과 친척 아버지 집을 용감하게 떠났습니다(창 24장). 이삭은 아버지의 기도 덕분에 가만히 앉아서 믿음 좋고 적극적인 아내를 만났습니다. 그런데 리브가가 워낙 진취적이다 보니 조용한 남편과 살면서 점차 모든 일에 결정권을 가지게 된 것 같습니다. 환경에 장사가 없다고 리브가가 매사 주도하니까 서로 믿음 보고 결혼했는데도 부부 사이에 대화가 딱 단절됐습니다. 이삭은 장자권을 상속하는 중요한 일을 아내와 상의 없이 진행하고, 리브가는 그걸 엿듣고 남편을 속여서라도 자신이 원하는 걸 가지려 합니다. 부부 관계가 원만하지 못한 걸 알 수 있습니다. 이미 전부터 부부 사이에 경고 사인이 여러 차례 울리지 않았을까 합니다.

이삭이 에서에게 축복하려는 걸 리브가가 우연히 엿들은 게 아닙니다. 이삭이 에서만 편애하니까 리브가가 늘 깊이 관심을 가지고 촉각을 곤두세우고 있었던 거죠. 에서는 장자의 명분을 팔아먹고 이방 여인과 결혼하여 이삭 부부를 근심케 했습니다. 무엇보다 에서는 남편으로서 이방인 아내들을 다스리지 못합니다. 믿음에도 좀체 관심에 없으니 장자권을 받기에는 부족합니다. 이삭은 에서의 이런 면모를 잘 알고 있었습니다. 그런데 그 문제에 대해 리브가와 한마음, 한 언어가 되지 못합니다. 에서와 야곱 중에서 "비록 부족해도 나는 에서를 축복하고자 한다"는 것을 대화로 풀지 못합니다.

이삭도, 리브가도 믿음이 있지만 영적 계보에 대해 견해가 서로 다릅니다. 이삭은 37년 동안 먹을 것을 입에 넣어 준 에서가 포기가 안 됩니다. 이 좋은 아들이 믿음에는 관심이 없으니 불쌍한 마음에 더 끼고돕니다. 그럴수록 리브가는 "에서는 아니라"고 난리를 피웁니다. 리브가는 야곱이 영적 상속자라는 사실을 분명히 알고 있습니다. 그런 면에서 리브가가 조금 낮게도 보입니다. 하지만 인간적인 방법으로 장자권을 가로채려는 면에서는 이삭이나 리브가나 똑같습니다.

영적 교제가 활발히 이루어지는 가정은 존재하기 힘든가 봅니다. 아브라함과 사라 가정에도, 이삭과 리브가 가정에도 위기가 있었습니다. 그런데 이삭은 일부일처를 유지하며 모범적으로 살았고 아브라함은 부인을 셋이나 얻어 들였습니다. 여러분은 누가 더 부인을 사랑했다고 생각합니까? 저는 이삭보다 아브라함이 아내 사라를 진정으로 사랑했다고 봅니다. 세 명의 여자와 살았어도 사라가 최고의 아내라는 걸 아브라함이 뒤늦게 깨달았잖아요. 우리는 리브가하고만 산 이삭이 낫다고 하겠지만, 이삭은 재미가 없습니다. 정말 별 인생 없지요? 그래서 언제나 "여호와 앞에서" 사는 게 우리의 주제여야 합니다. 별 인생 없기에 내게 주신 남편과 아내는 내 몸에 꼭 맞는 대추입니다. 족한 줄로 여기고 살기 바랍니다.

이삭과 리브가도 대화의 단절을 경험했는데 여러분은 어떻습니까? 매주 함께 예배당에 앉아 있지만 말이 안 통하는 부부가 많을 겁니다.

강안삼 목사님이 쓰신 가정에 관한 칼럼을 읽었습니다. 목사님은 부부간에 대화를 가로막는 원인 제공자는 바로 부부 자신이라고 말합니다. 우울증 증세를 보이는 아내가 있는가 하면, 자존감이 낮은 남편도 있고, 위기관리 능력이 부족한 남편이나 결벽증이 심한 아내도 있습니다. 세상 어디에도 완벽한 부부는 없습니다. 하지만 부부가 서로 다름을 인정하고 이해한다면 행복한 가정이 될 수 있습니다. 특별히 목사님은 많은 약점에도 불구하고 아내의 머리인 남편이 항상 정직함과 솔직함을 보여 준다면 부부 문제의 대부분은 해소될 수 있다고 말합니다. 아내들이 원하는 건 단 한 가지, 남편이 마음을 열고 대화하며 진솔한 모습을 보여 주는 것이기 때문입니다.

그렇다고 남편들만 노력해야 하는 건 아닙니다. 남편들은 아름다운 아내를 원한답니다. 남자는 보이는 것에 약합니다. 남자는 흙이라고, 짐승과 같은 재료로 지어졌다고 늘 말했지요? 남자를 차별하는 게 아니라 창조원리가 그렇습니다. 그런데 아름다운 아내가 꼭 모델처럼 예쁜 여자를 가리키는 건 아니랍니다. 그보다 남편이 사랑한 처음 모습 그대로 살고자 노력하는 아내를 의미한답니다. 물론 처음 만난 때의 젊음을 유지할 수는 없겠지만, 아내가 머리도 빗지 않은 채 식사를 준비하고 사시사철 자루 같은 옷을 뒤집어쓰고 있다면 남편의 마음이 멀리멀리 떠나 버리지 않겠습니까. 솔직한 남편, 아름다운 아내가 되는 게 부부 사랑의 열쇠입니다.

더 나아가 목사님은 부부가 자기 죄를 보는 것이 가장 중요하다고 말합니다. 각자가 자기 죄를 보며 인생의 목적을 알아야 서로에게 예(禮)를 다할 수 있게 된다는 겁니다. 아무리 아내가 팔등신 미녀라도, 남편이 성실해도 부부가 살아갈수록 친밀감을 잃는 것은 부부 사이에 고백하지 않고 용서 받지 못한 죄가 도사리고 있기 때문이랍니다. 여기서 죄는 간음이나 폭력, 사기와 같은 거창한 죄만을 말하지 않습니다. 부부 사이에 정직하지 못하고 감추면서 거짓말하는 게 일상적인 습관으로 자리 잡으면 부부가 결코 친밀해지지 못한다는 겁니다.

제가 왜 늘 죄를 보라고 합니까? 자기 죄를 보는 것이야말로 진정 사랑하고 사랑 받는 비결이기 때문입니다. 부부가 서로 죄인임을 인정하고 고백할 때 친밀함과 사랑이 샘솟습니다. 그런데 사실 아무리 부부 사이라도 서로 죄를 고백하기가 어렵지요. 그래서 믿음의 공동체, 목장이 필요합니다. 부부가 함께 목장에 와서 지체들이 나누어 주는 죄 고백을 듣고, 성령이 역사하여 남편도 아내도 죄를 고백하면 부부 사이가 친밀해집니다. 누구에게나 '이건 무덤까지 가져가야지' 하는 은밀한 죄가 있습니다. 내 힘으로는 그것을 고백할 수 없지만 목장에서 지체들과 솔직히 나누다 보면 절로 무장해제 될 것입니다.

그런데 가만 보면 둘이 먹고살 만하다고 예배만 출석하고 목장에는 안 가는 부부들이 있습니다. 믿음의 공동체에 속하지 않으면 모든 것이 헛것입니다. 육적인 대화가 통한다고 잘 맞는 부부가 아닙니다. 부부간에 영적인 대화가 안 되는 데 답답함을 느껴야 비로소 그 집에 영적 후사가 납니다.

- 부부간에 대화가 잘 통합니까? 부부간에 어떤 대화를 주로 합니까? 세상 이야기로는 밤새고 수다 떨면서 믿음 이야기만 나오면 서로 꿀 먹은 벙어리가 되지 않습니까?
- 우리 부부는 서로 정직합니까? 부부가 함께 목장에서 죄를 고백하고 있습니까?

하나님께 집착하게 됩니다

부부간에 대화가 통하지 않으니까 이삭도, 리브가도 내 식대로 예수를 믿습니다. 오늘날 빗나간 신앙에 대해 지적하신 한 목사님의 인터뷰 기사를 읽었습니다. 목사님은 "유물론과 자연주의가 신앙과 결합해 기복주의를 낳고, 기복주의는 의처증처럼 하나님께 집착하는 신앙을 낳는다"며 우리에게 자신의 신앙을 바로 점검해 보기를 권면하셨습니다. 의처증은 사랑이 아니지요. 우리는 말끝마다 하나님을 부르짖는 사람보고 신앙 좋다고 생각하지만 "그것은 믿음이 아니라 하나님을 향한 집착이고, 하나님을 수단 삼아 문제를 해결하려는 죄"라고 목사님은 강력히 경고하셨습니다. 그런데 오늘 리브가가 꼭 그런 태도를 보입니다. 하나님을 수단 삼아서 자기 뜻을 이루고자 합니다.

리브가는 부엌에만 있어도 아는 게 많고, 듣는 것도 많습니다. 하나님의 뜻을 잘 알고 영적 안목도 가졌습니다. 그러면 뭐 합니까. 막상 하나님 뜻을 실행에 옮길 때는 인간적인 방법을 씁니다. 똑똑한데다 힘 있고 결단력까지 있다 보니까 내 방법이 앞섭니다.

리브가가 그의 아들 야곱에게 말하여 이르되 네 아버지가 네 형 에 서에게 말씀하시는 것을 내가 들으니 이르시기를_창 27:6

'그의 아들 야곱'은 원어로 '사랑하고 사랑하는 그녀의 아들 야곱'이라는 뜻입니다. 리브가가 야곱을 얼마나 아끼는지 남편의 생사

보다 아들 야곱이 축복 받는 게 더 중요합니다. 이전에 이삭도 에서를 향해 "내 아들아"라고 다정한 말로 불렀습니다. 부모가 사랑하는 아들이 각자 다릅니다. 이삭이나 리브가나 똑같이 자녀에게 집착하면서 가정을 갈등 구조로 몰아넣습니다.

> 나를 위하여 사냥하여 가져다가 별미를 만들어 내가 먹게 하여 죽기 전에 여호와 앞에서 네게 축복하게 하라 하셨으니 _창 27:7

리브가가 남편의 말을 딱 엿듣고는 야곱에게 전합니다. 이삭은 "여호와 앞에서"라고는 표현하지 않았는데 리브가가 이 말을 덧붙입니다. 이는 그녀가 하나님의 말씀을 정확히 기억하고서 늘 하나님 앞에 서 있는 자세로 살았다는 걸 의미하기도 합니다. 남편 이삭과는 대화가 단절됐지만 리브가는 자기 남편이 택자이며, 택자에게 받는 축복은 곧 하나님이 주시는 축복이라고 믿었습니다. 확실히 리브가가 영적으로 뛰어나기는 합니다.

> 5 이삭이 그의 아들 에서에게 말할 때에 리브가가 들었더니 에서가 사냥하여 오려고 들로 나가매······ 8 그런즉 내 아들아 내 말을 따라 내가 네게 명하는 대로 9 염소 떼에 가서 거기서 좋은 염소 새끼 두 마리를 내게로 가져오면 내가 그것으로 네 아버지를 위하여 그가 즐기시는 별미를 만들리니 _창 27:5, 8~9

리브가가 하나님의 뜻을 깨달았지만 '거기까지'입니다. 성경은 잘 깨닫는데 성경적으로 살지는 못합니다. 이삭만 "내가 즐기는 별미를 만들어 가져오라" 하는 게 아닙니다. 리브가도 "내 아들아, 내 말을 따라, 내가 내게 명하는 대로, 내게 가져오라, 내가 만들리니"라고 합니다. 또 얼마나 용의주도한지 모릅니다. 이삭은 "네 기구 곧 화살통과 활을 가지고 네가 사냥하여 별미를 가져오라"고 말했는데(창 27:3~4), 야곱이 사냥을 못하는 걸 알고 행여 의욕이 꺾일까 봐 그 말은 쏙 빼 버립니다. 에서를 축복하려는 이삭의 간절함이 담긴 "내 마음껏 축복하게 하라"는 말도 생략합니다. 대신에 "여호와 앞에서"라는 표현을 넣어서 야곱이 받아야 하는 축복이 얼마나 중요한 것인지 강조합니다. 보통 똑똑한 게 아니죠?

8절에 "명하는 대로"를 원어로 보면, 구약에서 동사가 여성형 주어와 합쳐져 여성형 분사로 쓰인 유일한 표현입니다. 즉, 지금 어머니로서 권위를 총동원하여 "내 말을 들으라!"고 분부하고 있는 겁니다.

결과로만 보면 리브가의 계획은 성공했습니다. 야곱이 축복을 받았으니까요. 그렇다고 리브가가 옳은 건 아닙니다. 이삭이 그랬듯 리브가도 자기가 왕 노릇을 하려 합니다. 자기 힘으로 하나님의 약속을 이루어 낼 수 있다고 생각합니다. 여호와 앞에서 아직 자아가 죽지 않은 겁니다.

"너는 범사에 그를 인정하라 그리하면 네 길을 지도하시리라"고 했습니다(잠 3:6). 리브가는 하나님의 말씀은 잘 알지만 하나님을 인정하지는 않았습니다. 하나님의 뜻을 이루겠다면서 갖은 인간적인 방법을 동원합니다. 쉽게 말하면 "성전 건축을 위해서라면 뇌물을 받아도 상관없다", "내가 몸을 팔아서라도 헌금 드리겠다, 무슨 상관인가! 많이 벌어 많이 드리면 장땡이지" 하는 것과 같습니다. 그렇지 않습니다. 하나님의 일은 과정도 중요합니다.

이삭과 리브가가 말이 전혀 안 통하는데 어떻게 그 집에 영적 후사가 세워질 수 있겠습니까? 부모가 편견에 싸여 자식을 편애하면 부부간에 하나 될 수 없을뿐더러 자녀들도 화목할 수 없습니다.

• 말끝마다 하나님을 찾지만 실상 하나님께 집착하는 신앙은 아닙니까? 하나님을 수단 삼아 어떤 문제를 해결하려 합니까?

구체적인 계교(計巧)를 냅니다

9 염소 떼에 가서 거기서 좋은 염소 새끼 두 마리를 내게로 가져오면 내가 그것으로 네 아버지를 위하여 그가 즐기시는 별미를 만들리니 10 네가 그것을 네 아버지께 가져다 드려서 그가 죽기 전에 네게 축복하기 위하여 잡수시게 하라_창 27:9~10

리브가가 구체적으로 지휘를 합니다. 이삭은 에서에게 "네 힘으로 별미를 만들어 오라"고 했습니다. 그런데 리브가는 자신이 만들겠다고 합니다. 이삭이 하나님 대신이라면 그의 말을 따라야 마땅한데 무시해 버리고 자기가 요리하겠다고 합니다.

> 11 야곱이 그 어머니 리브가에게 이르되 내 형 에서는 털이 많은 사
> 람이요 나는 매끈매끈한 사람인즉 12 아버지께서 나를 만지실진대
> 내가 아버지의 눈에 속이는 자로 보일지라 복은 고사하고 저주를
> 받을까 하나이다_창 27:11~12

야곱은 아버지와 어머니의 의견이 다르니 '누구 말을 들어야 하
나' 고민합니다. 지금 야곱이 아버지 뜻을 거스르는 게 마음 쓰이는 것
이 아닙니다. 아버지에게 사랑도 못 받는데 무슨 아버지 걱정을 하겠
습니까. '만약 실패하여 발각되면 어떻게 하느냐'고 자신을 걱정하는
것이죠. 12절에 "저주"란 하나님으로부터 멸시 받는 상태를 말합니
다. 야곱은 자신이 하려는 일이 하나님이 싫어하시는 일인 것도 잘 압
니다. 하나님께 멸시 받을 짓을 하면서 하나님의 축복을 받겠다고 하
는 게 말이 됩니까? 부모를 속이고 하나님도 속이면서 축복은 받고 싶
은 겁니다.

> 어머니가 그에게 이르되 내 아들아 너의 저주는 내게로 돌리리니
> 내 말만 따르고 가서 가져오라_창 27:13

야곱이 염려하자 리브가가 "너의 저주는 내게로 돌리라"며 스스
럼없이 저주를 자청합니다. 물론 하나님의 약속을 확신해서 한 말일

수 있습니다. 그러나 리브가는 이미 모성애 차원을 넘어섰습니다. 하나님의 약속을 자기가 성취시키겠다는 인간적인 의지로 불타오릅니다. 이런 사람이 제일 무섭습니다. "기도하면 안 되는 일이 없다"고 하는 사람입니다.

리브가가 하나님의 약속을 내세워 밀어붙인 결과 그녀의 바람대로 야곱이 축복을 받았습니다. 그러나 그 약속이 이루어지기까지 야곱은 험악한 인생을 살았습니다. 리브가 역시 자신이 말한 대로 마치 저주를 받은 것 같은 삶을 살았습니다. 이후로 그토록 사랑하는 아들 야곱을 살아생전 다시 만나지 못했잖아요. 아무리 힘들어도 방법과 과정 모두 하나님의 원칙대로 해야 합니다.

그가 가서 끌어다가 어머니에게로 가져왔더니 그의 어머니가 그의 아버지가 즐기는 별미를 만들었더라 _창 27:14

야곱이 "가서, 끌어다가, 가져왔다"고 합니다. 속으로 '이래도 되나' 고민했겠지만 신앙 선배인 어머니가 확신에 차서 말하니까 망설임 없이, 신속히 나가서 일을 진행합니다. 그리고 야곱이 새끼 염소를 끌고 온 즉시 리브가가 남편이 즐기는 별미를 만듭니다. 이삭은 별미를 먹고자 했고 리브가는 요리했습니다. 아버지는 조건부 축복을 원했고 어머니는 조건을 만들어 냈습니다.

리브가가 왜 이런 계교를 냈습니까? "당신이 원한 별미를 만들어 낸 건 야곱이니까 야곱에게 축복을 주라"는 겁니다. 나아가 은근히

48

이삭에게 모든 책임을 전가하고 있습니다. '당신이 별미를 원해서 내가 이런 일을 꾸미게 됐다'고 말이죠.

> 15 리브가가 집 안 자기에게 있는 그의 맏아들 에서의 좋은 의복을 가져다가 그의 작은 아들 야곱에게 입히고 16 또 염소 새끼의 가죽을 그의 손과 목의 매끈매끈한 곳에 입히고 17 자기가 만든 별미와 떡을 자기 아들 야곱의 손에 주니_창 27:15~17

요리부터 야곱의 의복까지 리브가가 하나하나 직접 나서서 지휘합니다. 계교도 더 치밀해졌습니다. 야곱에게 에서의 옷을 입히고 사람의 털과 비슷한 염소 새끼의 가죽을 손과 목에 두르게 합니다. 이쯤 되니 성경도 더 이상 이삭의 아들이 아니라고 합니다. 17절에 '자기 아들 야곱'이라는 표현은 '그 여자의 아들인 야곱'이라는 의미입니다. 야곱을 향한 리브가의 애정이 얼마나 깊은지 잘 보여 주는 대목입니다.

리브가의 계교로 마침내 야곱은 장자의 축복을 받았습니다. 그러나 에서는 신앙에서 더 멀어졌고 자손들은 서로 적대하게 되었습니다. 목적이 아무리 좋아도 하나님의 방법대로 하지 않으면 주님이 함께하지 않으십니다. 나아가 혹독한 대가를 치르게 하십니다. 바울 사도도 "선을 이루기 위하여 악을 행하자 하지 않겠느냐 어떤 이들이 이렇게 비방하여 우리가 이런 말을 한다고 하니 그들은 정죄 받는 것이 마땅하니라"고 했습니다(롬 3:8). 선을 행하기 위해 악을 행해서는 안 됩니다. 리브가의 계교가 성공한 듯 보여도, 하나님이 불쌍히 여겨 주신 것뿐이지 결코 그의 손을 들어주신 게 아닙니다.

• 나는 매사 하나님의 방법대로 합니까? 하나님의 뜻을 이루겠다고 하면서
  내세우는 인간적인 방법은 무엇입니까? 어떤 계교를 꾸미고 있습니까?

그럼에도 우리가 여호와 앞에 있기에
하나님은 무조건적인 은혜를 베푸십니다

치졸하기 짝이 없는 가정사지만 이삭과 리브가가 모든 걸 드러
내 이야기했기에 우리가 읽고 은혜를 받습니다. 우리들교회 목장에
서도 별의별 치졸한 이야기를 다 드러내는데 날마다 은혜가 넘칩니
다. 치졸해도, 부족해도 여호와 앞에 있으면 하나님이 무조건 은혜를
베푸십니다. 나아가 나의 죄를 드러내시고 나로 회개하여 구원에 이
르도록 인도하십니다.

12절을 보면 야곱은 아버지 이삭을 속여서 장자의 축복을 받는
것을 저주 받을 일로 여깁니다. 그러자 리브가가 "너의 저주는 내게로
돌리라"고 하지요. 리브가 역시 잘못된 일이라고 인지하고 있었던 것
입니다. 그러나 야곱도, 리브가도 돌이키지 않습니다. 심지어 야곱은
아버지를 속이고자 하나님의 이름까지 망령되게 일컫습니다(창 27:20).
그런데도 장자의 축복을 받고 언약의 자손이 되었습니다. 하나님이
택자 야곱에게 "무조건적"인 은혜를 베풀어 주신 것입니다.

우리에게 어떠한 자격이 있어서 하나님이 은혜 베푸시는 것이 아닙니다. 인간이 얼마나 타락한 존재인지 우리가 지금까지 보았잖아요. 심지어 하나님 뜻을 들먹이면서 하나님 앞에서조차 속임수를 씁니다. 그러나 내가 집착한다고 하나님 뜻이 이루어집니까? 하나님의 뜻은 오직 하나님에 의해서만 성취됩니다. 하나님의 사랑은 집착해서 얻는 것이 아닙니다. 누군가에게 억지로 사랑을 얻는다고 한들 기쁨이 오래가지 못하잖아요. 의처증이나 의부증에 시달리는 사람들을 보세요. 그 인생이 얼마나 슬픕니까. 그래서 하나님을 인격적으로 만나야 합니다.

리브가는 사라만큼 고난을 겪지 못했습니다. 그런데다 워낙 성격이 적극적이고 맹렬하다 보니 조용한 이삭과 살면서 답답증이 났을 겁니다. 그래서 부부간에 대화가 단절됐습니다. 또 결혼도 자기 뜻대로 하고 거절당해 본 적도 없어서, 약속의 자녀도 자기 힘으로 만들어 낼 수 있다는 신념에 가득 차 있습니다. 맹렬한 자신과는 달리 유약한 야곱이 불쌍하고 하나님의 택자이기도 하니까 무섭게 뜻을 밀어붙입니다. 반면에 이삭은 무시 받는 것이 무엇인지 잘 압니다. 비리비리해서 어려서부터 희롱당하기 일쑤였잖아요. 오죽하면 아브라함이 살아생전 이삭을 위해 다른 형제들을 내쫓았겠습니까. 그래서 이삭은 힘센 에서가 좋습니다. 자기처럼 소극적이고 매끈매끈한 야곱은 딱 싫습니다.

우리도 그렇습니다. 모두가 살아온 과거에서 벗어나지 못합니다. 예수를 믿어도 내가 살아온 만큼만 생각합니다. 심지어 하나님 앞에서 버젓이 악을 행하기도 합니다. 우리에겐 선한 것이 하나도 없습니다. 저주 받아 마땅합니다. 그러나 성격이 맹렬해도 유약해도, 악하고 죄가 많아도 "여호와 앞에서" 살아가면 주님은 무조건 은혜를 베푸십니다.

이삭이 에서를 축복하고자 했지만 하나님께서 그 길을 막으셨습니다. 리브가가 속임수를 써서 야곱이 축복을 받았지만, 축복이 이루어지기까지 야곱은 험악한 인생을 살았습니다.

그런데 야곱은 고난바가지였어도 약속의 자녀가 되었는데, 에서는 잘 먹고 잘살다가 지옥에 갔습니다. 험악한 인생이라도 여호와 앞에서 살아가는 것이 목적이어야 하는데 에서는 잘 먹고 잘사니까 영적인 것에 도무지 관심이 없습니다. 하나님이 37년 동안 기다려 주셔도 말씀은 나 몰라라 하다가 훗날 도망간 야곱이 돌아오자 제 발로 약속의 땅을 떠난 사람이 바로 에서입니다.

우리 집은 소망이 없다고 말합니까? 이삭 집안만큼 콩가루 집이 어디 있겠습니까. 이삭은 영안이 어두워지고, 리브가는 자기 열심이 하늘을 찌르고, 에서는 믿음에 관심이 없고, 야곱은 소심하기 짝이 없습니다. 콩가루 중의 콩가루 가정입니다. 그럼에도 이 집안에 구속사의 물결이 노도와 같이 흘러, 주님이 주님의 일을 하셨습니다. 아내 따로, 남편 따로, 자녀 따로 노는 것 같아도 한 사람만 중심 잡고 여호와 앞에서 예배드리고 말씀을 잘 들으면 우리 집에도 구속사의 물결이 힘차게 흘러 내려갈 것입니다. 할렐루야!

- 내가 소망이 없다고 생각하는 부분은 무엇입니까?
- 치졸해도, 부족해도 내가 여호와 앞에서 살아갈 때 하나님께서 내 인생과 우리 가정의 구속사를 이루어 가실 줄 믿습니까?

저는 교육열이 대단한 엄마 아래서 자라며 치과대학에 입학해 6년 동안 장학생을 놓쳐 본 적이 없습니다. 대학 졸업 후엔 집안의 실질적인 가장이 되었습니다. 돈만 있으면 행복하리라고 생각했는데 경제적으로 여유로워지자 가족 간에 갈등이 끊이지 않았습니다. 저는 공허한 마음에, 첫 부인과 사별하고 당시 초등학생 딸아이와 살던 14살 연상의 남편을 만나 집안의 반대를 무릅쓰고 결혼했습니다. 결혼 초에는 자상한 남편의 배려를 받으며 그저 남편과 함께 있는 것만으로도 행복했습니다. 그러나 남편은 자존심이 강해 사소한 말 한마디에도 상처를 잘 받았습니다. 날로 부부 싸움이 잦아지며 남편에게 실망했고 생계와 살림, 자녀 양육까지 홀로 감당하게 되자 분이 나서 불평과 원망을 쏟아 냈습니다.

게다가 남편은 첫 부인과의 사이에 낳은 딸아이가 불쌍하다면서 그 딸에 대해서는 어떤 말도 듣지 않았습니다. 딸아이를 미국으로 유학 보냈지만 아이는 공부는 안 하고 명품에 빠져 지냈습니다. 제가 이를 지적하자 남편은 "계모라서 어쩔 수 없구나!" 하며 비난했습니다. 그제야 저는 주님 앞에 엎드리게 되었고 생색과 불평으로 가득한 마음을 회개했습니다. 이삭이 에서에게 "내 아들아" 하는 것처럼 남편은 당장이라도 죽을 사람처럼 딸을 위합니다(창 27:1). 남편이 딸을 끼고도니까 저도 리브가처럼 제가 낳은 아들에게 "내가 시키는 대로 해라!" 하면서 계략을 세웠습니다(창 27:8). 딸과 아들을 차별하지 않았다고 생각했는데…… 저 역시 이삭과 리브가와 다를 것 없는 치졸한 부모임을 고백할 수밖에 없습니다.

　리브가는 열심이 하늘을 찌르고, 야곱은 소심하고, 이삭은 영안이 어두워졌습니다. 그러나 이렇게 통하지 않는 가족도 여호와 앞에 있으니 주님이 구속사를 이루어 주셨습니다. 남편과 자녀와 단절되어 외롭지만 그래서 주님만 바라보게 하시니, 이 모든 일이 이 땅의 위로가 아닌 하나님의 위로를 받게 하시려는 주님의 계획이라고 믿습니다. 영적 눈을 뜨게 하시고 영원한 하나님 나라를 사모하게 하신 하나님, 사랑합니다.

영혼의 기도

주님, 부부간의 대화가 막혔습니다. 자식 문제로 부부 사이에 골이 깊어졌습니다. 신앙 이야기만 나오면 가족이 서로 통하지 않습니다. 자녀들이 믿음을 가지지 못합니다. 그런데 이 모든 것이 자녀가 별미를 가져다주기를 원하고, "내가 자녀를 길렀다"고 생색내고, 누군가에게 줄을 서려고 늘 눈을 두리번거리는 나 때문에 벌어진 일이라고 주님은 말씀하십니다. 우리의 이런 모든 죄가 여호와 앞에서 사진이 찍히듯 기록되었다고 말씀하십니다. 무엇보다 이런 부끄러운 죄를 꼭꼭 숨기며 회개하지 않아서 우리 가정이 병들어 간다고 말씀하십니다. 주여, 우리를 불쌍히 여겨 주옵소서. 하나님 앞에서 솔직해지게 하옵소서. 우리의 죄를 고백하게 하옵소서.

주님, 믿음의 조상이라 불리는 이삭의 가정을 묵상해 봅니다. 이삭은 영안이 어두워졌고, 리브가는 자기 열심이 하늘을 찌르고, 에서는 믿음에 관심이 없고, 야곱은 소심합니다. 그야말로 콩가루 중의 콩가루 가정입니다. 그러나 치졸하고 연약해도 그들이 여호와 앞에서 살아남으로써 이 가정에 구속사의 물결이 노도와 같이 흘러 내려갔습니다. 자기 죄를 보고 구원을 위해 기도하는 한 사람이 우리 가정에

56

있다면 우리 집에도 믿음의 후사가 주렁주렁 열릴 줄 믿습니다. 그 한 사람이 바로 내가 될 수 있도록 인도해 주옵소서.

특별히 부부간의 대화가 단절된 가정을 위해 기도합니다. 그들에게 서로를 있는 그대로 보는 솔직함과 아름다움을 허락해 주옵소서. 부부 사이를 가로막는 편견과 편애가 물러가게 도와주옵소서. 자녀들을 내 아들, 내 딸이 아니라 하나님의 자녀로 보고 영적 후사로 키워 내는 부부가 될 수 있도록 도와주옵소서. 그리하여 하나님이 기뻐하시는 가정이 되도록 축복을 내려 주옵소서. 예수님 이름으로 기도하옵나이다. 아멘.

03

분별하지 못하고

창세기 27장 18~30절

하나님 아버지, 속고 속이는 세상에서
우리가 어떻게 분별할 수 있을지
말씀하여 주옵소서. 듣겠습니다.

수많은 사람이 "속았다"고 말합니다. 믿었던 친구에게 속고 동업자에게 속고 상사에게, 동료에게 속았다고 합니다. 한 집사님은 "남편에게 속았다"면서 자신의 억울한 사정을 토로하시더군요. 결혼 전 집사님의 남편은 누가 보아도 호감 가는 배우자감이었습니다. 패기와 열정이 넘치고 매사 열심을 다해서 직장에서 인정받는 사원이었습니다. 집사님에게는 배려와 사랑을 아끼지 않는 사려 깊은 남자였죠. 약간의 부채가 있었지만 함께 노력해서 갚으면 된다고 생각했습니다. 그런데 결혼하고 보니 '약간'의 부채가 아니었습니다. 빚이 꼬리에 꼬리를 물고, 그 빚을 갚는 건 오롯이 집사님 몫이 되었습니다. 신용불량자가 되는 일만은 피해야겠기에 전 재산을 빚 갚는 데 쏟아부었죠. 집사님은 배신감에 잠 못 이루기도 했지만 그래도 따뜻한 남편이니까 감내하고 살았답니다.

그런데 여태까지는 빙산의 일각이었습니다. 재산을 탕진한 뒤 돈 나올 구석이 사라지자 이 남편이 각목을 휘두르기 시작하더랍니다. 갖은 멸시는 물론이고 폭언과 폭력도 서슴지 않았습니다. 게다가 바람까지 피우면서 이혼을 요구하고 있다는 겁니다. 아무것도 없는 남자를 누가 좋아할까 하겠지만, 결혼 전 부인 집사님이 홀랑 속았듯 다른 여자들도 이 남편에게 그렇게 속아 넘어간다는 겁니다.

2009년 11월 26일, 헌법재판소에서 혼인빙자간음죄를 위헌으로 판결했습니다. 이로써 "남자에게 속아서 당했다"라는 변명(?)은 할 수 없게 되었습니다. 속인 남자도 문제지만 속은 여자에게도 문제가 있습니다. 남녀의 구조가 다르다고 했습니다. 남자는 흙으로, 여자는 뼈로 지어졌습니다. 여자가 재질이 더 훌륭합니다. 그런데 그 좋은 재질로 처음 한 일이 무엇입니까? 하나님 앞에 범죄했습니다. 본차이나 같이 우수한 여자가 인류에 죄를 들여놓은 겁니다. 남자들도 그렇지만 여자들이 죄짓는 데 얼마나 앞장서는지 모릅니다. 바람피우는 남자가 부지기수라면 그에 상응하는 동수의 여자가 있지 않겠습니까? 돈을 좋아해서 유부남, 유부녀라도 돈이 있으면 앞뒤 가리지 않고 달려드는 이들이 있습니다.

교인이라고 예외는 아닙니다. 유익이 달린 일에는 거짓말이라도 서슴없이 합니다. 교회 다니는 사람이 어떻게 그럴 수 있느냐고요? 그럴 수 있습니다. 성경적 가치관이 없으면 다 속고 속이는 인생을 사는 겁니다.

그러면 우리가 속이는 자를 어떻게 분별해야 할까요? 『거짓말의 딜레마』를 쓴 독일의 심리학자 클라우디아 마이어(Claudia Mayer)는 "뛰어난 거짓말쟁이들은 허구와 진실을 절묘하게 조합하는 전술을 자주 사용한다"고 말합니다. 그들은 결코 모든 걸 새로 꾸며 말하지 않습니다. 과거의 경험과 지식을 바탕으로 그럴듯한 거짓말을 만들어 냅니다. 그러기에 모두가 꼼짝없이 속아 넘어가지요.

예를 들어, 고객의 클레임 메일에 왜 답장하지 않았느냐고 상사가 야단을 칩니다. 이때 거짓말의 대가들은 과거에 중요한 메일이 스팸 필터에 의해 휴지통 폴더로 분류되어 실수로 삭제해 버린 경험을 떠올립니다. 그리고 그걸 핑곗거리 삼아 "나는 그런 메일을 받은 적이 없다"고 당당하게 거짓말합니다.

또한 그들은 늘 다의적이고 불분명하게 표현한답니다. 예를 들어, "아무개 헤어스타일 어때?"라고 물으면 정확한 소감은 밝히지 않고 "짧아"라고만 대답합니다. "전 남자 친구가 네게 잘해 줬니?" 물으면 "요리는 잘했어"라고 사실만 전달하는 방식으로 대답을 끊는다는 겁니다. 또 완곡어법을 잘 사용하고 추한 진실까지도 미화하기 좋아한답니다. 예를 들면, '금지'라고 하지 않고 '……에 한해서 허가'라고 듣기에 좋게 돌려 표현하는 것이죠. 얼핏 보면 커뮤니케이션의 대가 같게 느껴지기도 합니다. 그래서 "좋은 게 좋다"는 태도에 결코 속아 넘어가면 안 됩니다. 말이 유창하다고, 태도가 유연하다고 커뮤니케이션을 잘하는 게 아닙니다.

아무리 '절대 속지 않을 거야' 다짐해도 우리는 매사 분별하기가 어렵습니다. 왜 우리는 잘 분별하지 못할까요? 본문을 함께 묵상하며 살펴보겠습니다.

속이고자 하는 사람이 있으면 분별하기 어렵습니다

야곱이 아버지에게 나아가서 내 아버지여 하고 부르니 이르되 내가

"내 아버지여." 야곱이 아버지를 부르며 나아갑니다. 거짓말 행전에 적극 동참하기로 합니다. 지금까지 야곱은 리브가의 계략을 따랐습니다. 그러나 이제는 주도적으로 속입니다. 탈취해서라도 축복을 받겠다는 의지가 보입니다.

> 야곱이 아버지에게 대답하되 나는 아버지의 맏아들 에서로소이다……_창 27:19a

야곱은 자신이 "맏아들 에서"라고 거짓말합니다. 맏아들의 원어인 '뻬코르(בכר)'는 '태를 열다'라는 의미인 '빠카르(בכר)'에서 유래했는데, 이는 축복을 의미하는 '바라크(ברך)'의 철자를 앞뒤로 바꾼 말입니다. 바라크는 하나님을 찬양하고 경배하는 예배의 복을 말합니다. 당시 맏아들에게 주어지는 장자의 명분은 재산뿐만 아니라 하나님의 언약을 상속 받는 특별한 권리였습니다. 따라서 야곱이 육적인 복을 넘어서 예배의 복, 하나님 나라의 복을 몹시 갈망하고 있다는 걸 알 수 있습니다. 그래서 배 속에서부터 에서와 다투고, 태어날 때는 형의 발뒤꿈치를 잡고 나왔습니다. 자라서는 팥죽 한 그릇에 장자의 명분을 갈취하더니 이제는 아버지까지 속여 장자의 복을 온전히 자기 것으로 만들려고 합니다. 천국을 사모하는 것까지는 맞는데 계속해서 잘못된 방법을 씁니다. 하나님을 믿기 위해서라면 어떤 거짓말이라도

62

불사하겠다는 태도입니다.

　야곱처럼 속이기로 작정한 사람을 분별해 내기란 참 어렵습니다. 바람피우며 속이기로 작정한 남편을 어떻게 분별하겠습니까. 바람난 남편이 있다면 반드시 파트너도 있게 마련인데 그도 자기 남편을, 가족을 속이지 않겠습니까? 남편을 속이고, 아내를 속이고, 소비자를 속이고…… 속고 속이는 세상에서 살고 있음을 인정해야 합니다.

　야곱은 차자라는 현실이 때마다 자신의 발목을 잡는 것만 같습니다. 그래서 늘 맏아들의 특권을 묵상하면서 호시탐탐 노리고, 비교하고 시기합니다. 반면에 장자 에서는 자신에게 주어진 권리가 얼마나 귀한지도 모르고 당연하게 여기며 장자권에는 좀체 관심이 없습니다. 왜, 그렇잖아요. 잘사는 아이들은 늘 먹을 게 풍성하니까 자기가 무엇을 먹는지, 얼마나 좋은 것을 먹는지 전혀 관심이 없습니다. 그에 반해 못사는 아이들은 잘사는 친구가 싸 오는 도시락 반찬을 늘 관심 있게 봅니다. '무얼 싸 왔나' 곰곰이 관찰하고 비교하면서 '나중에 나도 저것을 먹고 말리라!' 벼르기도 하지요.

　우리도 야곱처럼 살며 쌓인 상처가 많아서 거짓말하는 겁니다. 상처가 우리 자신을 만든다고 해도 과언이 아닙니다. 모든 사람에게 친절하신 한 분에게 그 이유를 물었더니 "어려서 아버지가 일찍 돌아가시고 남의 집에 얹혀살아서 그렇다"고 하시더군요. 남의집살이하다 보니 늘 타인의 비위를 맞추는 게 습관이 된 겁니다. 예수로부터가 아니라 사랑 받지 못한 상처로부터 비롯되는 친절입니다. 그러니 무조건 친절한 것도 옳은 건 아닙니다. 분별을 잘 해야 합니다. 세상은 옳고 그름으로만 판단하지만 우리는 그 너머를 보아야 합니다.

> ……아버지께서 내게 명하신 대로 내가 하였사오니 원하건대 일어
> 나 앉아서 내가 사냥한 고기를 잡수시고 아버지 마음껏 내게 축복
> 하소서_창 27:19b

앞서는 맏아들 에서라고 거짓말하더니 이번에는 "내가 사냥한 고
기"라고 거짓말합니다. 이삭을 속이기로 작정한 것이죠. 그러고는 "아
버지, 마음껏 내게 축복하소서"라고 청합니다. 야곱은 아버지를 속여
서라도 가문의 언약 계승자가 되기를 간절히 원했습니다. 비록 방법이
엇나가기는 했지만 목적 자체가 틀리지는 않았습니다. 가만 보면 교회
직분에 영 관심 없는 분들이 있습니다. 물론 성도끼리 서로 비교하면
서 직분을 탐하는 건 옳지 못합니다. 그렇다고 직분에 무관심하다 해
서 믿음이 좋은 건 아닙니다. 영적 직분은 나 몰라라, 편안함만 좋아 목
장에도 참여하지 않으면 에서처럼 지옥 자녀가 될 수 있습니다.

에서는 야곱처럼 거짓말도 안 하고 아버지에게 충실합니다. 그
렇다고 야곱보다 더 나은 겁니까? 에서는 사는 게 편하니까 거룩한 것
에 좀체 관심이 없습니다. 지질한 교인보고 사람들은 "교회 다니면서
왜 그 모양이냐?" 하지만, 교회 안 다니는 의인보다 교회 다니는 죄인
이 백번 낫습니다. 싸워도 교회 안에서 싸우면 괜찮습니다. 우리에게
영적 욕심도 있어야 합니다. 내가 예수님을 만났다면 당연히 영적 직
분에 소망이 생겨야 합니다. 주님을 만나지 못해서 직분에 관심이 없

는 겁니다. 사명 때문에 와서 사명 때문에 살다가 사명 때문에 가야 하는데, 사명이 없으니까 직분에 관심이 없는 겁니다. 물론 야곱이 옳다는 것은 아닙니다. 주의 복을 사모하는 것은 바람직하지만 방법이 틀렸습니다.

- 내 속의 어떤 상처가 나를 거짓말하게 만듭니까?
- 나는 영적 직분 얻기를 소망합니까? 겸손해서가 아니라 오히려 교만하고 나태해서 영적 직분에 관심이 없는 것은 아닙니까?

이삭이 분별하려고 노력했습니다

"나는 분별하려고 노력했어", "그 사람이 그럴 줄 몰랐어!" 우리가 속고 나서 자주 하는 말입니다. 마찬가지로 이삭도 분별하려고 노력했습니다. 속지 않으려고 얼마나 애썼는지 모릅니다. 이삭이 어떤 노력을 했는지 함께 과정을 살펴보겠습니다.

첫째, 이삭이 논리적으로 시험합니다.

이삭이 그의 아들에게 이르되 내 아들아 네가 어떻게 이같이 속히 잡았느냐 그가 이르되 아버지의 하나님 여호와께서 나로 순조롭게 만나게 하셨음이니이다_창 27:20

에서에게 명한 지 얼마 안 되어 금세 별미를 가져오자 이삭이 "어떻게 이같이 속히 잡았냐"고 묻습니다. 나름 논리적인 질문입니다. 그러자 야곱이 시치미를 떼고 "여호와께서 나로 순조롭게 만나게 하셨다"고 대답합니다. 순조롭게 만났다는 것은 '그 짐승이 나에게 오도록 작정되어 있었다'라는 의미입니다. 리브가가 요리한 염소 고기를 가져와서는 마치 자기가 잡은 것처럼 감쪽같이 속입니다.

바람피우는 사람들이 "하나님 앞에서 맹세하건대 절대 그런 적 없다" 딱 잡아떼는 걸 종종 봅니다. 죄의식도 없이 거짓말을 하는 겁니다. 야곱도 "아버지의 하나님 여호와"를 들먹이면서 거짓말합니다. 존경 받아야 할 아버지와 경배 받으실 하나님까지 자신이 축복 받기 위한 도구로 사용합니다. 하나님의 이름을 망령되이 일컫는 죄를 죄책감도 없이 저지릅니다.

이렇듯 죄는 우리 내면에 무섭게 퍼집니다. 앞서 12절에서는 복은 고사하고 저주를 받을까 두려워하던 야곱이 점차 강도가 센 거짓말을, 그것도 태연스럽게 합니다. 심지어 하나님의 이름까지 망령되게 부르면서 시험을 넘기고자 합니다.

둘째, 이삭이 촉각으로 시험합니다.

21 이삭이 야곱에게 이르되 내 아들아 가까이 오라 네가 과연 내 아들 에서인지 아닌지 내가 너를 만져보려 하노라 22 야곱이 그 아버지 이삭에게 가까이 가니 이삭이 만지며 이르되 음성은 야곱의 음

성이나 손은 에서의 손이로다 하며_창 27:21~22

무사히 넘겼다 싶었는데 이삭이 다시 시험해 오자 야곱의 가슴이 덜컹 내려앉았습니다. 이번에는 "내가 너를 만져 보겠다" 하면서 촉각으로 시험합니다. 하지만 불행인지 다행인지 염소 새끼 가죽으로 가장한 계략이 성공합니다. 그러나 아직 시험은 끝나지 않았습니다.

이삭이 이르되 네가 참 내 아들 에서냐 그가 대답하되 그러하니이다_창 27:24

"네가 참 내 아들 에서냐?" 이삭이 또다시 확인 질문을 합니다. 목소리까지는 속이지 못한 야곱은 이제 말소리를 줄입니다. 크지도 작지도 않은 소리로 "Yes" 합니다. 괜스레 말을 많이 하여 들키지 않도록 "에서가 바로 저입니다"라는 긴말 대신 "그러하니이다"라는 간결한 말로 대답합니다. 거듭되는 시험 앞에 실수할 법도 한데 눈 하나 깜짝하지 않고 더 큰 거짓말을 합니다. 이런 야곱의 재주(?)가 자손들에게도 그대로 전해져, 훗날 야곱 역시 아들들의 거짓말에 깜빡 속아 넘어갑니다.

셋째, 야곱이 최선의 행함으로 시험을 넘어갑니다.

이삭이 이르되 내게로 가져오라 내 아들이 사냥한 고기를 먹고 내

마음껏 네게 축복하리라 야곱이 그에게로 가져가매 그가 먹고 또 포도주를 가져가매 그가 마시고_창 27:25

야곱이 모든 일을 신속히 진행합니다. 본문의 원문을 직역하면 이렇습니다. "그리고 그(야곱)가 그(이삭)에게로 가까이 가지고 왔다. 그리고 그(이삭)가 먹었다. 그리고 그(야곱)가 포도주를 가지고 왔다. 그리고 그(이삭)가 마셨다." 그리고, 그리고…… 접속사 'And'의 연속입니다. 야곱이 최선을 다해 고기와 포도주를 내놓으며 축복 받고자 애씁니다. 지금 야곱에게는 지체할 시간이 없습니다. 에서가 돌아오기 전에 모든 일을 마쳐야 하기 때문입니다.

넷째, 이삭이 냄새로 시험합니다.

26 그의 아버지 이삭이 그에게 이르되 내 아들아 가까이 와서 내게 입맞추라 27 그가 가까이 가서 그에게 입맞추니 아버지가 그의 옷의 향취를 맡고 그에게 축복하여 이르되 내 아들의 향취는 여호와께서 복 주신 밭의 향취로다_창 27:26~27

마지막으로 이삭은 냄새로 야곱을 시험합니다. 이번만큼은 야곱이 정말 긴장했을 것 같습니다. 거짓말하는 사람들은 밤에 발 뻗고 못 잡니다. 거짓말은 거짓말을 낳기에 또 다른 거짓을 꾸며야 하잖아요. 그런데도 야곱은 이삭이 거듭 놓는 거짓말 탐지기에 좀체 안 걸려듭니다. 정말 교활하고 무서운 거짓말쟁이입니다. 세상적으로 말하면 정말 나쁜 사람입니다.

모든 일을 객관적이고 냉철하게 바라보고 외적인 조건보다 사람 자체를 보는 것이 바른 신앙인의 자세입니다. 그런데 많은 사람이 이삭처럼 겉모습만으로, 냄새와 감촉만으로 평가하려 합니다. 어쩌다 이삭이 이런 지경이 되었습니까? 나이 들어 먹고 마시는 것만이 주된 관심사가 되었기 때문입니다. 믿음의 조상이 이런 길을 걸어갔으니 정말 심각한 문제입니다. 맛있는 것이 많고, 가고 싶은 곳이 많아지면 이처럼 영적인 일에 분별력이 흐려집니다.

이삭만 별미를 좋아하는 게 아닙니다. 별미에 대해 나눈 한 목장 보고서를 읽었습니다. 한 분은 별미가 자신이 끊지 못하는 안목의 정욕이라고 나누었더군요. 별미를 찾는 게 에고이즘(egoism)의 극치인 것 같답니다. 별미를 원하다 보니 더 특별한 맛을 찾게 되고, 그것이 결국 죄로 이어진다고요. 자신은 명예보다 별미를 더 좋아한답니다. 나만 잘 먹고 잘살면 장땡이라고 늘 생각했답니다.

다른 집사님은 아버지의 남다른 별미 사랑에 대해 나누었습니다. 이분의 아버지는 자녀가 여덟인데도 예쁘고 좋은 사과가 있으면 만지지도 못하게 하고 꼭 자기가 먹었답니다. 뭐든 좋은 음식이 있으면 "다들 가만히 있어!" 윽박지르고는 혼자 먹어 치우고, 늘 먹는 것이 우선이라 회사 일은 뒷전이었답니다. 정말 이삭이 따로 없습니다.

성경을 보면 음식에 관한 규례가 나옵니다. 유대인들은 그 규례를 따라 코셔(כשר)라 불리는 합당한 음식만 먹을 수 있었습니다. 부정하다고 규정된 짐승은 먹을 수 없고, 정한 짐승이라도 피를 완전히 제거한 뒤에 먹어야 했습니다(창 9:4; 레 19:26). 당시 피는 생명과 일체라고 여겨져 피째 먹는 것을 강력히 금했습니다(레 17:14). 피를 통해 전염되는 대표적인 병이 한센병(나병)과 AIDS입니다. 그런데 이삭이 좋아한 별미는 고기를 피째 먹는 레어(rare) 상태의 스테이크가 아닐까 추측합니다. 레어는 고기를 겉면만 살짝 익히고 안에는 붉은 육즙이 그대로 남아 있는 정도로 구운 상태를 말합니다. 맛을 잘 아는 미식가들은 대부분 레어 스테이크를 주문한다고 하지요.

지금까지도 이스라엘에서는 모든 고기를 바짝 익히는 웰던(Well-done)으로 조리한다고 합니다. 맛은 떨어지지만 성경적이기 때문입니다. 그런데 별미를 좋아하는 이삭은 말씀이 뭐라 하든지 피째로 먹습니다. 맛있고 연하니까요. 성경에서는 맨날 유월절에 무교병을 먹으라 하고, 고기도 바짝 구워 먹으라 하지 않습니까? 그러니 맛있는 것이라면 회사도 뒷전이고 별미만 찾아다니는 이삭은 분별이 안 됩니다. 에서가 맞는지 확인하고자 시험에 시험을 거듭했지만 그 끝에 별미가 있으니 결국 분별해 내지 못합니다. 육신의 정욕과 안목의 정욕과 이생의 자랑을 내려놓지 못하니 겉핥기 시험만 합니다. 그래서 가장 무서운 원수는 내 속의 욕심입니다. 내가 별미 좋아하고, 명예 좋아하고, 자존심 좋아하고, 학벌을 좋아하는데 어떻게 시험을 통과할 수 있겠습니까. 상대가 내가 좋아하는 그것을 교묘히 건드리면 깜빡 속아 넘어가는 겁니다. 영적으로 분별이 안 됩니다.

- 나는 매사 분별하고자 노력합니까?
- 내가 내려놓지 못하는 육신의 정욕과 안목의 정욕, 이생의 자랑은 무엇입니까? 그것이 나의 영적 분별력을 흐리고 있다는 걸 인정합니까?

결국 이삭은 분별하지 못했습니다

> 그의 손이 형 에서의 손과 같이 털이 있으므로 분별하지 못하고 축복하였더라 _창 27:23

'열 사람이 지켜도 한 도둑놈을 못 막는다'라는 속담처럼 이삭이 살피고 또 살폈지만 끝내 야곱을 분별하지 못했습니다. 개역한글판 성경에서는 이삭이 "능히" 분별치 못했다고 합니다. 이삭의 편애가 부부간의 단절을 가져오고 나아가 스스로 분별력까지 잃게 합니다. 편애는 결국 사람을 외모로 차별하는 것 아니겠습니까. 그러므로 이삭이 분별하지 못한 것은 그가 외모를 취했기 때문이라고 볼 수 있습니다.

에스라 8장은 바벨론 포로로 잡혀간 이스라엘 자손 중에 에스라와 함께 본토로 돌아온 2차 귀환자들의 이름을 기록하고 있습니다. 바사 왕 아닥사스다가 호의를 베풀어 유다인들의 귀환을 허락하자 에스라가 백성을 모아 떠날 준비를 하는 것이 8장의 주요 내용입니다. 그런데 8장 15절을 보면 떠나고자 모인 백성 중에서 레위 자손이 한 사람도 없었다고 합니다.

"내가 무리를 아하와로 흐르는 강 가에 모으고 거기서 삼 일 동안 장막에 머물며 백성과 제사장들을 살핀즉 그 중에 레위 자손이 한 사람도 없는지라"(스 8:15).

레위 자손은 이스라엘의 지도자들로 기득권층이라고 할 수 있습니다. 그런데도 그중에 바벨론 땅을 떠나고자 하는 자가 한 명도 없었다는 겁니다. 그러니 신학을 공부하고 직분이 있다고 해서 분별을 잘하는 게 아닙니다. 에스라는 아론 대제사장의 16대손입니다. 당시로는 로열패밀리 중의 로열패밀리라고 말할 수 있습니다. 그런데 자기 레벨에서는 함께 떠나자고 할 사람이 한 명도 없었습니다. 반면에 성전에서 나무 패고 물 긷는 일을 하던 비천한 신분의 느디님 사람들은 220명이나 에스라와 함께했습니다(스 8:20). 나아가 그들은 성전을 섬길 자를 추천해 달라는 에스라의 부탁에 응하여 명철한 레위 사람을 소개하기까지 합니다.

"가시뱌 지방으로 보내어 그 곳 족장 잇도에게 나아가게 하고 잇도와 그의 형제 곧 가시뱌 지방에 사는 느디님 사람들에게 할 말을 일러 주고 우리 하나님의 성전을 위하여 섬길 자를 데리고 오라 하였더니 우리 하나님의 선한 손의 도우심을 입고 그들이 이스라엘의 손자 레위의 아들 말리의 자손 중에서 한 명철한 사람을 데려오고……"(스 8:17~18a).

220명이나 떠나는데도 느디님 사람들은 스스로를 지도자로 추천하지 않았습니다. 그러나 하나님이 기억하시고 그들의 이름을 성경에 다 기록해 주셨습니다. 천국 가는 것이 중요하지 이 땅에서 인정받는 것이 중요한 게 아닙니다. 앞장서서 떠나면서도 자신들은 지도자가 될 수 없다고 여기고 겸손히 레위 사람을 추천한 느디님 자손들을 묵상하면서 영적 분별력은 겸손함에서 나오는 걸 봅니다. 겸손한 느디님 사람들에게 천거를 부탁한 에스라의 결정이 성전 재건의 토대를 마련했다고 해도 과언이 아닙니다.

상대가 나를 속여서 내가 분별하지 못하는 게 아닙니다. 내 속에 별미를 탐하고 곧 죽어도 별미를 먹어야 하는 욕심이 있기 때문입니다. 여자들이 간음의 유혹에 넘어가는 것은 돈을 좋아하기 때문이라고 했습니다. 속이는 남자도 문제지만 유혹에 넘어가는 여자도 문제입니다. 그러니 혼인빙자간음죄가 폐지된 것은 마땅히 있어야 할 일입니다. "내가 속았다!" 하지 말고 자기 관리는 자기가 하라는 겁니다. 아무리 야곱이 작정하고 속였어도 믿음 있는 이삭이 책임져야 합니다. "내가 아들한테 속았다" 이런 소리 하면 안 됩니다. 별미를 탐하여 벌인 자기 꾀에 자기가 속은 겁니다. 여자들도 그렇습니다. 여자는 재질이 더 좋은 본차이나 아닙니까? 그런데 "내가 속았다!" 하면 되겠습니까. "남자는 흙이야, 다 짐승이야" 하면서 그 짐승에게 속은 나는 뭡니까. 속은 여자가 더 나쁩니다. 영적 재질이 더 좋은 여자가 중심을 잘 잡아야 합니다.

2차 포로 귀환 당시 기득권층인 레위 자손은 한 사람도 동참하지 않았다고 했습니다. 화려한 바벨론 문화에 길든 자녀들이 바로 기득권층입니다. 사로잡혀 노예 생활을 한 건 부모들이지 자녀들이 아니잖아요. 자녀들은 그 고통을 모릅니다. 그런데다 부모가 삶으로 보여 준 믿음마저 없다면 자녀들이 무얼 의지해 떠나겠습니까. 아무것도 없는 허허벌판으로 가라는데 누가 떠납니까? 절대로 안 떠납니다. 그러니 자녀들 고생 안 시키려고 너무 애쓰지 마세요. 부모가 선지자면 자식도 선지자고, 부모가 빚지면 자식도 빚졌다고 생각해야 합니다.

열심히 교회 다니고 말씀을 묵상하며 나름 적용한다고 했는데 어느 날 보니 배우자나 자식이나 부모나 말 통하는 사람 한 명 없습니다. 나 홀로 신앙생활 하는 꼴이 되었습니다. 따라오는 레위 한 사람이 없습니다. 내 옆에 사람이 없는 것은 결국 내가 감동을 주지 못했기 때문입니다. 내가 욕심을 내려놓지 못했기 때문입니다. 내게 욕심이 있는지, 없는지 믿음 없는 가족들이 모를 것 같죠? 다 압니다. 더 잘 압니다. 그래서 느디님처럼 겸손한 지체와 함께하는 것이 최고의 축복입니다. 내가 어떤 욕심을 숨기고 있는지 느디님 사람만이 분별해 줄 수 있습니다.

다 갖춘 에스라도 모든 걸 두고 사명 때문에 떠났는데 에스라만 못한 우리는 떠나지 못할 이유만 백 개입니다. 여러분, 걱정하지 말고 떠나십시오. 세상 가치관으로부터 떠나십시오. 내가 머물던 세상 자리를 떠나 믿음의 공동체인 목장으로 발걸음을 돌려 보세요. 그러면 느디님 같은 지체들이 무너진 내 성전을 재건하도록 도와줄 겁니다.

나도 이삭과 같은 상태는 아닙니까? 영안이 어두워진 이삭은 결정적인 순간에 분별하지 못합니다. 에서의 손과 비슷한 야곱의 손을 분별해 내지 못합니다. 누가 레위고 누가 느디님인지 분별이 안 돼서 외모로 사람을 취하고, 에서처럼 가장한 야곱에게 속습니다. 우리도 안목의 정욕을 따라 외모로 차별하니까 겉만 멀쩡한 남자, 여자에게 속습니다. 그러다 내가 차별한 만큼 차별당합니다. 모든 게 내 삶의 결론입니다. 부부 사이를 단절시키고, 야곱을 도망자 신세로 전락시키고, 에서를 복수심에 불타게 한 장본인은 바로 아버지 이삭입니다.

• 자녀를 분별하지 못하고 야곱을 축복하는 이삭처럼 내가 오늘 분별하지 못하고 축복하고 있는 것은 무엇입니까? 내가 외모로 취하는 것은 무엇입니까?
• 세상을 떠나 느디님 같은 지체와 함께하고 있습니까? 세상에 머무르려 하는 가족과 친구들에게 느디님 같은 지체가 되어 주고 있습니까?

그러나 하나님은 거짓말의 대가들을 축복하십니다

이삭 가정은 콩가루 중의 콩가루입니다. 서로 속고 속이는 참 기가 막힌 집입니다. 그런데 하나님은 이 가정을 축복하십니다. 게다가 에서보다는 별미 좋아하는 이삭을, 거짓말의 대가인 야곱을 축복하십니다. 이것이 은혜입니다. 에서는 거짓말 한번 안 했는데 왜 천국에 못 가고, 야곱은 밥 먹듯 거짓말하는데 왜 천국에 가는지…… 불공평하다고 말하는 사람도 있겠지요. 그런데 가만 보면 거짓말하고 죄 많이 지은 사람은 교회에 와서 다 은혜 받습니다. 반면에 거짓말 한번 하지 않고 스스로 의롭게 여기는 사람은 교회를 다녀도 에서처럼 멀리 있습니다. 장자권에 도무지 관심이 없습니다.

> 27 그가 가까이 가서 그에게 입맞추니 아버지가 그의 옷의 향취를 맡고 그에게 축복하여 이르되 내 아들의 향취는 여호와께서 복 주신 밭의 향취로다 28 하나님은 하늘의 이슬과 땅의 기름짐이며 풍성한 곡식과 포도주를 네게 주시기를 원하노라 29 만민이 너를 섬기고 열국이 네게 굴복하리니 네가 형제들의 주가 되고 네 어머니의 아들들이 네게 굴복하며 너를 저주하는 자는 저주를 받고 너를 축복하는 자는 복을 받기를 원하노라 30 이삭이 야곱에게 축복하기를 마치매 야곱이 그의 아버지 이삭 앞에서 나가자 곧 그의 형 에서가 사냥하여 돌아온지라_창 27:27~30

이삭의 축복은 야곱에게 그대로 이루어졌습니다. 야곱이 그토록 거짓말했는데도 축복이 성취되었습니다.

축복의 내용을 구체적으로 살펴보면, 첫째로 이삭은 농사의 복을 빌며 특별히 하나님께서 "하늘의 이슬"을 주시리라고 합니다. 이스라엘은 겨울철 3~4개월을 제외하고는 비가 거의 내리지 않는 건기가 계속됩니다. 하늘의 이슬을 주신다는 것은 농사에 필수적인 새벽 이슬을 주시겠다는 의미입니다. 또한 "만민이 너를 섬기고 열국이 네게 굴복하리"라고 합니다. 이 축복은 실제로 이루어져 다윗과 솔로몬 시대에 이스라엘은 여러 나라의 조공을 받는 강성한 나라로 성장했습니다. 그러나 그보다는 이스라엘을 왕 같은 제사장 나라로 삼으시 겠다는 영적인 의미가 있습니다(출 19:6).

축복도, 저주도 하나님께 속했습니다. 이삭이 야곱을 축복했지만 실제로 축복하시는 분은 하나님입니다. 저주도, 원수 갚는 일도 내가 할 수 없습니다. 우리가 다 죄인인데 누가 누구를 저주할 수 있겠습니까. 하나님이 축복하지 않으시면 우리는 다 저주 가운데 있을 인생입니다. 그러니 축복도 저주도 하나님께 맡기고 우리는 내 죄만 보고 가면 됩니다.

27절에 이삭이 야곱의 옷에서 나는 밭의 향취를 맡고 그를 축복했다고 합니다. "여호와께서 복 주신 밭"은 하나님이 축복하고 약속하신 땅, 곧 가나안 땅을 의미합니다. 에서가 들로 산으로 사냥을 자주 다녔기에 그의 옷에는 늘 그 땅의 냄새가 스며 있었을 겁니다. 이삭은 그 향취를 맡고 야곱을 에서라고 확신하죠. 에서 옷을 입은 야곱인 줄도 모르고 '내가 좋아하는 에서가 별미를 만들어 왔구나, 역시 에서였어!' 하면서 축복했을 겁니다. 이처럼 우리는 능히 분별하지 못하는, 저주 받을 수밖에 없는 존재입니다. 그러나 야곱이 형의 옷을 입고 이삭에게 축복을 받았듯 우리가 그리스도의 의의 옷을 입고 나아가면 하나님께서 하늘 축복을 주십니다. 때로 잘못 적용할 수 있습니다. 그럼에도 택자라면 하나님이 직접 정리해 주십니다. 이삭이 대상을 잘못 골랐지만 영적 향취가 나는 자에게 축복했기에 그의 사고방식 자체가 잘못된 것은 아닙니다.

하나님은 점점 어려운 시험을 주십니다. 아브라함에게는 "이스마엘을 내쫓으라” 하셨습니다. 이스마엘은 여종 소생에다 첩의 자식이니까 그나마 순종하기가 쉽습니다. 그런데 이삭에게는 에서를 끊어 내라고 하십니다. 에서는 믿음의 정실인 리브가의 소생에다 맏아들 아닙니까. 어찌 쉬이 끊어 낼 수 있겠습니다. 정말 하기 힘든 적용입니다. 믿음의 1대손, 2대손, 3대손 각각 시험이 다릅니다. 점점 어려워집니다.

별 인생 없고 택자는 오직 하나님이 결정하신다는 걸 알려 주시려고 이렇게 성경에 수많은 모델이 등장합니다. 같은 날, 같은 시간에 태어난 자식도 택자와 불택자로 갈릴 수 있다고 끊임없이 말씀하십니다. 하나님이 은혜 베푸셔서 이삭이 믿음의 자리를 지켰지, 이삭이 잘나서 그런 게 아닙니다. 이삭에게는 선한 것이 하나도 없습니다.

야곱도 마찬가지입니다. 야곱은 형의 자리를 빼앗겠다고 온몸을 던져 거짓말합니다. 본문에서 야곱은 네 번, 이삭은 그 두 배인 여덟 번 말합니다. 그만큼 이삭이 끝까지 긴장을 늦추지 않았다는 것인데, 야곱은 그 모든 시험을 뚫고 음모를 성공시켜 장자권을 받아 냅니다. 리브가와 더불어 하나님의 뜻을 훼손하고 가정을 파괴합니다. 아무리 하나님의 축복을 사모하여 벌인 일이라지만 방법이 잘못됐습니다. 야곱의 술수로 인해 그의 후손 이스라엘과 에서의 후손 에돔은 영원히 원수가 되었습니다. 그런데도 하나님은 택자 야곱을 향한 뜻을 변개치 않으시고 마침내 이루셨습니다. 축복이 성취되기까지 야곱은 숱한 고통을 겪었지만 결국에 언약의 자녀로 우뚝 섰습니다.

이삭 식구들은 서로서로 너무 사랑합니다. 이삭은 에서를, 리브가는 야곱을 극진히 사랑합니다. 자신의 생명까지 바칠 만큼, "너의 저주는 내게로 돌리라"고 할 만큼 서로를 아낍니다. 그러나 그런 사랑의 결론이 무엇입니까? 자식에게 속임수와 거짓말만 가르친 꼴이 되었습니다. 인간의 사랑이 이렇게 속절없습니다. 이삭이 정말 에서를 사랑한다면 지나치게 현실에만 집착하는 에서를 훈계하고 바로잡아 주어야 했습니다. 그러나 이삭은 오히려 에서의 기질을 더 부추기기만 합니다. 리브가 역시 야곱의 야망을 견제해야 했지만 오히려 야곱을 부추겨 기어이 형의 축복을 가로채게 합니다. 자녀를 칭찬해도, 훈계해도 부부가 의논하여 같이해야 하는데 대화가 단절된 탓에 바르게 교육하지 못합니다.

이삭이나 리브가나 자녀를 너무 사랑하는데 오히려 불행한 가정이 되었습니다. 그런데 하나님이 이 불행한 가정을 축복하셨습니다. 거짓말 한번 하지 않은 에서가 아니라 별미 좋아하는 이삭과 제일가는 거짓말쟁이 야곱을 영적 조상의 반열에 올리셨습니다. 이야말로 "은혜"가 아니고 무엇이겠습니까.

우리네 가정에서도 서로 속고 속이는 일이 날마다 일어납니다. 인내하기도 분별하기도 어렵습니다. 남편이 아내를, 아내가 남편을 속입니다. 그럴 때 세상 사람들은 "참고 살지 말고 이혼하라"고 합니다. 그런 말에 휩쓸려 흘러 떠내려가면 안 됩니다. 때리는 남편, 바람 피우는 남편, 우울한 아내, 사치스러운 아내⋯⋯ 누가 선택했습니까? 내가 골랐습니다. 내 욕심에 내가 속아 넘어간 겁니다. 다른 남자 다른 여자 찾는다고, 집을 박차고 나간다고 '불행 끝 행복 시작'인 게 아닙니다. 나의 환경에 순종해야 합니다. 묵묵히 나무 패고 물 긴던 느디님 사람들처럼 내가 아무것도 아니라는 겸손함이 있어야 분별할 수 있습니다. 속아서 분합니까? 남이라면 차라리 나은데 내 식구에게 속는 게 가장 아픕니다. 그런데 더욱 불행한 것은 그렇게 속고서도 주님을 만나지 못하는 겁니다. 속은 아픔 때문에 주 예수님을 만난다면 그보다 대박은 없습니다.

내가 욕심을 내려놓으면 길이 보입니다. 욕심에 가려져 길이 안 보이는 겁니다. 속인 자보다 욕심을 내려놓지 못해서 속은 내가 더 나쁩니다. 속인 자는 하나님이 알아서 처리해 주실 것입니다. 오로지 내 죄만 보고 가면 능히 분별하게 될 줄 믿습니다.

- 나는 죄가 많아서 하나님께 나아갑니까, 죄가 없어서 하나님을 멀리합니까?
- 배우자, 부모, 자녀에게 속고서 이를 갈고 있습니까? 속은 내가 먼저 내 죄를 보면서 나아갈 때 주님이 나와 가정을 축복해 주실 줄 믿습니까?

상대가 나를 속여서
내가 분별하지 못하는 게 아닙니다.
내 속에 별미를 탐하고 곧 죽어도 별미를 먹어야 하는
욕심이 있기 때문입니다.

초등학교 시절 학교 선생님에게 매를 맞는 것이 싫어 "숙제했는데 집에 두고 왔어요"라고 거짓말을 한 적이 있습니다. 선생님은 "집에 가서 숙제를 가져와라" 하셨는데 제가 다른 과목의 공책을 들이밀자 그냥 넘어가 주셨습니다. 저는 당시 선생님이 모르는 척해 주셨다는 것은 잊고 그저 제 치밀한 거짓말에 안도했습니다. 또 둘째 딸이 태어난 직후, 산후 조리를 하는 아내를 위해 첫아이를 돌본다는 핑계로, 같이 일하던 열두 살 어린 여직원과 아들을 데리고 놀이공원에 갔습니다. 돌아오는 차 안에서 "지금 누구와 있어?"라는 아내의 전화에 "아들과 있어"라고 둘러댔는데 아들의 입에서 "○○ 누나와 같이 있어"라는 얘기가 나와 결국은 여직원과 놀러 간 것이 들통났고 일주일을 아내에게 손이 발이 되도록 싹싹 빌었던 적도 있습니다.

저는 늘 이렇게 눈에 빤히 보이는 속임수를 쓰면서도 '나는 남을 속이는 것과는 거리가 먼 의로운 사람이야'라고 혼자 착각했습니다. 공동체에서 양육을 받으며 이 모든 행동이 죄라는 것을 알았고, 거짓말을 해서라도 인정받고자 하는 의로움과 교만의 별미와 떡을 놓지 못한 것을 깨달았습니다(창 27:25). 하나님이 계속해서 "아들아 네가 누구냐?"라고 사건으로 물으셨지만 저는 제 모습을 보지도, 제 신분을 알지도 못했습니다(창 27:18). 이렇게 거짓 덩어리인 저를 철저히 깨닫게 하시기 위해 하나님은 딸이 학교를 뛰쳐나가는 사건으로 찾아오셨습니다.

아직도 공동체에서는 예배하고 순종하는 그럴듯한 모습이지만 집에서는 비수 같은 말과 혈기로 자녀를 노엽게 하는 부모임을 고백합니다. 야곱의 음성이지만 털로 변장한 에서의 손을 한 거짓된 제 모습에 날마다 낙심합니다(창 27:23). 하지만 의로운 에서보다 거짓의 대가인 야곱에게 축복을 내리시는 하나님은 이렇게 수준 낮은 저를 "너를 축복하는 자는 복을 받기 원하노라" 하시는 말씀대로 목자로 세우시고 축복하셨습니다(창 27:29). 이제는 주님의 뜻에 순종하는 길에 세상 욕심을 내려놓고 거짓의 탈을 벗기를 간절히 소망합니다.

영혼의 기도

하나님 아버지, 남편에게 아내에게, 시댁 식구에게, 처가 식구에게 속 았다고 평생을 원망하면서 이를 갈고 살아왔습니다. 이삭처럼 지식 과 경험을 내세워 갖은 시험도 해 보지만 늘 능히 분별하지 못하고 속 습니다. 그런데 주님은 그들이 속여서가 아니라 내가 별미를 좋아하 고 육신의 정욕과 안목의 정욕과 이생의 자랑을 내려놓지 못해서 속 는 것이라고 말씀하십니다. 내가 명예를 좋아하고 학벌을 좋아하고 돈을 좋아해서, 마음에 욕심이 가득 차서 분별하지 못한다고 말씀하 십니다. 성전에서 나무 패고 물 긷던 느디님 사람들처럼 겸손한 자만 이 능히 분별할 수 있다고 알려 주십니다. 주여, 능히 분별하지 못하고 내 욕심대로 자녀를 축복하는 우리를 불쌍히 여겨 주옵소서.

우리 가정에 일어난 말도 안 되는 일이 내 삶의 결론인 것을 인정 합니다. 우리 가정에 찾아온 불행을 옳고 그름으로 따질 게 아니라 생 명과 구원의 문제로 보고 나아갈 수 있도록 도와주옵소서. 형편없는 이삭과 야곱에게 장자의 축복, 천국의 축복, 믿음의 축복을 주신 주님, 소망 없어 보이는 우리 가정에도 축복을 허락해 주옵소서.

특별히 속고 또 속아서 낙망하고 있는 우리의 형제자매와 지체

들을 위해 기도합니다. 속인 자는 하나님이 처리해 주시리라 믿고 우
리가 내 속의 별미를 보게 해 주옵소서. 내 죄를 깨달아 능히 분별하는
믿음을 우리 모두에게 허락해 주옵소서. 지혜를 허락해 주옵소서. 예
수님 이름으로 기도하옵나이다. 아멘.

04

내게도 축복하소서

창세기 27장 30~41절

하나님 아버지, 축복을 받고 싶습니다.
무엇이 진정한 축복이고,
어떻게 축복을 받을 수 있는지
말씀하여 주옵소서. 듣겠습니다.

수년 전, 영국의 무신론자들의 모임인 '영국 인본주의자 협회'가 영국 전역을 운행하는 800대의 버스에 이런 광고판을 설치했습니다.

"아마 신은 없을 것입니다. 걱정하지 말고 인생을 즐기십시오!"

같은 해, 뉴질랜드의 무신론자들도 동일한 내용의 광고를 내고자 모금 운동을 벌였는데 불과 서른여 시간 만에 만 달러가 모여 목표액을 두 배로 상향 조정했다는 기사도 보았습니다.

세상은 "신은 없다"고 외치면서도 한편으로 "내게도 축복해 달라"고 절규합니다. 하나님이 축복의 주체이신데 하나님은 버리면서 축복은 받고자 하는 게 세상 사람들의 특징입니다. 무신론자 대부분이 지성인이라고 하지요. 에서처럼 똑똑한 사람들이 하나님을 부정하는 겁니다.

그런데 본문을 보니 "내게도 축복하소서" 부르짖는 에서에게 하나님은 오히려 저주를 선언하십니다. 우리가 어떻게 진정한 축복을 받을 수 있을까요? 왜 에서는 축복 받지 못했을까요? 본문 말씀을 통해 함께 알아보겠습니다.

축복을 받으려면 내가 누구인지 알아야 합니다

> 이삭이 야곱에게 축복하기를 마치매 야곱이 그의 아버지 이삭 앞에
> 서 나가자 곧 그의 형 에서가 사냥하여 돌아온지라_창 27:30

에서가 받을 축복을 야곱이 다 받고 나간 뒤 곧 에서가 들어옵니다. 인생이 참 긴박합니다. 1초 차이로 운명이 갈립니다. 마태복음의 열 처녀 비유를 보면 미련한 다섯 처녀가 기름을 사러 간 사이 천국 문이 딱 닫혀 버립니다(마 25:10). 에서도 문이 닫혔습니다. 축복의 문이 닫혔습니다.

> 그가 별미를 만들어 아버지에게로 가지고 가서 이르되 아버지여 일
> 어나서 아들이 사냥한 고기를 잡수시고 마음껏 내게 축복하소서
> _창 27:31

"아버지여 일어나서…… 내게 축복하소서."
지난 19절에서 야곱도 똑같이 이야기했습니다. 그런데 두 구절을 원어로 보면 다소 차이가 있습니다. '일어나다'라는 같은 동사가 19절에서는 급박하게 행동할 것을 촉구하는 명령형으로, 본문에서는 정중하게 부탁하는 미완료형으로 쓰였습니다. 쉽게 말해, 야곱이 아버지가 빨리 일을 해치워 주기만 바랐다면 에서는 장자로서 품위를 갖추고 예의 있게 행동했다는 겁니다. 그러나 아무리 예의와 품위를

갖춘다고 해도 하나님과의 관계가 바르지 않으면 인간관계도 어긋나게 마련입니다.

> 그의 아버지 이삭이 그에게 이르되 너는 누구냐 그가 대답하되 나는 아버지의 아들 곧 아버지의 맏아들 에서로소이다_창 27:32

"너는 누구냐?" 이삭이 놀라서 묻습니다. "내가 이미 장자의 축복을 다 베풀었는데 너는 누구냐" 묻는 겁니다. 만일 주님이 "너는 누구냐?" 하고 내 신앙의 현주소를 물으신다면 여러분은 뭐라고 대답하겠습니까? 여러분은 누구입니까? 내가 누구인지 알아야 합니다.

이삭의 물음에 효자 에서는 "내가 맏아들"이라고 외칩니다. 그동안 장자권에는 관심도 없더니 이제 와 내가 장자라고 주장하는 겁니다. 말로만 장자권을 부르짖는다고 내 것이 됩니까? 천국 장자권은 입으로 얻는 게 아닙니다.

> 이삭이 심히 크게 떨며 이르되 그러면 사냥한 고기를 내게 가져온 자가 누구냐 네가 오기 전에 내가 다 먹고 그를 위하여 축복하였은 즉 그가 반드시 복을 받을 것이니라_창 27:33

자신이 에서가 아니라 야곱을 축복한 걸 알고 이삭이 크게 떱니다. 여기서 "심히 크게 떨며"라는 말은 크게 두려워했다는 뜻입니다. 이삭이 번지수 틀리게 축복해서 두려워한 게 아닙니다. 칼빈은 이를

'내가 하나님의 거룩한 뜻을 거스르고 다른 사람에게 축복할 뻔했구나' 하는 안도의 절규라고 해석했습니다. 이제야 이삭이 자기 죄를 깨달았습니다. 어두워졌던 영안이 이제 좀 뜨였습니다. 인생은 자기 죄를 깨닫기까지 두려움을 모릅니다. 자기 죄를 깨달아야 하나님 앞에 두려워하게 됩니다.

이삭은 죄에는 대가가 따른다는 걸 알고 있었습니다. 에서를 축복하려는 게 하나님 뜻이 아니라는 것도 잘 알고 있었습니다. 그래도 에서가 별미를 가져다 바치니까, 효도하니까 도무지 객관적으로 못 봅니다. 그런데 하나님이 너무 정확하게 행하신 겁니다. 내가 속으로 우려하던 일이 일어났습니다. '에서가 예수는 안 믿어도 젠틀하니까 괜찮을 거야', '에서가 목장에는 안 가지만 잘났으니까 괜찮아' 하다가 더는 타협할 수 없는 막다른 길을 만났습니다. 자기가 별미를 좋아해서 이런 사건이 온 것을 깨달았습니다. 그래서 이삭이 딱 돌이킵니다. 축복을 철회하지 않습니다. 어떤 일이 있더라도 야곱이 축복을 받으리라고 선언합니다. 야곱이 영적 후사인 걸 아직 감정적으로는 받아들이지 못했지만 영적으로는 인정했습니다.

더 구체적으로 이야기하면, 심히 크게 떨며 축복을 철회하지 않은 이삭의 결정에는 에서를 향한 이런 메시지가 담겨 있습니다.

"에서야, 하나님의 뜻대로 큰 자가 어린 자를 섬겨야 한단다. 너는 그런 신분이야. 동생 야곱이 모든 복을 가로챈 걸 나도 인정하기 싫지만 그 일에 대해서는 더 이상 말하지 말아라. 너도 예수 믿어야 해. 야곱이 사기꾼 같아도 그 아이는 예수를 믿잖니. 그래서 축복을 받은 거야!"

여러분도 결단하기를 바랍니다. 믿지 않는 자녀에게 "예수 믿어야 해!" 담대히 권하십시오. 믿음에는 관심이 없는 남편에게, 아내에게 "당신, 예수 믿어야 해요!" 외쳐야 합니다. 인내하며 기다려 주어야 할 때도 있지만 외쳐야 할 때도 있습니다. "죽으면 죽으리라" 하고 결단해야 합니다.

에서는 정작 본질인 믿음에는 관심 없으면서 "나는 장자권을 가졌다"고 떠들어 댑니다. "내가 예수 잘 믿는다"고 말로만 떠드는 겁니다. 그래서 이삭의 말을 알아듣지 못합니다. 우리 중에도 못 알아듣는 사람이 있을 겁니다. 교회를 다녀도 삶이 해석되지 않는 사람이 허다합니다. 내가 왜 이런 남편을 만났는지, 왜 이런 아내와 살아야 하는지 현실이 인정이 안 되니까 "내가 이렇게 살 사람이 아니다!"라고만 부르짖습니다. 에서도 축복을 되돌리지 않는 아버지 이삭이나 축복을 빼앗은 동생 야곱이나 인정이 안 됩니다. 이 기가 막힌 사건이 도무지 해석되지 않습니다.

- 하나님이 더는 타협할 수 없도록 나를 몰아가신 사건은 무엇입니까? 그때 내 죄를 깨닫고 심히 크게 떠는 회개를 했습니까?
- 믿음에는 관심 없는 배우자, 자녀, 부모, 친구에게 죽으면 죽으리라는 각오로 "예수 믿으라" 외칩니까? 내가 외칠 결단을 하지 못하는 이유는 무엇입니까?
- '내가 왜 이런 일을 당했나' 하며 원망만 하는 일은 무엇입니까?

에서의 눈물은 '불신자의 눈물'입니다

신자의 눈물과 불신자의 눈물은 의미가 전혀 다릅니다. 불신자의 눈물에는 어떤 의미가 담겨 있을까요?

첫째, 후회의 눈물입니다.

> 34 에서가 그의 아버지의 말을 듣고 소리 질러 슬피 울며 아버지에게 이르되 내 아버지여 내게 축복하소서 내게도 그리하소서 35 이삭이 이르되 네 아우가 와서 속여 네 복을 빼앗았도다_창 27:34~35

야곱이 반드시 복을 받으리라는 이삭의 말을 듣고 에서가 소리 질러 슬피 웁니다. 개역한글판 성경은 에서가 "방성대곡"했다고 기록했습니다. 원어로는 '차아크(צעק)'라는 동사가 쓰였는데 이는 마치 천둥이 울리듯 크게 울부짖었다는 의미입니다. 기독교 역사가인 유세비우스(Eusebius)는 이런 에서의 울음소리를 '형제를 향한 불붙는 듯한 질투심이 폭발한 소리'라고 표현했습니다. 형제가 잘되는 걸 봐 줄 수 없는 겁니다. 또한 주석가 칼리쉬(Kalish)는 '영혼이 지옥에서 고통당하는 소리'라고 해석하기도 했습니다. 히브리서 기자도 에서의 눈물을 두고 이와 같이 기록합니다.

"너희가 아는 바와 같이 그가 그 후에 축복을 이어받으려고 눈물을 흘리며 구하되 버린 바가 되어 회개할 기회를 얻지 못하였느니라"(히 12:17).

　사실 하나님은 에서에게 회개할 기회를 주셨습니다. 그가 팥죽
한 그릇에 장자권을 판 후 지금까지 얼마나 많은 시간이 흘렀습니까.
그런데 그동안 회개는 하지 않고 죄만 더합니다. 이방 여인과 불신결
혼까지 하며 장자권과는 상관없는 삶을 살다가 이제 와 "복 주세요"
합니다. 아브라함이 할아버지고 이삭이 아버지인 최고 믿음의 가문
에서 구원 받지 못한 아들이 나왔습니다.

　이때 이삭이 해석을 잘해 주면 얼마나 좋습니까? 그런데 보세요.
"네 아우 야곱이 사기 쳐서 네 복을 다 빼앗았다" 하면서 불난 집에 부
채질을 합니다. 물론 일부러 그런 것은 아니겠지만, 형제지간이 원수
지간으로 바뀌는 데 아버지 이삭이 일조했습니다. 정말 문제 부모입
니다. 야곱을 영적 후사라고 인정하면서도 현실은 그를 데려온 아들
처럼 대하고 있습니다. 에서가 축복 받지 못한 것에 대해 분이 풀리지
않은 겁니다. 여전히 편애가 심각합니다. 죽을 때까지 '내 아들 네 아
들, 내 딸 네 딸' 하면서 사는 겁니다. 이렇게 우리가 좋아하는 걸 포기
하지 못합니다.

　이삭이 왜 이토록 야곱을 싫어할까, 우리가 생각해 보아야 합니
다. 같은 혈육이지만 때마다 시마다 별미를 가져다 바치는 에서와 달
리 야곱에게서는 얻을 게 아무것도 없습니다. 야곱은 직장도 없고, 돈
도 못 벌고, 늙도록 결혼도 못 했습니다. 반면에 에서는 똑똑하고, 사
냥도 잘하고, 결혼도 했습니다. 그러니 이삭은 야곱만 보면 혈기가 나
서 뒤로 물러나 있으라고 합니다. 이삭이 "내 아들아" 부르면 늘 에서

가 나타납니다. 야곱은 아들 축에 끼지도 못합니다. 이전에는 그랬다고 해도 이제는 야곱이 영적 후사인 걸 인정하지 않았습니까? 그런데도 이삭이 야곱 탓을 합니다. 왜, 집안에 문제가 생기면 남을 탓하기만 바쁜 부모가 있잖아요. 이삭이 꼭 그렇습니다. 야곱이 속이기까지 했으니까 책임을 전가하기 딱 좋은 대상입니다. 그놈의 야곱 때문에 에서가 축복을 못 받았답니다. 형제 사이를 생각했다면 이런 말은 참았어야 합니다. 믿음의 조상 이삭이 편애에 눈이 멀어서 사태를 더 악화시키고 있습니다.

에서도 그렇습니다. 뒤늦게 장자권의 가치를 깨닫고 울부짖으면 뭐 합니까? 여전히 자기 죄를 모릅니다. 자신이 장자권을 소홀히 여긴 죄는 회개하지 않고 그저 복을 잃어버린 것만 안타까워서 웁니다.

속인 건 야곱인데 자꾸 속은 에서보고 잘못됐다고 하는 게 이상합니까? 잘 생각해 보세요. 속고도 회개 안 하면 정말 약이 없습니다. 인간은 다 악하니까 속는 게 당연합니다. 나보고 빨리 회개하라고 하나님이 속게 하신 겁니다. '어떤 욕심 때문에 내가 속았는가' 나 자신을 보는 게 하나님이 원하시는 것입니다. 그런데 야곱처럼 속인 자는 자기 죄를 보기가 쉽습니다. 반면에 속은 에서는 자기 죄 보기가 하늘의 별 따기입니다. 결국 에서는 끝까지 회개하지 못하고 지옥에 갔습니다. 하나님은 자기 죄를 보는 사람을 사랑하십니다. 내 죄를 보아야 거듭날 수 있습니다.

한 칼럼을 보니 연애 못하는 남자들의 첫 번째 특징이 자기 자신을 모르는 것이랍니다. 아무리 허세로 포장해도 여자들이 속지 않는다죠. 그도 그럴 것이 자신을 모르는 사람이 어떻게 타인을 설득할 수 있겠습니까. 두 번째로 시도 때도 없이 '열 번 찍는' 것이랍니다. 예를 들면, 상대가 공무원 시험 준비로 바쁜데도 날마다 불러내서 사랑 고백을 한다는 겁니다. 타이밍을 모르는 겁니다. 세 번째로는 당장 내일모레 결혼할 사람처럼 군답니다. 다짜고짜 "돈은 얼마나 벌어?", "결혼하고도 직장에 나갈 거지?"라는 센스 없는 질문을 남발하며 상대를 질리게 한답니다. 넷째로는 앞날을 몰라서 늘 걱정이 태산이랍니다.

연애도 자기 주제를 잘 아는 사람이 잘합니다. 그러니 회개하지 못하는 사람은 연애도 못합니다. 믿음 없는데 연애 잘하는 사람은 다 속여서 하는 겁니다. 돈으로 권세로 학벌로 속이는 겁니다. 별 인생이 없습니다.

에서가 얼마나 잘났습니까. 똑똑하고, 사냥 잘하고, 털 많고, 남자답고 게다가 효자입니다. 그러나 회개하지 못하니까 죽었다 깨어도 자기 자신을 모릅니다. 그래서 야곱이 반드시 복을 받으리라는 이삭의 말이 무엇을 의미하는지 모릅니다. 모든 것이 네 삶의 결론이라고, 네 주제를 알아야 한다고 아무리 말해 주어도 에서는 이해하지 못합니다.

- 하나님이 나보고 빨리 회개하라고 속게 하셨는데 후회의 눈물만 흘리고 있는 일은 무엇입니까?
- 매사 잘하고, 잘 알지만 정작 나에 대해서는 잘 모르는 영적 바보는 아닙니까? 문제를 만나면 '나의 어떤 욕심 때문에 이런 일이 생겼을까' 자기 자신부터 돌아봅니까?

둘째, 원망의 눈물입니다.

36 에서가 이르되 그의 이름을 야곱이라 함이 합당하지 아니하니
이까 그가 나를 속임이 이것이 두 번째니이다 전에는 나의 장자의
명분을 빼앗고 이제는 내 복을 빼앗았나이다 또 이르되 아버지께
서 나를 위하여 빌 복을 남기지 아니하셨나이까 37 이삭이 에서에
게 대답하여 이르되 내가 그를 너의 주로 세우고 그의 모든 형제를
내가 그에게 종으로 주었으며 곡식과 포도주를 그에게 주었으니 내
아들아 내가 네게 무엇을 할 수 있으랴 38 에서가 아버지에게 이르
되 내 아버지여 아버지가 빌 복이 이 하나뿐이리이까 내 아버지여
내게 축복하소서 내게도 그리하소서 하고 소리를 높여 우니

_창 27:36~38

에서가 통곡합니다. 그 이름답게 속이는 자 야곱이 나를 또 속였
다고 합니다. 전에는 나의 장자의 명분을 빼앗고 이제는 내 복을 빼앗
았다고 합니다. 아무리 동생이 복을 다 가져갔어도 남은 것이 있지 않
느냐고 호소합니다. '내가 그럴 줄 알았어. 할아버지도, 아버지도 속
이는 게 전문이더니 야곱이 아버지 닮아서 그런 거예요!' 지금 아버지
탓, 집안 탓을 하는 겁니다.
　　에서는 하나님의 신령한 복을 물질을 받는 것 정도로만 생각합
니다. 그래서 전에는 장자의 명분을 팥죽 한 그릇에 팔았고, 이제는 내
복을 떼 놓은 게 없냐며 악을 씁니다. 아무리 설명해 줘도 모든 게 간

교한 야곱 놈 때문이랍니다. 야곱이 벌인 일은 인간적으로는 사기라고 할 수 있기에 에서의 말이 틀린 것은 아닙니다. 그러나 엄밀히 따져 보면 아무리 야곱이 간계를 펴도 에서가 팔지 않았다면 장자권은 팔릴 것이 아닙니다. 잠깐의 배고픔을 참지 못해 장자권을 판 것은 에서였습니다. 야곱이 팥죽 한 그릇에 장자의 명분을 팔라고 하니까 에서가 "장자의 명분이 내게 무엇이 유익하리요" 하며 냅다 팔아 버리지 않았습니까(창 25:31~33)? 그러고는 지금 억울하다며 방성대곡합니다. 우리 주변에도 이런 가족이 있지요. 아무리 "예수님 믿어라, 큐티 해라" 권해도 "복음 같은 소리 하네" 하고는 자기 일이 풀리지 않으면 "예수 믿는 너 때문에 안된다"고 탓하는 남편, 아내가 많습니다.

우리는 신령한 것이 무엇인지 모릅니다. 그래서 팥죽 한 그릇에 장자의 명분을 너무 쉽게 팔아 버립니다. 아이들은 엄마가 "천 원 줄테니까 교회 안 갈래?" 하면 금세 넘어옵니다. 똑같이 누가 "백만 원줄 테니까 오늘만 교회 가지 마" 하면서 꼬신다면 여러분 중에 뿌리칠사람 있습니까? 또 사업하는 분들은 누가 어렵게 골프 부킹을 했다면서 VIP를 모시고 공 치러 가자고 하면 주일이라도 달려갑니다. "그까짓 교회 가는 게 내게 무슨 유익이랴" 하면서 말이죠. 에서와 똑같은소리 하는 겁니다. 골프 접대를 하느라고 예배에 못 온다는 분들이 꽤계시더군요. 심각한 문제인데 여러분은 좀체 애통함이 없습니다. 왜그렇습니까? 접대 잘 하면 내게 돈이 생기잖아요. 히브리서 기자는 한그릇 음식을 위하여 장자의 명분을 판 에서를 가리켜 '망령된 자'라고말합니다(히 12:16). 정말 '망령되다'라고밖에 할 말이 없습니다.

"나를 위하여 빌 복을 남기지 않았냐"고 부르짖는 것 자체가 에서가 하나님의 복을 구하지 않는다는 걸 보여 줍니다. 마지막 때가 왔는데 에서는 그저 소리 높여 울기만 합니다. 이 말씀을 묵상하면서 제 남편이 마지막에 회개하고 구원 받은 것이 정말 기적 중의 기적이라는 생각이 들었습니다.

이 세상에 누구 때문에 일어나는 일은 없습니다. 전부 나 때문입니다. 여러분, 잘난 자녀 너무 좋아하지 마세요. 아브라함의 잘난 아들 이스마엘은 끝까지 하나님을 믿지 않았습니다. 이삭의 잘난 아들 에서도 마찬가지입니다. 여러분의 가치관이 바뀌기를 기도합니다.

원망의 눈물만 흘리는 사람은 기도할 때는 눈물 한 방울 안 흘리면서 뒤돌아서는 울화통이 터져서 못 산다고 합니다. 남자들이 좀 그런 것 같습니다. 남자는 눈물을 보이는 게 아니라면서 교회 와서 우는 사람을 멸시합니다. 자기네처럼 울화통이 터져서 예배에 와서 쏟아내는 줄 압니다. 그러나 교회의 눈물과 세상의 눈물은 다릅니다.

에서가 "내게 빌 복을 남기지 않았냐"면서 통곡하자 이삭이 뭐라 합니까? "내가 그를 너의 주로 세우고 그의 모든 형제를 내가 그에게 종으로 주었으니…… 내가 네게 무엇을 할 수 있으랴"고 합니다. 어떤 방법으로도 에서를 축복할 수 없다는 겁니다. 이삭이 워낙 에서를 끼고돌며 장자에게만 모든 축복을 주려고 작정했기에 빌 복이 요만큼도 안 남았습니다. '이럴 줄 알았으면 복을 조금 남겨 둘 걸…….' 이삭도 뒤늦게 후회하며 절망하지 않았을까요? 마치 사랑하는 아들이 암에 걸렸는데 아무것도 해 줄 수 없는 것과 같습니다. 낫게 해 줄 수도,

평강을 줄 수도 없습니다.

천국은 오직 구원 받은 사람만 가는 곳입니다. 아무리 서로 사랑해도 함께 천국에 못 갑니다. 주님은 내가 사랑하는 가족이라도 천국에는 함께 갈 수 없다는 걸 보여 주시려고 이삭을 모델로 사용하셨습니다. 에서와 야곱은 같은 날, 같은 시에 태어났지만 한 명은 천국에, 한 명은 지옥에 갔습니다. 그래서 상대를 예수 믿게 하는 것보다 더 큰 사랑은 없습니다. 빌리 그레이엄 목사님(Billy Graham)은 "가장 위대한 사랑의 행동은 그리스도 안에서 그들을 향한 하나님의 사랑에 대해 확신을 주는 것이다"라고 말씀하셨습니다. 상대에게 그리스도의 사랑을 알려 주는 것, 그것이 최고의 사랑입니다. 이는 아무리 강조해도 지나치지 않습니다. 어떤 분들은 장인 장모나 시부모가 돌아가시면 배우자를 전도하겠다고 말합니다. 그런 게 사랑이 아닙니다.

에서는 모든 것에 뛰어난데 영적 감각만 무딥니다. 그래서 늘 중요한 일보다 급한 일이 먼저입니다. 당장에 배고픔을 채워 주는 팥죽한 그릇이 더 급합니다. 그렇게 살아온 결론이 무엇입니까? 뒤에서 묵상하겠지만 "네 주소는 땅의 기름짐에서 멀고 내리는 하늘 이슬에서 멀 것"이라는 저주가 선포됩니다(창 27:39). 이는 하나님과 분리되어 영원히 버려졌다는 의미입니다. 이것이 중요한 일을 소홀히 여긴 사람의 말로입니다. 하나님의 은혜를 가볍게 여기는 자는 영원한 형벌의 장소인 지옥에 거할 수밖에 없습니다.

에서는 무슨 말을 해도 들리지 않습니다. 에서처럼 늘 남 탓하고 책임을 전가하는 사람은 망령된 자요, 다시 기회를 얻지 못하는 자입니다. 주님을 만나지 못한 사람입니다. 에서에게도 나름 항변할 거리가 있습니다. "예수 믿는 아버지가 내 편 아닙니까! 내가 얼마나 아버지를 좋아하고 잘 보살폈습니까! 비록 불신자여도 아내들을 사랑하지 않았습니까! 속인 야곱이 더 나쁜 놈 아닙니까!" 억울하고 분하니까 방성대곡해 보지만 하나님께 상달되지는 못합니다. 우리에게도 이런 모습이 얼마나 많습니까. 그러나 사기 친 야곱을 탓할 게 아니라 내가 얼마나 하나님을 멸시했는지 먼저 돌아봐야 합니다. 나의 신앙을 돌아봐야 합니다.

'나의 신앙이 진실한가' 보려면 저는 십일조 생활을 한번 돌아보라고 말하고 싶습니다. 십일조는 단순히 하나님께 나의 물질을 드리는 차원이 아닙니다. 창세기 14장을 보면, 아브라함이 북부 연합군을 물리치고 돌아오자 살렘 왕 멜기세덱이 떡과 포도주를 가지고 나와 영접합니다. 이때 아브라함이 누가 뭐라 하지 않았는데 자원하여 멜기세덱에게 십일조를 드립니다(창 14:20). 자기 힘이 아니라 하나님의 도우심으로 적을 물리쳤다는 신앙고백으로 드린 것입니다. 이후로 하나님은 아브라함 평생에 재물의 복을 허락하셨습니다. 십일조는 '모든 것이 하나님께로부터 왔다'는 신앙고백입니다. 여러분은 어떤 마음으로 십일조를 드립니까? 신앙고백은커녕 툭하면 십일조를 떼먹지는 않습니까? 교회를 다녀도 남에게는 관심 없고 내 식구만 챙기면서 "나는 할 것 다했다"고 합니까? 그러다가 "나는 계명을 다 지켰다"고 말하며 예수님을 떠나간 부자 청년처럼 지옥에 떨어질 수 있습니다.

열심히 신앙생활 하는데도 부도, 바람, 이혼, 불합격의 광풍이 찾아왔습니까? 그 속에서 내게 말씀하시는 하나님께 귀 기울여야 합니다. '너 자신을 봐라, 네 예배가 잘못되었다. 너는 이기적이다. 열심히 봉사하지만 결국 네 식구 잘되자고 섬기는 것이다.' 나를 일깨우시는 하나님의 음성을 들어야 합니다. 그런 사람이 택자입니다. 그런데 모두가 원망하고 남 탓하기에만 바쁩니다. "남편이 과외비 안 대 줘서 아이가 입시에 떨어진 거야", "그 사람이 소개만 안 해 줬더라면 내가 이런 아내 만나서 고생 안 했을 텐데" 하며 소리 높여 웁니다. 이삭이나 에서나 연약하지만 택자인 이삭은 그래도 돌이켰습니다. 그런데 에서는 끝까지 말씀을 못 듣습니다. 여러분은 이삭이 되겠습니까, 에서로 남겠습니까?

- 나는 무엇을 잃어버렸습니까? 건강을 잃어버렸습니까, 재산을 잃어버렸습니까? 하나님께서 사건으로 찾아와 경고하시는데도 여전히 후회와 원망만 하지는 않습니까?
- 돈이 나를 구원해 줄 것 같아 재산 모으기에만 열심을 내지는 않습니까?

셋째, 증오의 눈물입니다.

39 그 아버지 이삭이 그에게 대답하여 이르되 네 주소는 땅의 기름 짐에서 멀고 내리는 하늘 이슬에서 멀 것이며 40 너는 칼을 믿고 생활하겠고 네 아우를 섬길 것이며 네가 매임을 벗을 때에는 그 멍에를 네 목에서 떨쳐버리리라 하였더라_창 27:39~40

에서에게 저주와도 같은 예언이 선포됩니다. 먼저 "네 주소는 땅의 기름짐에서 멀고 내리는 하늘 이슬에서 멀 것"이라고 합니다. 여기서 '멀다'는 원어로 보면 '떠나 있다'라는 의미에 더 가깝습니다. 또한 미완료형을 사용해서 한순간만이 아니라 영원히 멀어져 있는 상태를 나타냅니다. "하늘의 이슬과 땅의 기름짐이며 풍성한 곡식과 포도주를 주리라"고 했던 야곱이 받은 축복과는 정반대입니다(창 27:28).

둘째로 "너는 칼을 믿고 생활하겠고 네 아우를 섬길 것이며 네가 매임을 벗을 때에는 그 멍에를 네 목에서 떨쳐버리리라"고 합니다. 이 구절을 쉽게 풀어 말하면 이렇습니다.

"너와 네 후손은 칼을 의지해 살아가며 아우의 족속을 섬기게 될 것이다. 너희가 저항하면 잠깐은 멍에를 깨고 해방될 수 있을 것이다. 그러나 영원히 벗어날 수는 없다."

하나님으로부터 멀어져 영원히 멍에를 지면서 살아가는 삶. 꼭 지옥의 모습을 묘사한 말 같은데 그것이 에서의 운명이랍니다. 세상에서 열심히 노력하면 잠깐은 잘살 수 있겠죠. 그러나 누구도 죄의 멍에를 스스로 벗어 버릴 수는 없습니다. 그리고 죄의 멍에를 벗지 못한 인생에게는 영원한 지옥만이 기다리고 있습니다. 죄의 멍에를 벗고 영원한 천국을 얻는 길은 예수 그리스도밖에 없습니다. 그런데 예수의 이름을 부르는 게 잘 안 됩니다.

실제로 에서의 후손인 에돔은 이스라엘로부터 온전히 해방되지 못했습니다. 다윗에 의해 이스라엘의 속국이 되었고, 이후 솔로몬 왕 말기에 저항 운동을 펼쳤다가 아하스 왕 때는 일시적 독립을 이루기도 했습니다. 하지만 신구약 중간기에 요한 힐카누스(John Hyrcanus)에 의해 이스라엘에 완전히 합병되었고, 이스라엘의 강요로 할례를 행함으로써 민족성까지 말살되었습니다. 예수님의 초림 전후에 이스라엘을 다스리던 헤롯 왕이 바로 에돔, 곧 이두매의 후손이라고 알려져 있습니다. 그 역시 하나님의 원수를 자처하며 예수님을 죽이려 했죠.

에서는 하나님 없이도 잘나가는 세상 사람을 대표하는 자라고 할 수 있습니다. 우리는 그런 사람들을 부러워하지만 하나님 없는 잘됨, 하나님 없는 똑똑함의 결론이 무엇입니까? 영원한 멸망입니다.

> 그의 아버지가 야곱에게 축복한 그 축복으로 말미암아 에서가 야곱을 미워하여 심중에 이르기를 아버지를 곡할 때가 가까웠은즉 내가 내 아우 야곱을 죽이리라 하였더니_창 27:41

여기에도 '곡', 눈물이 등장합니다. 에서가 아버지를 위해 곡한 후에, 아버지를 장사 지낸 후에 야곱을 죽이리라고 다짐합니다. 여기서 '미워하여'라는 말은 '증오하다'라는 뜻에서 더 나아가 '악의를 품고 뒤쫓다', '함정에 빠뜨리다'라는 의미입니다. 원어 뜻대로 에서 속의 미움이 "죽이리라"는 살의로 발전했습니다. 미움을 행동으로 옮기고자 합니다.

앤디 앤드루스(Andy Andrews)의 책 『폰더 씨의 위대한 하루』는 인생의 궁지에 몰린 주인공 데이비드 폰더가 일곱 명의 위인과 대화를 나누며 새로운 희망을 발견하게 되는 이야기입니다. 책 속에서 폰더는 링컨을 만나 그의 고뇌를 듣습니다. 링컨은 대통령이 되고 난 후 사람들이 얼마나 자신을 무시했는지 이야기합니다. 그리고 이와 같이 고백합니다.

"폰더 씨, 나를 가장 괴롭힌 것이 무엇인지 아시오? 그것은 분노라는 감정이었소. 내 안에 있는 분노가 화산과 같이 끓어올라 나를 삼키고 있었소. 수많은 사람이 나를 무시했지만, 나 역시 그들을 마음속에서 몇천 번은 살해했소. 누군가를 미워하는 것은 그 사람의 노예가 되는 것이오. 분노의 감정에 묶여 자유를 잃어버리는 것이오. 이것이 얼마나 손해 보는 일입니까. 그래서 나는 용서를 선택했소. 그러자 무거운 멍에가 벗어져 자유로워지더군요. 나는 파괴적인 미움과 분노를 고집하며 내 삶의 자유를 빼앗기지 않을 것이오."

형제를 미워하는 자마다 살인하는 자라고 했습니다(요일 3:15). 미움은 우리에게서 자유를 빼앗고 우리를 노예로 전락시킵니다. 미움과 분노가 나를 삼키려 할 때 주님께 나아가 용서할 믿음을 구하는 것만이 우리가 자유를 얻는 길입니다. 그러나 에서는 분노에 삼켜져 아무것도 들리지 않습니다. 오직 야곱에게 복수하는 데만 모든 생각의 초점이 맞춰져 있습니다. 지옥의 형벌 속에서 도무지 벗어나지 못합니다. 그 와중에도 아버지가 돌아가신 후에 계획을 실행하겠다고 하니 세상 시선으로 보면 이만한 효자가 없습니다. 그러면 뭐 합니까? 형제에게 복수의 칼을 빼 드는 게 얼마나 아버지를 저주하는 일인지 깨닫지 못합니다.

결국 에서는 뜻을 이루지 못했습니다. 죽을 때가 가까워 보이던 이삭이 이후로 43년을 더 살아서 계획이 딱 막혀 버렸습니다. 이것도 하나님의 섭리입니다. 하나님이 야곱을 살려 주신 것이죠. 시기와 분노에 들끓는 에서가 당장에 해할 수도 있었는데, 야곱이 하나님의 장중에 있는 자이기에 살려 주신 줄 믿습니다. 부족해도, 치졸해도 하나님의 장중에 있는 사람은 누구도 해하지 못합니다.

잘난 에서는 평생 야곱을 미워하다가 인생을 종 칩니다. 야곱은 장자권을 빼앗기는 했지만 형을 미워하지는 않았습니다. 사울도 다윗을 죽도록 미워했는데 다윗은 사울을 미워하지 않았습니다. 부족함과 악함은 다릅니다. 불신자의 특징이 바로 악함입니다. 에서는 비교, 시기, 질투를 버리지 못해 오로지 야곱을 죽이리라는 복수심에 사로잡혀 살아갑니다. 같은 사건에서 이삭은 심히 떨고 돌이켰는데 에서는 끝까지 돌이키지 못했습니다. 우리가 축복 받으려면 하나님의 자녀가 되어야 하는데 우리 속에 껌딱지처럼 달라붙은 비교, 시기, 질투가 하루아침에 없어지지 않습니다.

우리들교회 목장보고서에서 자칭 질투의 화신이라는 한 집사님의 나눔을 읽었습니다.

저의 가장 큰 죄는 시기와 질투, 경쟁심이 심하다는 것이에요. 저보다 돈 잘 벌고 잘생긴 사람은 곱게 보지 않고 꼭 트집을 잡습니다. 예전엔 나는 못하는 게 없다고 생각했는데 요즘엔 잘난 사람을 보면 왜 이리 질투심이 나는지 모르겠습니다. 교회에서도 잘생긴 사람을 보면 시기, 질투가 불타오릅니다. 제 인생을 한마디로 표현하자면 "질투는 나의 힘"이라고 할 수 있겠네요. 나에게 주신 달란트와 역할만 보면 되는데 치졸하게 다른 사람들이 받은 것과 계속 비교합니다. 교회 홈 페이지의 목장보고서 조회수도 봅니다. 우리 목장과 다른 목장의 조 회수를 비교해 보는 겁니다. 최근에 제가 사업에서 잘못 판단한 일 역 시 경쟁 업체를 향한 질투심과 경쟁심 때문이었습니다. 질투하면 실 수와 우를 범하게 마련이잖아요. 제가 정말 그랬습니다.

우리가 다 이렇게 비교, 시기, 질투가 많은데 목장에 가지 않으면 어떻게 그 멍에를 벗겠습니까? 특별히 남자들이 어느 공동체에 가서 이런 이야기를 하겠습니까. "나 당신이 미워서 죽을 뻔했다니까." 세 상 모임, 동창 모임에 가서 이런 말 할 수 있겠습니까? 목장에서밖에 못 합니다. 목장에 가서 "질투가 나의 힘이다!" 고백하는 게 자기 주제 를 아는 길입니다. 그러면 우리가 건강해집니다.

똑똑하신 이 집사님은 허벅지를 꼬집어도 말씀이 안 들려서 늘 교회와 저를 비판하던 분입니다. 하나님을 몰라서 오로지 학벌과 직 업을 자랑 삼아 살아가던 분입니다. 그런데 이분이 얼마 전 목장에서 이렇게 진솔한 나눔을 하셨더라고요. 그뿐만이 아닙니다. "김양재 목 사님은 저에게 목사님이시기 전에 삶의 스승입니다." 무려 이런 고백 까지 하셨습니다. 할렐루야!

에서 같은 사람도 변화될 수 있습니다. 그러니 너무 절망하지 마 세요. 하나님은 우리에게 이제 예전과 다른 인생을 살라고 말씀하십 니다. 앞으로도 우리는 끊임없이 실수하겠지만 예전과 다른 건 우리 생각이 바뀌었다는 겁니다. 이것이 야곱과 에서의 차이입니다. 에서는 생각이 바뀌지 않습니다. 예수 믿는다고 금세 달라지지 않지만 우리 생각이 달라졌다는 게 정말 중요합니다.

우리가 축복 받으려면 하나님의 자녀가 되어야 합니다. 무엇보다 부모가 믿음으로 회개하는 모습을 보여 주는 것이 우리 자녀들을 축복 받게 하는 길입니다.

시험을 망친 아들을 통해 문제 엄마인 자신의 모습을 보게 되었다는 한 집사님의 나눔입니다.

목장예배 중에 아들에게 시험 점수가 나왔다고 연락이 왔습니다.
"96점, 96점, 100점, 86점……."
아들은 울음을 터뜨렸고 저도 기분이 가라앉아 목장예배에 집중할 수 없었습니다. 지금까지 아들은 86점이라는 점수를 받아 본 적이 없습니다. 제게 늘 별미의 기쁨을 주던 아들인데……. 제가 아들 이야기를 하며 속상해하자 목자님은 저를 위해 울면서 기도해 주셨습니다. 그리고 "성적 우상이 있는 것 같다" 하시며 저도 몰랐던 죄를 보게 해 주셨습니다.
제가 집에 돌아오자 아들이 바닥에 쳐 누워 난리를 피우기 시작했습니다. 그런 아들을 보고 있자니 지난 제 모습이 주마등처럼 지나가더군요. 아들을 칭찬하기보다 야단 치기에만 바쁘고, 아들이 문제를 틀리면 "바보 아니냐"면서 소리를 고래고래 지르고…… 제가 이렇게 문제 부모였습니다. 아들이 우상인 줄 알았는데 알고 보니 점수가 우상이었습니다. 그래서 아들을 안고 미안하다고 사과하며 엉엉 울었습니다.

서로 마음을 진정시킨 뒤 함께 큐티책을 폈습니다. 그날 본문은 느헤미야 4장 말씀이었습니다. 대적들이 나서서 성전 재건을 방해하지만 이스라엘 백성이 굴하지 않고 한 손으로 일을 하며 한 손에는 병기를 잡았다는 내용입니다. 함께 말씀을 읽으며 아들도 자기 죄를 보았습니다. 아들의 고백입니다.

"아침마다 큐티하지만 늘 대충 하고 어떤 날은 빼먹었어. 오늘 말씀을 묵상하고 갔더라면 충격을 덜 받았을 텐데, 친구들이 다 모여들어 '늘 만점 받던 애가 어떻게 86점을 받았느냐'면서 쯧쯧거리니까 갑자기 눈물이 터지더라고. 그런데 이스라엘 백성이 대적으로부터 방해 받지 않기 위해 한 손으로 일을 하고 한 손으로는 병기를 들었다는 말씀을 보면서 성전 짓는 일이 쉽지 않다는 것이 깨달아졌어. 내게 여전한 방식으로 학교생활 하며 공부하는 게 성전 짓는 일이라면, 내가 한 손에 들어야 하는 병기는 말씀 같아. 말씀으로 준비되었다면 친구들 말에 흔들리지 않았을 텐데 말씀을 안 보고 가서 눈물밖에 나오지 않았어. 이제 아침에 엄마가 깨우면 일찍 일어나서 꼭 큐티부터 하고 등교할게!"

정말 감사했습니다. "성적 욕심이 있다"는 목자님의 말씀이 저를 살렸고, "육이 무너져야 영이 세워진다" 하신 담임목사님 말씀이 '조금' 이해가 되었습니다. 86점으로 육이 조금만 무너져서 영적으로 조금만 이해되나 봅니다. 그동안 교양에 가려져 보지 못했던 내 죄를 깨닫게 해 주셔서 감사합니다.

만약 아들이 50점을 맞았더라면 이 집사님이 더 깊이 깨달았으려나요? 우리는 모두 축복 받기를 간절히 원합니다. 앉으나 서나 "내게 복 주소서"라고 부르짖습니다. 그러나 복 받으려면 "너는 누구냐?" 하고 내 신앙의 현주소를 물으시는 주님의 물음에 대답할 수 있어야 합니다. 내가 누구인지 알아야 합니다. 입으로만 내가 맏아들이라고 외쳐서는 안 됩니다. 하나님은 결코 속지 않으십니다.

"이런 남편과, 아내와, 자녀와는 도저히 함께 살 수 없다"고 소리 높여 웁니까? 내가 선택하고 결혼해서 이룬 가정 아닙니까? 그런데 누구를 탓합니까. 결혼한 지 하루밖에 안 됐으니까, 석 달밖에 안 지났으니까 이혼해도 괜찮다고요? 어떤 경우에도 이혼은 안 됩니다. 주님을 만난 우리는 세상의 눈물과는 다른 애통의 눈물을 흘려야 합니다. 나를 괴롭히는 그 식구 때문에 애통해야 합니다. 내가 가족도 외모로 차별하면서 별미만 바라니까 자꾸 속는 일이 생기는 겁니다. 에서를 보세요. 때마다 별미를 가져다 바치는 효자 중의 효자지만 좀체 회개가 안 되니 울며불며 원망하고, 나중에는 아버지 이삭을 아예 떠나 버립니다. 진정한 효도는 사기꾼 아들 야곱이 합니다. 매사 구원의 시각으로 바라보기를 바랍니다. 그래서 진정한 축복을 물려주는 여러분이 되기를 기도합니다.

• 오늘의 사건에서 하나님의 뜻은 모르고 때늦은 통곡만 하지는 않습니까? 나의 눈물은 후회의 눈물, 원망의 눈물, 증오의 눈물입니까? 애통의 눈물입니까?

우리들 묵상과 적용

대학교 1학년 때 예수님을 영접했지만 불교 동아리에서 목탁을 두드리던 남편을 만나 불신결혼했습니다. 결혼 후 작은 집에서 병든 시어머니를 모시며 수고했지만, 부요해지자 남편은 외도하기 시작했습니다. 저는 남편에게 모든 문제의 책임을 전가했고 그를 정죄했습니다. 그리고 시간이 흘러 남편의 권유로 저와 아이들은 미국으로 유학을 떠났습니다. 저는 영주권을 받은 후 병원에 취업했고, 아이들도 공부를 잘하니 생활이 안정되었습니다. 그러자 이내 영적 게으름이 생겨 예배를 소홀히 하고, 십일조도 떼먹고, 교회에서 봉사한다고 생색을 냈습니다.

　이렇게 영적 장자권에는 전혀 관심이 없는 제게 주님은 2차, 3차로 이어지는 남편의 외도 사건으로 다시 찾아오셨습니다. 저는 후회와 원망의 눈물을 흘리며 홧김에 남편에게 이혼을 요구했고 남편은 이혼 공소장을 보내겠다고 통보했습니다. 급하게 한국에 돌아왔지만, 남편은 살던 집도 옮기고 제 연락도 받지 않았습니다. 남편의 철저한 배신 앞에 장자의 축복을 빼앗겨 소리 높여 우는 에서처럼 저도 통곡했습니다(창 27:38).

그러나 교회 공동체에서 구속사 말씀을 들으면서 속인 자보다 속은 자의 죄가 더 크다는 것을 알게 되었습니다. 누군가를 미워하는 것은 그 사람의 노예가 되는 것이니 용서하라고, 평생 야곱을 미워한 에서가 되지 말라고 공동체가 위로해 주니 증오와 원망에서 자유롭게 되었습니다(창 27:41).

저는 교회에 다녀도 하나님의 질서를 몰라서 아내의 때에 순종하지 못했습니다. 불신결혼하여 하나님을 떠나 부처와 외도했고, 아들과 딸에게 남편을 비방하며 상처를 주었습니다. 이렇듯 제가 문제 부모이기 때문에 아들은 극심한 우울증에 시달리고, 딸은 아빠에게 복수할 생각만 합니다. 상처 받고 흩어진 자녀들에게 제가 해 줄 수 있는 것은 그들이 예수님을 믿도록 제 삶으로 하나님의 사랑을 보이는 것밖에 없습니다. 우리 부부는 여전히 별거하고 있습니다. 그러나 모든 사건을 지나며 제 신앙의 현주소를 깨닫고 회개하게 되니 마음이 평안합니다. 훼파된 저희 가정이 주님의 긍휼로 회복되는 축복을 얻기를 간절히 소원합니다.

영혼의 기도

하나님 아버지, 상상도 하지 못한 사건이 우리에게 찾아왔습니다. 내가 우려하던 일이 터졌습니다. 안일하게 신앙생활 해도 교회를 다니니까 잘될 줄 알았는데, 믿었던 가족에게 바람, 부도, 가출, 불합격으로 속는 사건을 만났습니다. 이때 택자 이삭처럼 심히 크게 떨며 내 죄를 깨달으면 좋으련만 우리는 에서처럼 "내게도 축복하소서" 하며 그저 소리 질러 우는 것밖에 하지 못합니다. 에서처럼 분별하지 못하고 후회와 원망과 증오의 눈물만 흘립니다. 주님, 매사 방성대곡하면서 말씀을 듣지 못하는 우리를 용서해 주옵소서. 오늘 나에게 온 이 사건이 내 삶의 결론인 걸 알고 받아들이기를 원합니다.

주님을 만났어도 여전히 죄짓고 실수하지만 우리의 생각이 달라지도록 주께서 인도해 주시니 얼마나 감사한지요. 야곱처럼 사기 잘 치고 잘하는 것 없이 눈만 껌뻑껌뻑해도 우리는 주님의 장중에 붙들린 인생이라는 걸 믿습니다. 주님이 우리를 붙드시기에 누구도 나를 해할 수 없다는 걸 믿습니다.

주님, 특별히 미움과 분노의 사슬에서 벗어나지 못하는 형제자매들을 위해 기도합니다. 누군가를 미워하는 것은 그의 노예가 되는 것이라고 하셨습니다. 주여, 우리가 용서함으로 참자유를 얻도록 인도해 주옵소서. 에서처럼 무슨 말을 해도 들리지 않는 남편, 아내, 부모와 자녀들을 찾아가 주옵소서. 그들이 돌이켜 주님의 자녀가 되게 해 주옵소서. 그들을 위해 우리가 끝까지 기도할 때 주님이 그 기도를 멸시치 않으실 줄 믿습니다. 내게도 축복하여 주셔서 진정한 축복인 예배의 축복, 구원의 축복이 우리 삶에 이루어지게 해 주옵소서. 예수님 이름으로 기도하옵나이다. 아멘.

05

허락하신 복

창세기 27장 41절~28장 9절

하나님 아버지, 허락하신 복을 받는 자와
받지 못하는 자가 있다고 말씀하십니다.
우리가 어떻게 허락하신 복을 받을 수 있을지
말씀하여 주옵소서. 듣겠습니다.

교회력으로 성탄절 이전 4주 동안의 기간을 '대강절'이라고 합니다. 이는 오실 예수님을 기다리며 지키는 절기입니다. 예수님의 초림이 이루어졌으니까 오늘날엔 예수님의 재림을 기다리는 절기라고 할 수 있겠죠. 그런데 연말 우리의 모습은 어떻습니까? 송년회다 망년회다 해서 먹고 마시며 놀기에 바쁩니다. 성탄절도 그렇습니다. 주인공인 예수님은 잊히고 그저 파티하는 날쯤으로만 전락하는 것 같아서 마음이 아픕니다. 주께서 허락하신 복을 기억하고 누리라고 우리에게 절기를 주셨는데 과연 우리는 절기들을 절기답게 지키고 있는가 돌아보게 됩니다.

가진 것 하나 없어도 가치관이 변하여 주께서 허락하신 복을 마음껏 누리는 사람이 있는가 하면, 모든 것을 갖추고도 가치관이 변하지 않아서 전혀 누리지 못하는 사람도 있습니다. 성도라면 허락하신 복을 누릴 자격이 있습니다. 만일 누리지 못한다면 에서처럼 성도라고는 하지만 불신 가치관에 가득 싸여 살아가는 사람일 겁니다. 나는 주께서 허락하신 복을 누리는 사람인지 아닌지 생각해 보기 바랍니다. 본문을 묵상하며 누가 허락하신 복을 누리고, 누가 누리지 못하는지 함께 보겠습니다.

허락하신 복을 불신자는 받지 못합니다

주께서 복을 허락하셨지만 에서는 받지 못합니다. 왜 에서가 허락하신 복을 받지 못했는지 그 이유를 네 가지로 살펴보겠습니다.

첫째, 죽이고자 합니다.

그의 아버지가 야곱에게 축복한 그 축복으로 말미암아 에서가 야곱을 미워하여 심중에 이르기를 아버지를 곡할 때가 가까웠은즉 내가 내 아우 야곱을 죽이리라 하였더니_창 27:41

지난 말씀에서 장자권을 빼앗긴 에서가 소리 높여 울었습니다. 그런데 본문에서는 더 나아가 야곱을 죽이고자 합니다. 에서는 장자의 축복이 무엇인지 잘 모릅니다. 그저 물질의 복 정도라고만 여깁니다. 그러니 야곱이 자기 축복을 가로채 잘살게 되었다는 생각에만 꽂혀서 이를 갑니다. 결국 돈을 좋아해서 아우를 죽이겠다는 영혼을 파는 결심까지 하게 된 겁니다.

또한 에서는 똑똑하고 모든 면에서 잘난 사람입니다. 집안에서 우상처럼 받들던 아들입니다. 그런데 여자 같고 비리비리한 야곱이 자신을 지배하게 될 것이라고 하니(창 27:40), 도무지 인정이 안 되었겠지요.

아무리 교회를 다녀도 에서는 인간적인 생각밖에 못 하니까 "죽이리라"는 결론만 납니다. 이로써 에서는 그가 흘린 눈물이 회개의 눈물이 아니라는 걸 스스로 증거했습니다. 죽이고자 했다는 건 회개하지 않았다는 결정적 증거입니다. 그러면서도 아버지를 존경하여 이삭이 죽은 뒤 계획을 실행하겠다고 합니다. 세상에서 제일가는 효자라도 예수가 없는 인생의 결국은 '영원한 멸망'입니다.

둘째, 한을 품습니다.

> 맏아들 에서의 이 말이 리브가에게 들리매 이에 사람을 보내어 작은 아들 야곱을 불러 그에게 이르되 네 형 에서가 너를 죽여 그 한을 풀려 하니_창 27:42

아마도 에서가 "아버지가 돌아가시면 야곱을 죽여 버리겠다"고 떠들고 다녔나 봅니다. 그 말이 리브가에게까지 들립니다.

에서는 그저 억울합니다. 팥죽은 자기가 사 먹고 야곱이 팔았다고 한을 품습니다. 자기가 팥죽과 장자권을 맞바꾸지 않았으면 됐는데, 기어이 야곱에게 복수하여 마음에 쌓인 감정을 풀고자 합니다. 속상한 일이 생길 때마다 '이런 일이 내게 왜 왔을까?' 한 번 더 생각해 보면 부부간에도 형제간에도 교인 간에도 문제가 없을 텐데, 꼭 한을 품고서 죽이고자 하는 것이 우리의 악한 본성입니다.

에서가 한을 품게 된 배후에는 이삭이 있습니다. 예수 믿는 부모라도 문제 부모일 수 있다는 걸 성경은 계속 이야기합니다. 리브가도 마찬가지입니다. 이삭의 말, 에서의 말을 여기저기서 엿듣고 다니면서 집안을 파탄 냅니다. 부모가 서로 영적 견해가 다르면 이렇게 가정이 분열되는 겁니다. 형제가 원수가 된 걸 보고 리브가도 속상했겠지요. 그렇다고 "형 에서가 너를 죽여 한을 풀려 한다" 말해 주는 게 올바른 걸까요?

　　성인군자라도 상처 입은 마음은 스스로 치유하지 못합니다. 나를 속인 상대를 원망하고 미워하면서 위로 받으려 하지만, 오히려 자신에게나 타인에게나 더 큰 상처만 남길 뿐입니다. 상대를 죽도록 미워하여 그 한이 풀린다면 좋겠지만 그럴수록 감정의 골만 더 깊어지게 마련입니다. 또 "그놈을 아주 결딴내서 내 한을 풀겠다" 한들 악인의 계교가 어찌 성공하겠습니까. 혹여 성공한대도 더 큰 대가를 치르게 마련입니다. 우리에게는 상처 입은 치유자, 예수님이 계시지 않습니까. 예수께로 갈 때만 우리의 한이 풀립니다.

셋째, 분노를 폭발합니다.

43 내 아들아 내 말을 따라 일어나 하란으로 가서 내 오라버니 라반에게로 피신하여 44 네 형의 노가 풀리기까지 몇 날 동안 그와 함께 거주하라 45 네 형의 분노가 풀려 네가 자기에게 행한 것을 잊어버리거든 내가 곧 사람을 보내어 너를 거기서 불러오리라 어찌 하루에 너희 둘을 잃으랴_창 27:43~45

118

에서가 얼마나 분노했는지 "형의 노가 풀리기까지 몇 날 동안 삼촌 라반한테 가 있으라"면서 리브가가 야곱을 피신시킵니다. 여기서 '분노'는 내면의 노가 극에 달해 외면으로까지 폭발된 상태를 말합니다. 사람의 분노는 쉬이 잊히지 않습니다. 대다수가 평생 담고 살아갑니다. 그래서 누군가를 미워하는 데 일생을 보내기도 합니다.

"풀리기까지"라는 구절을 원어로 보면 '되돌아가다'라는 뜻의 '슈브(שוב)'라는 단어가 쓰였습니다. 이 말은 이전 상태로 회복되는 것을 가리키는데, 여기서 발전하여 '뉘우치다', '회개하다'라는 의미가 생겨났다고 합니다. 그러므로 본문을 통해 성경이 진짜 말하고자 하는 것은, 바로 나의 회개와 뉘우침이 분노를 푸는 열쇠라는 겁니다. 에서가 변하고 사과하기를 기다리기보다 야곱이 먼저 뉘우치고 회개할 때 에서의 분노가 풀린다는 겁니다. 우리는 미운 그 사람을 생각하면서 "나한테 사과할 때까지 기다릴 거야" 하지만 절대 그럴 일 없다는 거죠. 하나님의 택자인 내가 먼저 죄를 보고 뉘우치고 회개해야 합니다. 이것이 분노가 풀리는 비결입니다.

용서는 사람의 힘으로 되는 일이 아니라서 누구도 "용서했다"고 쉽게 말할 수 없습니다. 만약 누가 "나 너 용서했어" 한대도 홀랑 믿지 마세요. 사람은 용서할 수 없습니다. 우리는 다 100% 죄인이기 때문입니다. 오직 주님 앞에 나아가 자기 죄를 보는 사람만이 용서할 수 있습니다. 그러니 누가 나한테 잘해 준대도 너무 좋아할 것 없고, 나를 미워한대도 너무 속상할 것 없습니다. 서로 자기 죄를 보면 아무리 멀어졌던 관계도 딱 합쳐지게 돼 있습니다.

넷째, 엉뚱한 적용, 핀트에 안 맞는 적용을 합니다.

6 에서가 본즉 이삭이 야곱에게 축복하고 그를 밧단아람으로 보내
어 거기서 아내를 맞이하게 하였고 또 그에게 축복하고 명하기를
너는 가나안 사람의 딸들 중에서 아내를 맞이하지 말라 하였고 7 또
야곱이 부모의 명을 따라 밧단아람으로 갔으며 8 에서가 또 본즉 가
나안 사람의 딸들이 그의 아버지 이삭을 기쁘게 하지 못하는지라
9 이에 에서가 이스마엘에게 가서 그 본처들 외에 아브라함의 아들
이스마엘의 딸이요 느바욧의 누이인 마할랏을 아내로 맞이하였더
라_창 28:6~9

이삭이 떠나는 야곱에게 "가나안 사람의 딸들 중에서 아내를 맞
이하지 말라" 당부하는 걸 듣고 에서는 자신이 이방 여인과 결혼하여
축복 받지 못했다고 생각합니다. 그래서 '나도 신결혼을 해야겠다' 결
심하고서 아브라함의 서자인 이스마엘에게 찾아가 그의 딸을 아내로
맞이합니다. '이게 신결혼 아닌가!' 했겠죠. 하지만 이런 걸 두고 핀트
에 안 맞는 적용이라고 합니다.

6절에서 에서가 '본즉'이라 하고 8절에서도 에서가 '또 본즉'이라
고 합니다. 보고 또 보았는데도 에서는 핀트에 맞지 않는 적용만 합니
다. 우리도 그렇죠. 교회에 다니며 말씀을 보고 또 봅니다. 교회에서 "신
교제하라, 신결혼하라"고 하니까 교회 다니는 사람을 찾기는 합니다.
하지만 속을 들여다보면 다들 돈, 학벌, 능력, 외모를 취해서 만납니다.

인간적인 에서는 무슨 말을 해도 인간적으로만 듣습니다. 회개하지 못하기에 때늦은 통곡을 하고 빗나간 적용을 합니다. 매사 밖에서만 원인을 찾으니까 문제를 해결하기는커녕 더 어렵게 만듭니다. 집안을 더 복잡하게 만듭니다. 나아가 그는 하나님이 정하신 일부일처제를 파괴함으로 다시 한 번 천국 장자권을 멸시합니다. 세 번째 아내를 맞는 어리석은 적용을 합니다. 너무 잘나고 똑똑해서 도무지 자기 죄가 안 보이는 사람들이 이런 어리석은 적용을 합니다. 내 죄를 보는 건 인간의 힘으로 안 되는 일이라서, 이런 분들을 볼 때면 제가 얼마나 안타까운지 모르겠습니다.

믿음의 여인을 만나 결혼하는 것이 아무리 하나님 뜻이라고 해도 야곱으로서는 정든 집을 떠나기가 쉽지 않았을 겁니다. 집에서 죽이나 쑤던, 별 볼 일 없는 야곱 아닙니까? 그런데도 야곱은 부모의 명을 따라 즉시 떠납니다. 대단한 적용입니다. 결정적일 때 딱 순종합니다. 반면에 사냥도 잘하고 호탕한 에서는 결정적일 때 말을 안 듣습니다.

이스마엘의 딸과 결혼한 것은 지금으로 보면 무늬만 크리스천인 사람을 고른 겁니다. 이스마엘 집안이 얼마나 대단합니까. 에서는 번듯하게 내놓을 만한 것만 늘 좋아합니다. 성경은 인간적인 사람이 얼마나 불쌍한지 에서를 통해서 반복해 일깨워 줍니다. 우리 주변에도 엉뚱한 적용을 하는 기득권층이 참 많습니다. 에서도 기득권층이라고 할 수 있잖아요. 똑똑한데다 모두가 자기를 우상처럼 여기니까 겸손해지기가 하늘의 별 따기입니다.

그러면 에서는 어떻게 해야 했을까요? 무엇이 에서에게 딱 맞는 적용이었을까요? 늦게라도 야곱을 따르며 "큰 자가 어린 자를 섬기리라"는 하나님의 말씀에 순복했어야 합니다. 현재의 자리에서 자신의 복을 발견했어야 합니다. 그러나 에서는 스스로 축복권을 내팽개치고는 이삭이 약속의 복을 야곱에게 다 주었다고 하니까 "빌 복이 하나뿐입니까, 다른 복은 없습니까" 울부짖습니다. 이렇게 다른 복을 구하니까 약속의 복에서 멀어진 겁니다. 장자의 복을 물질의 복 정도로만 생각하니까 축복을 빼앗아 간 야곱만 미운 거예요.

우리도 그렇습니다. 예수를 믿어도 형이 잘되는 꼴, 동생이 잘되는 꼴을 못 봅니다. 동생 야곱이 축복을 받았다고 '죽이리라' 하는 게 얼마나 인간적인 마음입니까. 동생보다는 형이 잘돼야 한다는 고정관념에서 벗어나지를 못합니다. 이렇게 에서가 늘 '죽이리라' 하고 나오니까 그 자손들도 칼을 믿고 생활합니다(창 27:40). 자녀가 경쟁에 목매면서 칼을 의지해 살아가는 것은 부모 삶의 결론입니다.

회개하지 못하는 영혼의 결국은 지옥입니다. 이 땅에서는 매사 이를 갈면서 지옥의 고통을 맛보고 후에는 영원히 꺼지지 않는 불, 진짜 지옥에 갑니다. 그리고 후손에게까지 증오와 한이 대물림됩니다. 이보다 혹독한 형벌이 어디 있습니까. 이것이 불신의 대가입니다. 에서를 보세요. 하나님이 회개할 기회를 주셔도 스스로 걷어차 버립니다. 그저 한을 품고 때늦은 적용, 엉뚱한 적용만 합니다. 그러면서 "나는 적용했어!" 합니다. 결국 에서는 온 집안 식구의 걸림돌이 되었습니다. 에서 한 사람 때문에 에돔이 대대손손 복을 받지 못했잖아요.

우리도 회개하지 못합니다. 자기 자신을 보지 못합니다. 어른만 아니라 아이들도 그렇습니다. 재혼 가정에 있는 한 중학생 아이가 이런 나눔을 했습니다.

새아빠는 내가 조금만 잘못해도 혼냅니다. 새아빠의 말을 하나님이 하시는 말씀으로 듣고 순종해야 한다는 건 알지만 잘 안 됩니다. 순종하기는커녕 매번 '커서 복수할 거야' 하고 이를 갑니다. 아빠가 제일 많이 지적하는 부분은 식사 예절입니다. "밥풀 하나 남김없이 먹어라!", "밥풀을 떨어뜨리지 말아라!", "쩝쩝거리지 말아라!" 밥 먹을 때마다 잔소리해 대니까 왕짜증이 납니다. 사실 아빠가 잘 대해 줄 때도 많은데 새아빠라서 무조건 싫은 것 같습니다.

아이의 간증을 읽으며 '새아빠가 더 회개하며 가야겠구나' 생각했습니다. 신뢰 받는 부모가 되어야 하는데 그러지 못하면 아무리 부모가 좋은 말을 해도 자녀는 고깝게 듣습니다. 더욱이 재혼 가정이라면 부모에 대한 경계심이 더하겠지요. 그러니 이런 영적 싸움이 기다리고 있다는 걸 알고서, 인정하고서 재혼해야 합니다. 자녀들이 처음부터 "엄마, 아빠" 친밀하게 불러 주지 않는다는 겁니다.

아이도 그렇죠. 나 몰라라 할 수도 있는데 새아빠가 관심을 기울여 훈계해 주니 얼마나 감사합니까. 그런데 아이는 그걸 복으로 알지 못합니다. 우리가 육의 아버지한테도 이럴진대 하물며 하나님 아버지에게는 어떻겠습니까. "징계는 다 받는 것이거늘 너희에게 없으면 사생자요 친아들이 아니니라"고 했습니다(히 12:8). 내 새끼 잘되라고, 회개하고 구원 받으라고 아버지 하나님이 매를 때리시는 겁니다. 그런데 우리는 '이게 복이구나' 깨닫지 못합니다. 그렇잖아요. 내게 온 징계 앞에서 "아버지 하나님이 복 주셔서 제가 부도났습니다, 감사합니다!" 할 수 있는 분 손 들어 보십시오.

또 다른 학생의 나눔입니다. 부모님들, 잘 읽어 보세요.

어릴 적 기억에 아빠는 세상에서 제일 따뜻하고 나를 바르게 지도해 주는 좋은 분이었습니다. 그런 아빠가 어느 날 갑자기 집을 나가서 핸드폰 번호를 바꾸고 연락을 아예 끊어 버리셨습니다. 이후 아빠가 가족을 버리고 다른 여자와 미국에 가셨다는 사실을 알게 되었습니다. 저는 충격이 너무 큰 나머지 우울증까지 앓게 되었습니다. 우리 가정을 불행으로 몰아넣은 아빠가 너무너무 미워서, 아빠 목을 따 버리고 싶다는 나쁜 생각까지 듭니다.

에서의 분노가 후손에게 고스란히 대물림되었듯 부모의 불의는 자녀에게 큰 상처를 남깁니다. 상처가 또 다른 상처를 낳고, 대를 이어 고통에 몸부림치는 가정을 수없이 보았습니다. 그러니 함부로 바람 피우고 가출하고 그러면 안 됩니다. 나만 좋으면 다라고요? 그게 아니라는 말입니다.

예수를 믿어도 이처럼 극한 상황에 처한 집이 많습니다. 한과 분노에 싸여 상처를 되풀이하면서 사는 가정이 얼마나 많은지 모릅니다. 돈, 교양, 학벌, 성품으로 상처를 감춰 보려 하지만 그게 됩니까?

언젠가는 드러나게 마련입니다. '나는 아빠처럼, 엄마처럼 안 살 거야' 하면서 배우자에게, 자녀에게 상처를 마구 쏟아 내게 됩니다. 그런데도 우리는 상처를 꺼내서 치료할 생각을 안 합니다.

• 나는 누구를 원망합니까, 어떤 분을 품고 삽니까? '분노가 풀릴 때까지 누구는 보지 않을 거야', '저 인간만 없으면 숨통이 트일 텐데' 합니까?

택한 자는 허락하신 복을 받습니다

에서는 허락하신 복을 받지 못했지만 택한 자 야곱은 마침내 복을 받습니다. 택한 자는 어떻게 허락하신 복을 받는지, 허락하신 복이란 과연 어떤 복인지 세 가지로 보겠습니다.

첫째, 택한 자에게 오는 힘든 시련은 구속사의 훈련, 곧 구원을 이루기 위한 훈련입니다.

43 내 아들아 내 말을 따라 일어나 하란으로 가서 내 오라버니 라반에게로 피신하여 44 네 형의 노가 풀리기까지 몇 날 동안 그와 함께 거주하라 45 네 형의 분노가 풀려 네가 자기에게 행한 것을 잊어버리거든 내가 곧 사람을 보내어 너를 거기서 불러오리라 어찌 하루에 너희 둘을 잃으랴_창 27:43~45

하루에 두 아들을 다 잃을 수 없다면서 리브가가 다급하게 야곱을 피신시킵니다. 그녀는 에서가 틀림없이 야곱을 죽이리라고 생각했습니다. 만일 에서가 계획을 실행한다면 야곱을 잃고 에서는 살인자가 됩니다. 갈수록 기가 막힙니다. 이 집에 길이 없습니다. 집안이 파탄 났습니다.

그러나 전부 하나님의 장중에서 일어난 일입니다. 야곱의 허물과 실수에도 불구하고 하나님은 야곱을 통해 자신의 뜻을 이루셨습니다. 다만 혹독한 대가를 치르게 하십니다. 리브가와 야곱이 인간적인 방법으로 장자권을 취득하려 했기에 가정이 파탄 나는 큰 값을 치르게 하신 겁니다. 고난을 통해 야곱을 훈련하셔서 야곱 집안에 구속사를 이루시려는 것이죠.

잘 먹고 잘사는 에서 집안에는 구속사가 이루어지지 않았습니다. 반면에 야곱 집안처럼 거짓말 잘하고 계교나 꾸미고 문제가 득시글득시글한 가정에 구속사가 흘러가는 걸 우리가 많이 봅니다.

지금도 보세요. 기막힌 상황이 닥쳤을 때 믿음의 사람이라면 "하나님의 말씀을 들어 보자" 해야 하지 않습니까? 그러나 리브가는 그러지 않습니다. "야곱아, 우리 하나님께 물어볼까?" 하지 않고 "내 말을 따라" 행동하라고 합니다. 그저 야곱을 도피시키기에만 급급해서 "하란으로 피신하라"고 합니다. 하란은 아브라함이 고향 땅 갈대아 우르를 떠나 가나안으로 이주하던 중에 잠시 머물렀던 도시입니다. 이후 아브라함은 하나님의 명령을 따라 가나안으로 떠나왔지만 그의 형제 나홀과 그 자손들은 여전히 그곳에 거주하고 있었죠. 그러니까 지금 "야곱아, 친척 집에 며칠만 가 있어" 하는 겁니다.

특별히 많은 친족 중에서도 라반에게 가라고 하는데 이 라반이 어떤 사람입니까? 24장에서 잠깐 보았지만 재리를 밝히는 야비한 자입니다. 리브가의 오라버니지만 아주 질이 나쁩니다. 에서보다도 더 악질분자입니다. 야곱이 잠깐 피하고자 라반 집에 갔다가 20년이나 붙잡혀 갖은 고생을 겪었습니다. 그러나 결론적으로 이 일 역시 야곱에게 구속사의 훈련이 되었습니다. 야곱이 지독한 라반 밑에서 훈련받으며 별 인생 없다는 걸 깨닫게 됐습니다.

여러분, 생각해 보세요. 야곱은 갖은 수모를 다 겪으며 사는데 에서는 잘 먹고 잘삽니다. 에서는 겉으로 보기에 우리가 부러워할 만한 걸 다 갖췄습니다. 이삭과 이스마엘도 그렇잖아요. 약속의 자손 이삭은 자녀들끼리 속고 속이며 난리를 피우는데, 이스마엘의 열두 아들은 사이좋게 모여 살면서 세상 열매를 주렁주렁 맺습니다. 이런 걸 보고 '예수 믿어서 나은 게 무엇인가' 하는 사람도 있겠지요. 그러나 불신자 에서는 겉으론 잘살는지 몰라도 후회와 원망, 증오심, 살의, 경쟁심, 시기심으로 똘똘 뭉쳐 있잖아요. 야곱은 부족해도 형을 죽이려 하거나 미워하지 않았어요. 부족한 것과 악한 것은 다릅니다. 야곱은 험악한 삶을 살았고, 에서는 분노하는 삶을 살았습니다. 정말 별 인생이 없습니다. 비록 삶은 험난했지만 인생의 훈련을 통해 하나님을 믿었기에, 무한대인 구원의 인생으로 들어갔기에, 무엇과도 비교할 수 없는 평강의 주, 구속의 주를 만났기에 야곱은 예수 그리스도의 영적 후사로서 우뚝 자리매김했습니다.

리브가는 에서의 분노가 곧 사라지리라고 생각했습니다. 그래서 야곱에게 "몇 날만 가 있으라" 합니다. 이 몇 날이 20년이 되리라고는 꿈에도 몰랐겠죠. 이후로 그녀는 살아서 야곱을 보지 못했습니다. "너의 저주는 내게로 돌리라" 자청했던 리브가 아닙니까(창 27:13). 그의 말대로 가장 사랑하는 아들을 다시 만나지 못하는, 저주라고밖에 할 수 없는 고통을 당했습니다. 순간의 결정이 평생을 감옥에서 지내게 한 겁니다.

40년 애굽에서 호의호식한 모세가 하나님의 선지자로 세워지기까지 40년 미디안 광야 훈련이 필요했습니다. 마찬가지로 야곱이 훈련되기까지 20년이 필요해서 에서의 분노가 20년을 갑니다. 그 지난한 세월을 지나고서 야곱이 어떻게 달라졌습니까? 이스라엘의 열두 지파가 될 믿음의 후사들을 주렁주렁 데리고서 돌아왔습니다. 도피 여행으로 시작된 그의 삶의 여정이 구속사 여행으로 마무리되었습니다. 여러분도 '구속사 여행'을 하기 바랍니다. 나와 우리 집의 구원을 이루는 여행을 하기 바랍니다. 주님의 훈련이 혹독하다고 이탈해 버리면 지옥 자식이 되고 맙니다.

예수를 믿기 전까지는 내게 무엇이 주어지든 복이 아닙니다. 야곱도 영적 후사의 참의미를 알고 난 후부터 하루하루가 쌓이기 시작했습니다. 야곱이 처음엔 아무것도 몰랐지만 하나님께서 구원의 참의미가 무엇인지 구원의 실체를 자꾸자꾸 드러내 보여 주셨습니다. 만세 전부터 택함 받은 사람은 어떤 일에도 주님이 구원의 실체를 드러내 주시기에 고난도 축복이 됩니다. 반면에 택함 받지 못한 에서는 처음에는 다 가진 것 같았지만 점점 잃습니다.

둘째, 택한 자에게 돕는 배필을 주심으로 혹독한 훈련을 쉽게 해 주십니다.

> 리브가가 이삭에게 이르되 내가 헷 사람의 딸들로 말미암아 내 삶이 싫어졌거늘 야곱이 만일 이 땅의 딸들 곧 그들과 같은 헷 사람의 딸들 중에서 아내를 맞이하면 내 삶이 내게 무슨 재미가 있으리이까_창 27:46

리브가가 꾀를 냅니다. 불신자인 에서의 부인들 때문에 괴로우니 야곱을 친족들에게 보내 신결혼을 시키자고 합니다. 이것은 단순히 야곱을 피신시키기 위한 핑곗거리만은 아니었습니다. 리브가는 이방 며느리들로 말미암아 "내 삶이 싫어졌다"고 말합니다. 개역한글판에서는 이 구절을 "나의 생명을 싫어하거늘"이라고 번역했습니다. '싫어졌거늘'이라는 말의 원어는 '가증히 여기다', '원망하다', '근심하다'라고도 번역되는데, 이는 혐오스러운 동물을 보고 몸서리칠 때 사용되는 표현입니다. 즉, 이방 며느리로 인해 얼마나 고통스러운지 자기 생명까지 혐오할 정도라는 겁니다.

아닌 게 아니라 그동안 이방 며느리들 때문에 이삭 부부가 얼마나 극심한 고통 속에서 살았습니까. 지난 26장에서 "그들이 이삭과 리브가의 마음에 근심이 되었더라"고 했습니다(창 26:35). 그러니 지금

"제대로 된 믿음의 며느리 한 명 못 얻었는데 야곱마저 불신결혼한다면 나는 못 살아!" 하는 겁니다. 이 말로 리브가가 이삭의 공감을 딱 얻어 냅니다.

사도 바울도 "너희는 믿지 않는 자와 멍에를 함께 메지 말라 의와 불법이 어찌 함께 하며 빛과 어둠이 어찌 사귀며 그리스도와 벨리알이 어찌 조화되며 믿는 자와 믿지 않는 자가 어찌 상관하며 하나님의 성전과 우상이 어찌 일치가 되리요……"라고 했습니다(고후 6:14~16a). 불신결혼이 얼마나 힘든 길인지 성경은 계속해서 다루고 있습니다. 자기 삶이 싫어질 정도로, 자기 생명을 혐오하게 될 정도로 괴로운 것이랍니다. 영적 견해가 안 맞으면 함께 살 수조차 없는 겁니다.

> 1 이삭이 야곱을 불러 그에게 축복하고 또 당부하여 이르되 너는 가나안 사람의 딸들 중에서 아내를 맞이하지 말고 2 일어나 밧단아람으로 가서 네 외조부 브두엘의 집에 이르러 거기서 네 외삼촌 라반의 딸 중에서 아내를 맞이하라_창 28:1~2

이삭이 야곱을 불러 축복하고 당부합니다. 리브가가 던진 결정적인 한마디를 이삭이 듣습니다. 비록 별미나 밝히고 편애해도 이삭은 믿음의 사람이 맞습니다. 연약하고 치졸해도 믿음의 사람은 결정적인 순간에 회개하고 돌이킵니다. 울고불고하더라도 결정적일 때 말씀을 듣고 깨우쳐야 하는데 에서는 이게 안 됩니다.

이삭은 야곱에게 "네 외조부 브두엘의 아들 라반의 딸 중에서 아내를 맞이하라" 당부합니다. 우리가 알다시피 라반이 믿음이 좋아서 리브가를 이삭에게 시집보낸 건 아니었잖아요. 그런데 왜 이삭은 라반의 딸 중에서 신붓감을 찾으라고 합니까?

요즘은 교회에서 만나 결혼한 부부들도 얼마 못 가서 사이가 삐걱거립니다. 함께 성경에 손을 얹고 결혼한 부부가 한 달 만에 이혼하겠다면서 저를 찾아오기도 했습니다. 또 자기 배우자가 얼마나 이상한지 늘어놓고는 하루라도 빨리 이혼해야 하지 않겠느냐고 메일로 묻는 분도 있었습니다. 그러나 우리 성도들은 늘 하나님의 뜻을 예민하게 구해야 하잖아요. 비록 라반의 믿음이 부족해도 하나님은 가나안 사람의 딸이 아니라 라반의 딸 중에서 아내 구하기를 원하십니다. 20년간 야곱을 못된 라반 아래 두고 혹독하게 훈련하셔서 믿음의 후손으로 성장시키시려는 것이 하나님의 계획이었습니다.

우리네 결혼도 이와 같다고 생각합니다. 다른 욕심은 내버리고 예수를 믿는 사람을 택하여 결혼했건만 결혼생활이 쉽지 않습니다. 믿음의 사람을 만나면 '불행 끝 행복 시작'일 줄 알았는데 결혼 전에는 몰랐던 문제가 여기저기서 터집니다. 그렇다고 잘못된 결혼을 한 게 아닙니다. 야곱처럼 우리도 더 거룩한 성도가 되라고 혹독한 결혼생활로 훈련하시는 것입니다. 그러니 자꾸 이혼 운운해서는 안 됩니다.

저도 믿는 집에 시집을 갔습니다. 그래서 하나님이 저를 쓰시는 줄 믿습니다. 아예 믿지 않는 집안으로 시집갔더라면 이렇게 쓰지 않으셨을 것 같아요. 하나님이 만세 전부터 예정하신 뜻이 있어서 라반에게 훈련 받게 하시는 줄 믿습니다. 내가 믿음으로 출발한 결혼이라면 반드시 결혼을 지켜야 합니다. 인생의 목적도, 결혼의 목적도 행복이 아니라 거룩입니다. 자꾸 옳고 그름으로 따지려 하지 말고, 우리 집에 영적 후사가 나기 위해서 내가 먼저 회개하십시오. 내가 먼저 뉘우치면 분노가 풀린다고 했습니다.

제가 "맞고 살아도 이혼하면 안 된다"고 하니까 어떤 분이 "목사님도 저처럼 쇠 파이프로 맞기를 기도합니다"라고 메일을 보냈습니다. 그래서 "저도 맞아 봤어요" 했더니 "이혼하든 안 하든 하나님이 판단하실 일이지 왜 목사님이 나서서 이혼하지 말라 하느냐"고 따지시더군요. 제가 늘 목 놓아 구속사를 외치는데도, 말씀이 안 깨달아지니까 그저 옳고 그름으로 힐난하는 겁니다. "왜 잘난 에서가 아니라 야곱을 축복하느냐"고 하는 분들도 여전히 있습니다. 이삭과 리브가가 그렇게 안타까워하는데도 에서가 끝까지 돌이키지 않았잖아요. 저 역시 모두를 돌이키게 할 수 없습니다. 에서 때문에 이삭 부부가 얼마나 애통했을지 절로 체휼이 됩니다.

구속사 여행에서 제일 중요한 것은 '돕는 배필과 함께하는가, 아닌가'입니다. 온 식구가 한마음으로 기도하며 가도 겨우겨우 한 발짝 떼는 게 구속사 여행길인데, 부부부터 한마음이 안 되면 어떡합니까. 그래서 집안도 중요합니다. 양가 부모가 영적 의견이 달라서 갈라서는 집도 많습니다.

돕는 배필은 꼭 배우자만 가리키지 않습니다. 믿음의 부모, 신앙 선배, 목자, 교회 지체…… 이들이 다 나를 돕는 영적 배필입니다. 구속사 여행을 잘 걸어가도록 격려해 주는 돕는 배필이 곁에 있다면, 우리가 허락하신 복을 반드시 받을 줄 믿습니다. 말씀으로 해석해 주는 돕는 배필이 없으니까 자꾸 "상처 받았다", "잘난 내가 왜 이런 사람과 살아야 하느냐" 따져 대고 갈라서는 겁니다. 예수님이 죄가 있어서 십자가에 못 박히신 게 아닙니다. 우리 죄를 대속하시고자 십자가에 자기 생명을 내어놓으셨습니다. 그렇게 주님은 상처 입은 치유자로서 우리 곁에 우뚝 서셨습니다. 맨날 '나 잘났다, 너 못났다' 따지는 건 사탄이 하는 일입니다. 우리의 수많은 죄 중에서 선악을 따지는 것이 가장 우두머리 죄입니다.

셋째, 허락하신 복에서 클라이맥스 복은 영적 후사입니다.

> 3 전능하신 하나님이 네게 복을 주시어 네가 생육하고 번성하게 하여 네가 여러 족속을 이루게 하시고 4 아브라함에게 허락하신 복을 네게 주시되 너와 너와 함께 네 자손에게도 주사 하나님이 아브라함에게 주신 땅 곧 네가 거류하는 땅을 네가 차지하게 하시기를 원하노라 _ 창 28:3~4

영적 후사와 땅, 이것이 하나님이 야곱에게 주시려는 복입니다. 이 복을 현재 가나안 땅에 살고 있는 에서가 아니라, 그 땅에서 도망치고 있는 야곱에게 주신답니다. 그러니 여러분, 지금 아무리 휘황찬란하게 산다고 해도 잠깐입니다. 길고 짧은 건 지나 봐야 압니다.

여기서 하나님이 주리라고 약속하시는 '땅'은 일차적으로는 가나안을 말하지만 그보다는 영적 이스라엘을 가리킵니다. 이삭의 표현대로 이 땅은 "거류하는" 곳, 잠시 머무르는 곳일 뿐입니다. 따라서 우리는 다 나그네입니다. 나그네와 같이 머리 둘 곳 없는 삶을 살면서 이 땅이 아닌 천국에 소망을 두는 것. 이야말로 영적 이스라엘을 차지하는 길이요, 인생 최고의 복입니다. 우리는 천국에 들어가기 전 이 땅에서 반드시 연단을 받아야 합니다. 그것이 장자권을 얻는 길입니다. 그만큼 천국 인격을 갖추기가 힘듭니다. 세상 사람들과 구별된 인격을 갖추기 위해서 야곱이 이제 첫발을 뗍니다.

우리 인생의 모든 사건은 하나님이 주시는 선물입니다. 우리보고 하나님의 성숙한 성품에 이르기까지 자라 가라고, 영적 후사를 낳으라고 주시는 선물입니다. 우리가 어떤 일도 주님의 선물로 알고 걸어갈 때 허락하신 복을 전부 누리게 될 것입니다. 그러므로 좋은 환경만이 상(賞)이 아닙니다. 모든 상황에서 나의 영혼이 주께 확정되는 것, "주님이 내 모든 것을 아신다"고 고백하게 되는 것이 상 중의 상입니다. 환경은 정말 아무것도 아니라는 걸 주님은 야곱과 에서를 통해 반복해 보여 주십니다.

앞에서 이야기한 새아빠에게 이를 갈던 중학생은 억지로 식사 예절을 익혔는데 그걸로 어른들에게 칭찬을 받자 생각이 많이 달라졌답니다. '아빠가 나를 위해 수고하는구나' 깨달아졌다는 겁니다. 무엇보다 큐티를 하면서 가정의 질서에 순종하지 못하는 자기 죄를 보고 아빠를 용서할 수 있었답니다. 학생은 여전히 바뀌지 않은 부분이 많지만 하나님께 감사한다고 했습니다. 어린아이가 어찌 '새아빠가 나를 위해 수고한다'라는 고백을 할 수 있겠습니까. 내 죄를 보게 되니까, 내가 뉘우치니까 된 겁니다. 여러분도 효도 받기 원한다면 자녀에게 말씀을 가르치십시오. 교회에 데리고 다닌다고 다가 아니라 자녀에게 말씀이 왕 노릇 해야 가치관이 변합니다.

아빠 목을 따 버리고 싶다던 학생도 말씀을 듣고 얼마나 달라졌는지 모릅니다. 백팔십도 달라진 학생의 고백을 한번 들어 보세요.

아빠가 떠난 후 남겨진 가족을 위해 늘 기도하시는 엄마를 볼 때면 가슴이 찢어질 듯 아팠습니다. 그런데 우리들교회에 와 보니 저보다도 힘든 일을 겪고 있는 친구들이 많더군요. 친구들이 나누어 주는 간증을 들으면서 큰 위로를 받았습니다. 큐티를 해야겠다는 생각조차 해 본 적이 없던 제가 이제는 꼬박꼬박 말씀을 보게 됐습니다. 말씀이 들리자 주님이 나를 사랑하셔서 모든 고난을 주셨다는 걸 깨닫게 되었습니다. 우리 가족이 우리들교회를 찾은 것은 결코 우연이 아니었습니다. 하나님이 우리를 인도해 주신 줄 믿습니다. 엄마는 갑상선에, 형은 아킬레스건에 문제가 생겨 힘들어합니다. 저에게도 몸에 열 가지 문제가 있습니다. 그러나 하나님은 연약한 우리 가족을 더 사랑하고 아껴 주십니다.

지금 제자훈련을 받고 있습니다. 나를 자랑하고 높이는 훈련이 아니라 더욱 겸손하게 되는 훈련이라고 생각합니다. 저는 하찮은 존재이기에 여전히 좌절할 때가 많습니다. 그러나 주님이 그런 저를 도와 주시고 채워 주실 줄 믿습니다. 어떤 상황에서도 포기하지 않고 주님을 기쁘시게 하는 데 최선을 다하겠습니다. 학생의 본분을 다하고, 무엇보다 큐티를 게을리하지 않는 것이 주님을 기쁘시게 해 드리는 일인 것 같습니다. 남겨진 우리 가족에게 찾아와 주신 주님, 사랑합니다.

할렐루야! 중학교 2학년 아이가 어찌 이런 고백을 할 수 있습니까. 어른이라고 이런 고백을 할 수 있습니까? 못 합니다. 잘 먹고 잘살고 배부르고 등 따스운 아이들은 제자훈련 받을 생각도 안 합니다. 그런데 아이가 야곱처럼 자기 죄를 보게 됐으니 정말 최고의 훈련 아닙니까.

우리들교회 청소년부에는 이렇게 힘든 환경 가운데서 생활하는 학생이 많습니다. 그런데 그 아이들이 말씀으로 변화돼서 온갖 어려움 속에서도 스스로 공부도 하고 좋은 학교에 척척 붙기도 합니다. 이번에도 한 학생이 외고 입시에 합격했다는 소식을 들었습니다. 입시 면접에서 "내가 가지치기해야 할 것은 무엇인지 말하라"는 질문을 받았답니다. 우리가 매일 큐티하며 하는 일이 내 죄를 가지치기하는 것이잖아요. 그래서 아이가 그동안 갈고닦은 큐티 실력으로 너무나 독창적인 답을 해서 합격했다는 겁니다.

못 먹고 못살고 귀신 들린 자 많았던 초대교회로부터 전 세계에 복음이 전해졌습니다. 저도 늘 환난당하고 빚지고 원통한 사람에게 오라고 외치는데, 정말 그런 아이들이 와서 변하지 않습니까. 말씀으로 변화돼서 방황을 멈추고 공부도 합니다. 부모를 죽일 듯 미워하던 아이들이 자기 부족을 보고 도리어 부모를 위해 기도하며 은혜를 끼칩니다. 주님이 놀라운 기적을 보여 주십니다.

에서처럼 등 따습고 배부른 아이들은 "엄마, 아빠가 과외 공부 안 시켜 줘서 공부 못 해!" 합니다. 그러면 부모는 "내가 돈이 없어서 자녀를 못 가르치는구나" 이상한 회개를 하면서 "이제부터 목장예배 안 가고 자녀를 보살피겠다" 하고 엉뚱한 적용을 합니다. 정말 그러시면 안 됩니다.

우리들교회는 부서마다 간증이 넘칩니다. 미취학부에서부터 초등부, 청소년부, 청년부에 이르기까지 말씀으로 변화된 이들의 간증이 날마다 울려 퍼집니다. 또 그 간증을 듣고 놀라서 변화되는 아이들이 날마다 생겨납니다. 목사의 한 편 설교보다 또래 친구들이 나와 전해 주는 간증이 더 가슴을 울리는 겁니다. 그야말로 영적 후사가 주렁주렁 맺히고 있습니다. 이것이 바로 허락하신 복을 누리는 것 아니겠습니까.

미국에 사는 한인 2세 청년이 콜롬비아 의과대학에 지원했습니다. 공부를 잘하고 SAT(Scholastic Aptitude Test, 미국 대학 입학 자격시험)도 만점을 받았습니다. 집안 환경도 좋고 모든 조건이 훌륭했습니다. 그런데 학교로부터 이런 고지와 함께 '불합격' 판정을 받았답니다.

"귀하의 성적은 훌륭합니다. 가정환경이나 여러 조건이 만족스럽습니다. 그런데 귀하의 서류 어디를 봐도 헌혈했다는 기록이 없습니다. 남을 위해 한 번도 헌혈하지 않은 사람이 어떻게 환자를 돌볼 수 있겠습니까."

허락하신 복을 누구나 받을 수 있지만 대가를 치러야 합니다. 누구나 인생이 혹독하지만 우리는 야곱의 혹독함을 사모해야 합니다. 어떤 환경에 있든지 부모가 먼저 하나님께 나아와 눈물 흘리면 자녀들도 달라질 줄 믿습니다. 최고의 복은 영적 후사를 얻는 것입니다.

우리들교회 외국인 목장 보고서에서 읽은 내용입니다. 이곳 목원이신 한 집사님이 '큐티하며 3시간 동안 죄 고백을 했다'는 다른 성도님의 나눔을 읽고 자기도 죄를 보게 해 달라고 기도했답니다. 그러자 40년 전 일이 떠올랐습니다. 15살 때 베이비시터 아르바이트를 하면서 잠든 아이의 몸을 더듬었던 일이 문득 떠오른 겁니다. 자칫 더 큰 죄로 번질 수도 있었는데, "아빠, 그러지 마" 하는 아이의 잠결 말에 온몸이 굳어져서 아무것도 할 수 없었답니다. 하나님이 막으셨다는 생각밖에 들지 않았답니다. 그렇게 끔찍한 죄를 짓다니…… 너무 부끄러워서 낯이 뜨거워졌습니다. 집사님은 자신의 도덕 상태에 대해 경악하며 이 일을 아내와 목장 식구들 앞에 고백하고 죄를 회개했습니다.

이렇게 자기 죄를 고백하고 회개하는 것이 영적 후사가 되는 길임을 믿습니다. 미국에 사시는 한 분은 우리들교회 외국인 목장에서 올리는 영어 목장보고서를 복사해서 지체들과 나누어 본다고 하시더군요. 외국인 목장도 큰 역할을 담당하고 있습니다.

중국 복음화의 선구자 허드슨 테일러(James Hudson Taylor)는 "하나님은 대단한 믿음을 가진 무리를 찾고 계신 것이 아니라 그분을 기꺼이 따를 개개인을 찾고 계신다"라고 말했습니다. 에서처럼 끝까지 작아지지 못하는 사람이 있습니다. 주님을 기꺼이 따르려면 주님 앞에 작아져야 하는데 그게 안 되는 겁니다. "나의 죄를 보게 해 달라" 간구하는 자가 영적 후사요, 주께서 허락하신 복을 받는 자입니다. 아무리 잘 먹고 잘살아도 증오와 한, 분노로 똘똘 뭉쳐 끝까지 회개하지 못하는 자는 허락하신 복을 받지 못합니다.

아이들도 자기 죄를 보며 부모를 위해 기도하는데 부모가 내 죄를 못 보면 되겠습니까? 내가 얼마나 문제 부모인지 보게 해 달라고 기도하십시오. 내 죄를 너무 못 보니까 야곱처럼 혹독한 훈련을 받게 하시는 것입니다. 야곱도 에서도 똑같이 고생했습니다. 별 인생이 없습니다. 똑같이 고생하지만 이왕이면 야곱처럼 구속사의 훈련을 받는 인생이 돼야 하지 않겠습니까? 내게 찾아온 혹독한 고난을 통해 영적 후사로 거듭나게 해 달라고 기도하십시오. 나아가 나의 훈련을 쉽게 해 줄 돕는 배필을 만나게 해 달라고, 신결혼을 하게 해 달라고 기도하기 바랍니다.

- 나는 어떤 혹독한 시련 가운데 있습니까? 그 시련이 내게 구속사의 훈련이 되고 있습니까, 그저 혹독한 고통만 당하고 있지는 않습니까?
- 나는 신결혼을 하고자 힘씁니까? 주변에 돕는 배필이 있습니까? 돕는 배필이 되어 줄 공동체와 동떨어져 나 홀로 신앙생활 하지는 않습니까?
- 나의 자녀를 영적 후사로 키우기 위해 어떤 노력을 합니까? 영적 이스라엘이 아니라 육적 땅만을 물려주고자 자녀를 예배와 멀어지게 하고 학원으로, 과외로 내몰고 있지 않습니까?

예수님을 믿기 전에 저는 사냥도 잘하고 힘도 센 에서처럼 능력 있는 사람이 되고자 노력했습니다(창 25:27). 명문대를 나와 지혜롭고 아리따운 아내를 맞이하려 했으나 대학생 때부터 오래 교제해 온 여자 친구와 헤어지고 나서는 연애가 힘들었습니다. 실연의 상처를 잊고자 음란물에 중독되어 세월을 낭비하고 유흥업소를 드나들기도 했습니다. 그럴수록 허무함만 더해질 뿐이었습니다.

그러다 믿는 여자 친구를 만나 난생처음 교회에 출석하고 세례도 받았습니다. 그런데 결혼을 준비하다가 헤어지게 되자 또다시 예전의 상처가 올라왔습니다. 때마침 교회에서 양육을 받고 있었는데, 과제를 하며 기도하던 중에 주님을 깊이 만나고 상처가 회복되는 경험을 했습니다. 이후 여자 친구에게 다시 연락이 와서 그녀와 결혼할 수 있었습니다.

하나님은 저희 가정에 세 명의 아이를 보내 주셨지만, 모범생 기질이 다분한 저는 아이들이 제 말을 듣지 않으면 화를 냈습니다. 특히 ADHD(주의력결핍 과다행동장애)가 있는 둘째는 아무리 불러도 대답을 하지 않아 자주 혼이 났습니다. 믿는 아내를 얻기 위해 밧단아람으로 가는 야곱을 보고 에서가 이스마엘의 딸을 아내로 취하는 엉뚱한 적용을 한 것처럼(창 28:6~9), 저도 '아이를 엄하게 교육해서 보란 듯이 반듯하게 키워 보리라'고 생각했습니다. 그러나 목장 지체들은 "정신과 약을 먹어서라도 집사님의 화를 다스리고, 아이를 있는 그대로 받아 주세요"라고 권면했습니다. 지체들의 권면을 따르니 아이에게 잔소리를 덜 하게 되고, 아이도 예전보다 저를 더 반갑게 맞아 주었습니다. 이 일로 저는 아이에게 필요한 것은 엄격한 훈육이 아니라, 끝까지 아이의 말을 잘 들어 주고 품어 주는 사랑임을 알게 되었습니다.

하나님께 묻지 않고 불신결혼한 에서를 보며 제 속의 교만과 자기 확신이야말로 하나님으로부터 멀어지는 길임이 인정됩니다(창 28:9). 이제는 '내가 본즉' 판단하지 않고(창 28:6), 먼저 하나님께 '묻자와 이르되' 하며 주께서 허락하신 생육과 번성의 복을 누리는 가정이 되기를 기도합니다(창 28:3~4).

영혼의 기도

아버지 하나님, 불신자는 허락하신 복을 받지 못한다고 말씀하십니다. 불신자 에서는 오직 후회와 원망, 증오의 눈물만 흘립니다. 아무리 대단한 설교와 간증을 전해 주어도 한을 품으며 엉뚱한 적용을 하고 분노에 싸여 죽이고자 합니다. 그 밑바닥에 돈과 세상을 좋아하는 마음이 있기에 그렇습니다. 주님, 우리 자녀들이 이런 에서의 길을 걸으면 어찌합니까. 불쌍히 여겨 주옵소서.

자랑하고 싶은 아들 에서가 끝까지 예수를 믿지 않으니 이삭이 얼마나 안타까웠을까 생각해 봅니다. 훌륭한 믿음의 조상 이삭에게도 이렇게 안 되는 것이 있었습니다. 주여, 우리가 눈물에 속지 않게, 방성대곡에 속지 않게 도와주옵소서.

야곱이 이제 구속사 여행을 떠납니다. 아무것도 없이 처량하게 떠나지만 야곱이 혹독한 훈련을 통해 허락하신 복을 받는 걸 우리가 보았습니다. 주님, 혹독한 인생길 가운데 최고의 축복은 신결혼하여 영적 후사를 맺는 것인 줄 우리가 아는데도, 마음에는 원이로되 육신이 약하여서 주님이 원하시는 인생을 살기가 참 어렵습니다. 별 인생이 없는 줄 알지만 이왕이면 에서처럼 잘살고 싶다고 부르짖습니다.

우리가 야곱의 혹독함을 택하여 모든 사람에게 줄 것만 있는 믿음의 조상으로 우뚝 서게 하옵소서. 우리의 혹독한 인생길도 구속사 여행이 될 수 있도록 도와주옵소서.

자기 죄를 보고 회개하여 도리어 부모를 위해 기도하는 귀한 자녀들의 간증을 우리가 들었습니다. 이렇게 내가 뉘우치고 회개하는 것이 분노가 풀리는 비결이라고 말씀하십니다. 그런데 부모가 되어 먼저 회개하지도 못하고 자녀에게 본이 되지도, 믿음의 조상이 되어 주지도 못하는 우리를 불쌍히 여겨 주옵소서. 진정으로 뉘우치고 회개하여서 내 속의 분노가 먼저 풀리게 하옵소서. 그리하여 우리 가정에 영적 후사의 복이 넘치게 하옵소서.

에서 집안에서는 영적 후사가 나오지 못했습니다. 잘 먹고 잘사는데 주님을 사랑한다는 간절한 고백이 어찌 나올 수 있겠습니까. 반면에 고난 많은 야곱 가정에는 영적 후사가 주렁주렁 맺힌 걸 우리가 보았습니다. 야곱 집안에 구속사를 이루고자 주님이 큰 대가를 치르게 하셨다고 합니다. 우리네 가정에도 고난이 찾아왔습니다. 이혼, 바람, 부도, 가출로 콩가루 집안이 되었습니다. 이 모든 사건을 통해 말씀을 듣고자 합니다. 이것이 바로 구속사 여행의 시작인 줄 알고 감사하게 도와주옵소서. 산산조각 난 가정이라도 한 사람이 중심 잡고 애통하며 걸어갈 때, 대대로 영적 후사가 맺힐 것을 믿습니다. 우리가 그 중심인물이 될 수 있도록 도와주옵소서. 예수님 이름으로 기도하옵나이다. 아멘.

Part 2

가장 외로울 때
하나님을
만납니다

06

너를 떠나지 아니하리라

창세기 28장 10~15절

하나님 아버지, 나의 외로운 광야에서
결코 떠나지 아니하시는 주님을 만나기 원합니다.
말씀하여 주옵소서. 듣겠습니다.

모든 것이 우리에게서 떠나갑니다. 째깍째깍 시간도 떠나가고, 사랑하는 사람도 언젠가는 떠납니다. 어느 해 성탄절, 우리들교회 초등부 아이들이 예레미야 말씀을 주제로 연극을 했습니다. 총 5막으로 구성됐는데, 마지막 5막의 배경은 지금으로부터 약 70년 후 성탄절이었습니다. 극 초반에 말썽을 피우던 아이들이 모두 권사, 장로가 되었더군요. 그런데 그중 한 권사가 "김양재 목사님이 보고 싶구려" 하니까 다른 장로가 이러는 겁니다.

"그렇지, 김양재 목사님 그 양반이 예레미야처럼 무지하게 떽떽거리셨는데 이제 천국에서 볼 날이 머지않았구면그래."

연극 대사처럼 과연 70년 후에도 우리 성도들이 저를 보고 싶어할까요? 이런 생각을 하니 갑자기 눈물이 났습니다. '연극한 저 꼬마들만 나를 기억할까? 다른 성도들은 어떨까?' 하면서 70년 뒤를 미리 내다보게도 되고, 나도 언젠가는 떠나야 한다는 사실이 실감 나게 다가온 순간이었습니다.

세상 모든 것이 떠나갈 테고 언젠가 우리도 떠나겠지요. 그러나 나를 떠나지 않는 한 분이 계시니 바로 우리 하나님이십니다. 결코 우리를 떠나지도, 버리지도 않으시는 하나님이 우리에게 어떻게 찾아오시는지 본문을 통해 함께 보겠습니다.

외로울 때 도리어 떠나지 않으시는 하나님을 만나게 됩니다

야곱이 브엘세바에서 떠나 하란으로 향하여 가더니 _창 28:10

야곱이 맹세의 우물 브엘세바를 떠나 하란을 향해 떠납니다. 브엘세바에서 하란까지 약 900km 거리를 언제 도착하리라는 기약도 없이 떠납니다.

칠십 평생 부모의 집을 떠난 적 없던 야곱의 여행길을 한번 생각해 봅시다. 지금 야곱은 형 에서를 피해 도망가고 있습니다. 장자의 명분과 축복을 가로챈 결론으로 에서에게 분노를 샀잖아요. 에서가 '죽이리라' 하고 나오니까 이삭과 리브가가 다급히 야곱을 피신시켰습니다. 에서에게서 도망쳤다고 해서 안전해진 것은 아닙니다. 긴 여행길에 맹수나 강도를 만날 위험이 도사리고 있고, 야곱은 보호해 줄 이하나 없는 무방비 상태입니다. 외삼촌 집까지 과연 무사히 당도할 수 있을는지 모르는 형편이죠.

야곱은 자신이 이런 일을 당하리라고는 상상도 못 했을 겁니다. 오로지 하나님의 축복만 바라면서 형에게서 장자의 명분을 샀습니다. 축복을 너무 사모하여 가로채기까지 했는데 돌아온 것은 축복이 아니라 죽음의 위협입니다. 사랑하는 부모를 떠나야 했고, 특별히 약속의 땅을 그리 사모했건만 도리어 그곳에서 쫓겨났습니다. 이해할수도, 감당할 수도 없는 일이 생겼습니다. 졸지에 노숙자 신세가 되었습니다. '하나님의 축복을 그토록 갈망한 결론이 이것이란 말인가!'

148

야곱으로서는 허탈하지 않았을까요?

그러나 엄밀히 따지면 모든 일은 야곱 삶의 결론입니다. 천국을 갈망하지만 아직 다듬어지지 않은 야곱을 훈련하시고자 하나님이 허락하신 고난입니다. 내게 허락하신 것을 이루기까지 주님은 때때로 악(惡)을 허용하십니다. 배우자가 바람피웁니까? 자식이 속 썩이고, 집안에 악한 일이 벌어졌습니까? 그런데도 하나님은 침묵하신다고요? 이 모든 게 하나님이 허용하신 일이라는 말입니다. 내게 허락하신 것을 이루기까지, 우리 집이 구원되기까지 누군가가 수고하도록 하나님이 허용하신 겁니다. 그러니 내 삶에 펼쳐진 악 때문에 너무 슬퍼하지 마세요. 하나님이 허용하신 악이니까, 말씀이 들리는 사람이 훈련 받고 해석하고 가면 됩니다. 야곱이 브엘세바에서는 도저히 깨닫지 못하니까 하나님이 하는 수 없이 광야 학교로 보내십니다. 어쩔 수 없이 광야에서 양육하십니다. 모두 사랑해서 주신 사건입니다.

그런데 왜 하필 외로운 광야로 보내실까요? 외로워 보지 않은 사람은 하나님을 만나기가 어렵습니다. 친구가 많다고 외로움을 모르지 않고, 혼자 있다고 외로움에 사무치는 것도 아니지요. 군중 속에서도 고독을 느낄 수 있고, 홀로 있어도 고독을 모를 수 있습니다. 정말 아무것 없는 광야에서 철저히 혼자가 되어 보아야 비로소 하나님이 보입니다. 나아가 대인관계에도 길이 뚫립니다.

우리는 '주님이 어떻게 나를 이런 처절한 외로움 속에 두실 수 있는가' 불평하지만, 우리를 광야 학교로 보내실 수밖에 없는 하나님의 더 큰 외로움을 알아야 합니다. 자녀를 아픔 속에 몰아넣고 싶은 부모가 어디 있겠습니까. 나보다 하나님이 더 외로우십니다.

지금 야곱에게 닥친 일이 예수 믿어서 온 고난이 아니잖아요. 야곱이 하나님을 믿기는 믿지만 인간적인 모습만 보여 주다가 떠났습니다. 쫓겨났어도 할 말이 없습니다. 힘들어도 돌아갈 곳이 없고, 돌아갈 수도 없습니다. 그래서 너무 외롭고 슬픕니다. 배부르고 등 따스운 사람은 이때 다시 돌아갔을 겁니다. 명분 있는 고난이라면 척 돌아가겠는데 치졸한 야곱은 돌아갈 수조차 없습니다. 야곱을 보며 '거짓말하고 야비하게 산 결론으로 동정조차 받지 못하는 사람이 있겠구나' 생각했습니다. 극한의 고독이지만 그런 고난이 우리를 얼마나 겸손케 하는지 모릅니다.

어려서부터 가장 역할을 하며 똑소리 나게 성공한 사람이 예수 믿기가 더 어려운 걸 봅니다. 자수성가한 사람들을 보면 정말 복음이 이도 안 들어가는 경우가 많습니다. 오랜 세월 자신을 의지하며 살아서 마치 굳은 벽처럼 깨지지 않는 겁니다. 더구나 잘되기까지 했으니까 그에게 하나님이 하나님 되지 못합니다. 도리어 외로운 환경 속에서 내 힘으로 살 수 없어 술과 도박, 타인을 의지하던 사람들이 하나님을 더 잘 믿습니다. 늘 의지할 대상을 찾아 이리저리 헤매던 인생이니까 하나님을 의지하기가 더 쉬운 겁니다. 역설적이지만 성경이 끊임없이 가르치는 것도 이것입니다.

그래서 떠날 수밖에 없는 환경에 처한 것이 축복입니다. 내 뜻으로 광야에 가면 조금만 힘들어도 다시 돌아옵니다. 십 리도 못 가서 돌아옵니다. 부도가 나서 감옥에 갈 수밖에 없다고요? 그것이 축복입니다. 내 발로는 절대 안 가지 않습니까. 돌아갈 곳 없는 외로운 길에 서 있습니까? 외롭고 힘들어서 주님을 만나기 바랍니다. 떠날 수밖에 없는 환경에 처했습니까? 결코 나를 떠나지 않으시는 주님을 만나기 바랍니다.

한편으로는 그렇지요. 떠날 수밖에 없어서 떠나야 하겠는데 쉬이 발걸음을 떼기가 어렵습니다. 다 죽을 것 같다고 말합니다. 불륜 상대를 끊어 내자니, 죄를 인정하고 감옥에 가자니, 빚 안 지고 가사도우미라도 하자니 죽을 것만 같습니다. 그러나 내가 결단만 하면 그다음은 하나님이 인도해 가십니다.

- 예수를 믿으며 쉼 없이 달려왔는데 어느 날 너무 외롭습니까? 도대체 믿을 사람이 하나도 없습니까? 아버지도, 어머니도, 형제자매도 나에게 도움이 안 됩니까?
- 내가 안주하던 브엘세바는 어디입니까? 그곳을 떠나서 가야 하는 하란, 광야는 어디입니까?

하나님이 예비해 두신 곳이 있습니다

한 곳에 이르러는 해가 진지라 거기서 유숙하려고 그 곳의 한 돌을 가져다가 베개로 삼고 거기 누워 자더니 _창 28:11

쫓기듯 떠나온 야곱에게 준비된 장소가 있습니다. '한곳에, 거기서, 그곳의, 거기.' 한 절에만 장소를 가리키는 말이 네 번이나 나옵니다. 성경에서 반복은 강조를 의미합니다. 내가 있는 빈 들, 돌베개를 베고 잔 거기, 쓸쓸히 누워 자는 그곳이 나를 떠나지 않으시는 하나님께서 예비해 두신 곳입니다. 억지로 간 감옥이지만 바로 그곳이 하나님께서 예비해 두신 장소입니다. 내가 가사도우미로 일해야 하는 그곳이 바로 하나님께서 예비하신 장소라는 말입니다.

"내가 그토록 기도했건만 하나님은 어디 계셨어요?" 할 때 하나님은 "내가 거기 있었어"라고 이야기하십니다. 힘든 그곳에, 외로운 그곳에 주님이 함께 계십니다. 언제나 나와 동행하십니다. 내가 원망하기에 주님이 보이지 않는 것입니다. 믿는 내가 가는 '그곳'이 주님이 예비해 두신 그곳입니다. 졸지도 주무시지도 아니하시는 주님이(시 121:4) 나를 위해 예비하신 한곳, 거기, 그곳입니다. 너무나 감격스러운 그곳이라는 걸 믿으십시오.

그런데 그곳에 유숙하려고 보니 해가 집니다. 뉘엿뉘엿 지는 해를 보며 야곱이 딱딱한 돌베개를 베고 눕습니다. 낭만적인 한때가 아닙니다. "내 고생하는 것 옛 야곱이 돌베개 베고 잠 같습니다"라는 찬송 가사도 있지 않습니까. 나 홀로 광야에서 돌베개 베고 누워 잠을 청하려니 얼마나 고생입니까. 이때 야곱은 떠나온 어머니를 생각하며 눈물 흘리지 않았을까요? 칠십이 넘어 웬 처량한 신세란 말입니까. 그러나 결론적으로 야곱이 돌베개 베고 잔 그곳이 축복의 장소가 되었잖아요. 우리가 결단하여 이른 그 장소가 나에게, 나아가 우리 가족에게 축복의 통로가 될 줄 믿습니다.

"꿈에도 소원이 늘 찬송하면서 주께 더 나가기 원합니다."

돌베개 베고 누워 야곱이 찬송합니다. 우리가 돌베개 베고 누운 그곳에 하나님이 함께 계시며 떠나지 않으십니다.

• 내가 돌베개를 베고 누운 한곳, 거기, 그곳은 어디입니까? 그곳이 하나님 이 나를 위해 예비해 두신 장소임을 믿습니까?

하나님이 나를 위해 중보해 주십니다

꿈에 본즉 사닥다리가 땅 위에 서 있는데 그 꼭대기가 하늘에 닿았고 또 본즉 하나님의 사자들이 그 위에서 오르락내리락하고_창 28:12

야곱이 꿈에서 놀라운 광경을 봅니다. 사닥다리가 땅 위에 서 있고 그 꼭대기가 하늘에 닿았는데 거기에 하나님이 계십니다. 이때 사닥다리가 '서 있다'라는 말은, 혼자 힘이 아니라 어떤 외부적인 힘에 의해서 단단히 세워져 있다는 의미입니다.

또한 야곱이 보니 하늘의 사자들이 사닥다리 위를 오르락내리락 합니다. 땅은 죄인인 인간이 거하는 장소요, 하늘은 하나님이 계시는 거룩한 보좌를 가리킵니다. 그 사이에서 사닥다리가 땅과 하늘을 잇는 역할을 하고 있습니다. 이 사닥다리는 예수 그리스도를, 하나님의 사자가 오르락내리락하는 것은 인간과 하나님 사이를 왔다 갔다 하며 중보하시는 그리스도의 사역을 의미합니다. 나의 많은 허물과 약점에도 불구하고 주님은 나를 위해 늘 중보하고 계십니다. 하나님과 나의 교제를 회복시키시려고 오르락내리락하면서 땀 흘려 중보하고 계십니다. 이런 예수님의 수고를 야곱을 통해 보여 주시는 것이죠.

> 또 본즉 여호와께서 그 위에 서서 이르시되 나는 여호와니 너의 조부 아브라함의 하나님이요 이삭의 하나님이라 네가 누워 있는 땅을 내가 너와 네 자손에게 주리니 _창 28:13

예수님만 중보하시는 게 아닙니다. 하나님까지 서서 격려하며 중보하십니다.

나를 위해서도 얼마나 많은 사람이 땀 흘리며 오르락내리락 수고하는지 모릅니다. 일례로, 한 사람이 세례를 받기까지 정말 많은 사람이 수고합니다. 우리들교회만 보아도 한 목원을 세례 받게 하려고 수많은 목자가 피, 땀, 눈물을 흘립니다. 목원이 엇나가려 하면 "하나님, 아직 초신자라서 그래요", "이분이 너무 힘들어서 그래요. 불쌍히 여겨 주세요" 하며 목자가 발 벗고 나서서 하나님께 중보합니다. 때로는 목원에게 쓴소리도 해 주어야 하니 욕먹기도 일쑤입니다. 꼭 하나님의 사자처럼 위에 계신 하나님과 밑에 있는 목원 사이를 오르락내리락하면서 날마다 변호합니다. 목자님들의 이런 수고로 나날이 우리들교회에 세례가 더해지고 훼파된 가정들이 중수됩니다. 누군가가 이렇게 열심히 중보해 준 덕분에 오늘날 우리가 이 자리에 서 있는 줄 믿습니다.

우리는 하나님이 늘 보좌에 앉아 계시는 줄만 압니다. 그런데 하나님이 "서서" 야곱을 격려해 주십니다. 사도행전 7장, 스데반이 돌에 맞아 순교하는 순간에도 "스데반이 성령 충만하여 하늘을 우러러 주목하여 하나님의 영광과 및 예수께서 하나님 우편에 '서신' 것을 보았다"고 기록합니다(행 7:55).

그런데 생각해 보세요. 스데반은 특권의식에 사로잡힌 유대 지도자들에게 바른 복음을 전하고 그들의 죄를 지적하다가 순교했습니다. 주님이 서서 영접해 주실 만합니다. 반면에 야곱은 연약하고 치졸한데다 거짓말도 잘하고, 사기꾼 중의 사기꾼 아닙니까? 그런 야곱을 위해서 하나님이 일어나서 격려해 주시다니요. "네가 지금은 약속의 땅인 고향을 떠나지만 다시 돌아올 것이다. 내가 늘 함께하는 걸 알기 바란다!" 야곱에게 용기를 북돋아 주십니다. 너무 놀랍지 않습니까? 본문을 묵상하며 얼마나 은혜 받았는지 모릅니다. 하나님은 택자의 연약함을 보시며 안타까워하십니다. 행여 우리가 딴 길로 갈까 봐 날마다 서서 중보하십니다.

"너희가 가서 강보에 싸여 구유에 뉘어 있는 아기를 보리니 이것이 너희에게 표적이니라"(눅 2:12).

주님은 부자나 권세자가 아니라 돌에 맞아 죽은 자, 거짓말하고 쫓겨난 자가 표적이라고 말씀하십니다. 냄새 나는 말구유에서 태어나신 예수님이 표적이시랍니다. 우리의 냄새 나는 모든 환경도 표적이고, 신호입니다. 더러움과 악취 가운데 있는 우리를 위해 하나님이 서서 격려하십니다. "네가 고생하는 줄 내가 다 안다. 네가 결단만 하면, 시작만 하면 내가 도와줄게", "쫓겨나듯 떠나왔니? 정말 잘 떠났다!" 격려해 주시는 하나님을 만나십시오.

여러분, 돌아갈 곳이 없습니까, 돌아갈 수도 없습니까? 그래서 교회에 왔습니까? 하나님이 서서 격려하시며 "만나 주리라"고 말씀하십니다. 내놓을 것 하나 없는 인생이지만 "잘한다, 잘한다" 용기를 북돋워 주십니다. 예수를 표적으로 놓고, 예수의 사인 되어 살아야 하는 우리를 보시면서 하나님이 안타까워하십니다.

무늬만 크리스천이던 야곱이 이제야 진정한 믿음생활을 시작했습니다. 브엘세바에서는 도무지 하나님을 못 만나다가 허허벌판에서, 광야에서 하나님이 중보해 주시는 놀라운 광경을 봅니다.

우리는 치졸하다고, 형편없다고 스스로를 정죄합니다. 그러나 하나님은 "정죄하지 말라" 하십니다. 세상에 형편없는 사람은 없습니다. 비천하기로 따지자면 예수님보다 더한 사람이 있겠습니까? 여러분 중에 말구유에서 난 사람은 없잖아요. 문지방 너머에서 마리아가 해산의 고통으로 신음하는데도 누구도 쳐다보지 않았습니다. 누구도 관심을 기울이지 않았다는 말입니다. 여러분, 아무도 내게 관심 가져 주지 않습니까? 혼자입니까? 혼자니까 하나님이 중보해 주십니다. 하나님이 위에서 머리를 구부리고 보시면서 나를 격려하시는 거예요.

"내가 너의 하나님이다, 내가 너를 떠나지 않겠다!"

남편, 아내, 자식 다 떠나도 나는 너를 떠나지 않겠다고 약속하시는 하나님의 음성을 듣기 바랍니다.

• 술, 여자, 남자, 도박, 마약, 부동산, 주식에 탐닉했다가 모든 걸 잃고서 교회에 왔습니까? 비록 쫓기듯 떠났어도 "잘 떠났다, 잘했다" 격려해 주시는 하나님의 음성이 들리십니까?

떠나지 않으시는 하나님이 빈 들에서 축복하십니다

또 본즉 여호와께서 그 위에 서서 이르시되 나는 여호와니 너의 조부 아브라함의 하나님이요 이삭의 하나님이라 네가 누워 있는 땅을 내가 너와 네 자손에게 주리니_창 28:13

간교하고 거짓말 잘하는 야곱에게 하나님께서 나타나셔서 놀라운 위로와 약속을 주십니다. 도망자 신세로 잘 곳도 없이 힘든 이때 "나는 여호와"라고 자신을 소개하십니다. 여호와는 "스스로 계신 자"라는 뜻입니다. 아무것 없어도 하나님을 만나면, 무에서 유를 창조해 내시는 하나님이 나의 아버지 되어 주십니다.

"너의 조부 아브라함의 하나님, 이삭의 하나님"이라는 말씀은 비록 야곱이 쫓겨났지만 하나님의 약속은 변함없다는 뜻입니다. 즉, "네가 반드시 축복의 반열에 오를 거야"라고 약속해 주시는 것이죠. 과연 훗날 아브라함의 하나님, 이삭의 하나님, 그리고 '야곱'의 하나님이라고 불리게 되었잖아요.

야곱이 빈 들에서 이스라엘의 조상으로 확실히 부름 받습니다. 팥죽 팔아서 자기 멋대로 장자권을 사려던 브엘세바가 아니라 아무것도 할 수 없는 광야에서 믿음의 조상으로 자리매김합니다. 마찬가지로 바람피우고, 부도나고, 환난당하고, 빚지고, 원통한 그 자리가 내가 축복의 조상이 되는 자리인 줄 믿습니다. 다른 데서는 내가 주님을 도무지 만나지 못하니까 도움조차 받을 수 없는 광야로 가게 하신 것입니다. 그래서 광야가 축복의 땅입니다.

> 네 자손이 땅의 티끌 같이 되어 네가 서쪽과 동쪽과 북쪽과 남쪽으로 퍼져나갈지며 땅의 모든 족속이 너와 네 자손으로 말미암아 복을 받으리라_창 28:14

지금 야곱은 쫓겨나 도망가는 신세입니다. 그럼에도 불구하고, 눈에 보이는 현실이 어떠하든지 하나님의 약속은 변하지 않는다고 다시금 확인해 주십니다. 특별히 "네 자손이 땅의 티끌같이 되어 동서남북으로 퍼져나갈지며"라는 말씀은 메시아이신 예수님의 보혈로 말미암아 영적 후손이 무수히 많아지리라는 예언의 말씀입니다. 다른 데서는 볼 수도, 들을 수도 없는 엄청난 약속을 빈 들에서 주십니다.

나를 위해 주님이 예비하신 한곳, 내가 돌베개 베고 잔 그곳이 축복의 자리가 될 줄 믿습니다. "고난이 축복"이라는 말은 정말 진리 중의 진리입니다. 뒤로는 애굽 군대에, 앞에는 넘실거리는 홍해에 가로

막혀 오직 하나님만 의지하게 되는 것이 축복입니다. 그런 때에도 하나님의 지팡이를 들지 못하는 사람이 있습니다. 사면초가여도 자기만을 의지하다가 지옥에 가는 이들이 있습니다.

> 내가 너와 함께 있어 네가 어디로 가든지 너를 지키며 너를 이끌어 이 땅으로 돌아오게 할지라⋯⋯_창 28:15a

"내가 너와 함께 있어." 임마누엘의 약속입니다. 죄에서 구원할 자, 예수님은 임마누엘의 하나님이십니다. 마태복음 1장을 보면 아내 마리아가 동거하기도 전에 잉태하자 의로운 남편 요셉이 그녀를 가만히 끊고자 합니다. 이때 주의 사자가 요셉의 꿈에 나타나 하나님의 말씀을 전합니다.

"보라 처녀가 잉태하여 아들을 낳을 것이요 그의 이름은 임마누엘이라 하리라 하셨으니 이를 번역한즉 하나님이 우리와 함께 계시다 함이라"(마 1:23).

처녀가 잉태하여 아들을 낳을 것이라니 얼마나 수치스럽습니까. 믿음 없는 자들은 사생아를 낳았다고 비난할 것입니다. 또한 간음죄로 여겨져 돌에 맞아 죽임당할 수도 있습니다. 그러나 마리아는 예수가 나시리라는 말씀을 믿고 수치스러운 일에 순종했습니다. 성령이 임하지 않으면 결코 할 수 없는 순종입니다.

주의 사자가 전한 말씀을 듣고 요셉도 돌이켜 마리아를 데려옵니다(마 1:24). 수치를 견딜 수 없어 가만히 끊고자 했던 요셉이 임마누엘의 하나님이 함께하시니까 수치를 무릅쓰게 됩니다.

우리들교회의 청년들도 수치를 무릅쓰고 자기 간증을 내놓습니다. 혼전 임신, 낙태, 음란…… 청년으로서는 하기 어려운 고백들을 오직 믿음으로 내놓습니다. 어떤 분들은 "혼삿길이라도 막히면 어쩌려고 마구 오픈하냐"고 염려합니다. 그러나 하나님이 함께 계시기에 이들을 데려갈 아내, 남편이 있다고 확실히 믿습니다. 나아가 자신의 간증을 평생 약재료로 쓰며 예수님처럼 가정과 공동체, 온 인류를 살리는 청년들이 될 줄 믿습니다. 하나님이 우리의 오픈을 그만큼 귀하게 보십니다. 마리아가 처녀로 잉태한 사실을 오픈해서 우리가 지금까지 은혜를 받지 않습니까. 이걸 몰라서 많은 사람이 수치를 꼭꼭 숨기고 회칠한 무덤처럼 살아갑니다.

외로운 야곱, 도망자 야곱에게 하나님께서 함께하겠다고 약속하십니다. 이보다 무엇을 더 요구할 수 있겠습니까. 이 놀라운 약속의 말씀을 들은 곳이 빈 들, 광야라는 사실을 기억하기 바랍니다. 이전에도 하나님은 함께 계셨지만 야곱이 떠나기 전에는 그 사실을 몰랐습니다. 그러나 빈 들에서 하나님을 직접 보고 비로소 깨닫습니다. 이 복음의 비밀을 어떻게 말로 설명할 수 있겠습니까.

……내가 네게 허락한 것을 다 이루기까지 너를 떠나지 아니하리라 하신지라_창 28:15b

하나님이 나에게 허락하신 것이 있어서 배우자가, 자녀가, 부모와 형제자매가 수고하고 돈이, 건강이 수고합니다. 내가 주를 위하여 살아야 하는데 식구만을 위해서, 돈만을 위해서, 정욕만을 위해서 사니까 제발 돌이키라고 내 환경이 수고하는 겁니다. 야곱도 보세요. 하나님이 믿음의 조상으로 세우셨는데, 야곱은 믿음이 뭔지도 모르고 장자의 축복을 물질의 복 정도로만 여기며 갖은 술수를 써서 탈취합니다. 그래서 에서가 죽이고자 하는 악을 허용하신 겁니다. 그동안 하나님이 침묵하신 게 아닌데, 야곱은 광야로 나가기 전까지 하나님의 음성을 도무지 듣지 못했습니다. 우리도 그렇습니다. 열심히 교회 다녀도 주님의 음성을 듣지 못하는 사람이 있습니다. 늘 설교가 어렵다고 합니다. 나 자신을 못 봐서, 나의 치졸함을 못 봐서 그렇습니다. 그러나 광야가 아니라면 도무지 말씀이 들리지 않는 야곱이라도 주님은 "너를 떠나지 아니하리라"고, "너에게 허락한 것이 있다"고 약속해 주십니다. 야곱이 용기백배하게 도우십니다.

야곱은 아브라함보다 훨씬 힘든 처지입니다. 아브라함이 갈대아 우르를 떠날 때는 부인 사라가 함께했고, 하란에서 모은 소유와 얻은 사람들도 있었습니다(창 12:5). 조카 롯도 동행했습니다. 야곱은 돈도, 부인도, 자녀도 없습니다. 얼마나 처량합니까. 믿음의 3대손쯤 되니까 하나님이 더욱 혹독하게 다루십니다. 하지만 야곱의 지경이 정말 넓어졌습니다. 야곱의 후손은 애굽까지 뻗어 나갔잖아요. 애굽을 평정하려면 고난의 훈련이 필수인 겁니다.

싸움 없는 집이 없습니다. 서로 속았다면서 난리인 가정도 많습니다. 그러나 제가 늘 이야기하지만 문제가 있는 게 문제가 아니라, 문제가 없는 게 문제입니다. 하나님께서 우리 가정에 허락하신 것을 다 이루기까지 악을 허용하신 것이죠. 돌베개 같은 고난이 모두에게 있습니다.

요즘은 남편들뿐만 아니라 아내들도 바람을 피웁니다. 한 남편에게서 메일을 받았습니다. 목회자 자녀끼리 만나 결혼했다가 이혼했답니다. 그러다 어렵게 합쳤는데 어느 날, 부인이 외간 남자와 모텔로 들어가는 걸 보았습니다. 당장 현장에 들이닥쳐 둘러엎고 싶었지만 두 번째 이혼만은 막고 싶어서 남편은 눈물을 머금고 참았습니다. 그렇게 이 악물고 견뎠건만…… 이게 웬일입니까, 아내에게서 "하루빨리 이혼해 달라"는 문자메시지를 받았다는 겁니다. 이래도 이 아내와 살아야 하냐고 묻습니다. 그러면 안 살아야 합니까? 물론 남자로서 정말 어려운 문제라는 건 압니다. 보통 아내들보다도 남편들이 배우자의 외도를 못 견딘다고 하지요. 남녀의 구조가 그렇습니다.

호세아서를 보면, 하나님이 호세아에게 "음란한 여자를 맞이하여 살라" 명하십니다. 여호와를 떠나 음란을 행하는 백성에게 표징이 되라는 의미였습니다. 이에 호세아는 창녀 고멜과 결혼하여 세 자녀를 낳습니다. 그런데 고멜이 이내 악한 본성을 버리지 못하고 집을 나가 음행을 일삼습니다. 이쯤 되면 누가 봐도 이혼해야 마땅합니다. 그러나 하나님은 버려도 시원찮은 이 아내를 값을 주고 사 오라고 명하십니다. 나아가 "음녀가 된 그 여자를 사랑하라" 말씀하십니다.

여러분, 결혼생활은 옳고 그름으로 좌지우지되는 것이 아닙니다. 목사 자녀끼리 만나 결혼하면 뭐 합니까. 주를 위해 살겠다는, 다른 사람을 살리며 살겠다는 믿음이 없으니까, 그저 서로밖에 모르니까 남편도 아내도 사명을 감당하지 못합니다. 결혼은 옳고 그름이 아니라 생명의 문제, 구원의 문제로 바라보아야 합니다. "하나님이 짝지어 주신 것을 사람이 나누지 못할지니라"고 하셨습니다(마 19:6). 어떤 문제가 있어도 반드시 살아야 합니다.

내 힘으로는 누구도 용서할 수 없습니다. 내가 사명을 깨달아야 합니다. 돌베개 베고 자면서 내가 하나님을 만나야 합니다. 고난을 통해 떠나지 않으시는 하나님이 나의 하나님이 될 때, 우리 집이 축복의 통로가 되는 겁니다. 인생이 다 악하고 음란한데 죄인 아닌 사람이 누가 있습니까. 죄를 드러낸 죄인이거나 드러내지 않은 죄인이거나, 이 차이일 뿐입니다. 불신자에 대해서도 그래요. '예수 말고는 천하 사람 중에 구원을 받을 만한 다른 이름을 주신 일이 없다'고 했는데(행 4:12), 예수 안 믿는 사람이 선하든지 악하든지 우리가 무슨 가치를 둘 것이 있겠습니까. 그러니 자꾸 상대의 행동으로 평가하려 하지 마세요.

우리에게 돌베개, 광야와 같은 현실이 있습니다. 하나님밖에 부를 이름이 없는 빈 들은 축복의 통로입니다. 만일 빈 들이 없다면 일부러라도 마련해야 합니다. 저는 그것이 우리의 목장(교회 소그룹 모임)이라고 생각합니다. 내가 광야에 있지 못해도 목장에 나가면 김광야, 이광야, 박광야 지체가 기다리고 있잖아요. 이들의 나눔만 들어도 저절로 은혜를 받습니다. 배부르고 등 따스한데 어찌 예수를 찾겠습니까? 목장에 나가 광야 목원들의 나눔을 억지로라도 들으면서 조금씩 은혜로 적셔지는 거예요. 이것이 떠나지 아니하시는 하나님을 만날 수 있는 비결입니다. 그럴 때 하나님의 풍성한 은혜를 누리게 될 것입니다.

광야에서 떠나지 않으시는 하나님을 나의 하나님으로 만난 자는 자손이 복을 받고, 땅의 모든 족속에게 복이 된다고 했습니다. 과연 부모가 광야를 경험하며 하나님과 교회를 잘 섬기면 자녀들이 부모를 존경하고 나아가 교회를 존경하는 걸 봅니다. 부모가 싸우면 아무리 교회를 칭찬해도 자녀들이 교회를 존경하지 않습니다. 교회와 목사를 존경하지 않는 자녀가 어찌 바른 신앙을 가질 수 있겠습니까. 부모인 내가 잘 살아야 합니다.

지난 말씀에서 독창적인 대답으로 외고 입시에 합격한 학생의 이야기를 소개했습니다. 학생의 아버지인 장로님은 일류대학 교수입니다. 몇 년 전, 이분이 교환교수 자격으로 미국에 다녀왔습니다. 흔치 않은 기회인데, 남들이라면 거기서 자녀들 유학도 시키고 어떻게든 눌러앉으려 하지 않았겠습니까? 그러나 장로님은 1년의 파견 기간이 끝나자마자 온 가족을 데리고 한국으로 돌아왔습니다. 자녀들을 믿음의 공동체 안에서 양육하겠다는 이유였습니다. 돌아와서도 자녀들 학군 따지지 않고 평범하게 키워 내고자 힘썼습니다. 이렇게 장로님이 광야를 길로 놓고 갔더니 아들이 외고에 합격하고 큰딸도 좋은 대학에 붙는 은혜를 주님이 허락하셨습니다.

지난 말씀에서는 간단히 이야기했는데 이 아들이 어떻게 면접시험을 치렀는지 자세히 듣고서 제가 너무 은혜를 받았습니다. 그래서 여러분에게도 전하고자 합니다. 면접관으로부터 총 네 가지 질문을 받았는데, 다음은 그에 대한 학생의 답변입니다.

면접관 : 불경기에 사람들의 기부금은 더 증가했다고 합니다. 학생은 진정한 나눔이란 무엇이라고 생각합니까?

학생 : 물질로 돕는 것도 중요하지만, 저는 어려운 환경에 처한 사람들과 어울리며 진심으로 교제하는 것이 더 중요하다고 생각합니다. 깊이 교제하면서 그들의 약점을 나의 약점으로 여기고 공감해 주어야 합니다. 이것이 진정한 나눔이라고 생각합니다.

면접관 : 진정한 나눔을 내 삶에서 실천한 경우가 있습니까?

학생 : 제가 다니는 우리들교회는 '목장'이라는 모임을 통해 매주 교제의 장이 열립니다. 목장에서 다양한 이들이 어울려 말씀을 토대로 교제하는데, 이처럼 친구들의 이야기를 듣고 나의 이야기도 솔직히 나누는 것이 바로 나눔을 실천하는 것이라고 생각합니다. 목장을 통해 서로 공감하고 이해하는 것이 정말 중요하다는 걸 알게 되었습니다.

면접관 : 내가 학보 편집장이라 생각하고 사회적으로 존경하는 세 명의 인물을 추천한 뒤 그 이유를 설명해 보세요.

학생 : 첫 번째로 반기문 전 UN 사무총장을 꼽겠습니다. 세계화 시대에 우리나라가 배출한 세계적 지도자라고 생각합니다. 우리나라에서도 세계적 지도자가 나올 수 있다는 충분한 모델로서 청소년에게 추천하고 싶습니다. 두 번째로 2008년 베이징 올림픽 유도 금메달리스트인 최민호 선수를 꼽고 싶습니다. 최 선수의 다큐멘터리를 본 적이 있습니다. 어려운 환경에서 불굴의 의지로 정상에 도달한 인물입니다. 환경에 구애 받지 않고 정상에 도달할 수 있다는 희망을 주는 인물로서 청소년에게 추천하고 싶습니다.

마지막으로 우리들교회를 담임하시는 김양재 목사님을 꼽고 싶습니다. 세상 사람들에게는 앞의 두 분만큼 알려지지는 않은 분입니다. 그러나 앞에서 제가 말한 진정한 나눔을 실천하시는 지도자입니다. 그래서 청소년들에게 꼭 알리고 싶습니다.

면접관 : (가지치기하지 않은 나무는 죽은 나무와 같다는 내용의 지문을 읽은 뒤) 학생이 버려야 할 가지는 무엇입니까?

학생 : 제가 가지치기해야 할 가지는 '거만함'입니다. 저는 학교에서 공부로 인정을 받는 편이어서 거만해지기 쉬운 조건입니다. 그런데 얼마 전 방과 후 활동으로 야구부가 생겨서 가입했습니다. 그곳에서 사소한 실책에도 친구들에게 질책을 듣자 너무 힘들었습니다. 이 경험을 통해 제가 얼마나 거만한지 깨닫고서 조금이나마 가지치기할 수 있었습니다. 다른 사람의 지적을 인정하고 받아들이게 되었습니다.

면접이나 논술시험 잘 치르려고 돈 내고 학원도 다니지 않습니까? 이 세상 제일가는 학원에 다닌대도 이런 훌륭한 대답은 못 할 것 같습니다. 아무것 없어도, 큐티하는 사람에게는 아무것이 있습니다. 무엇보다 이 아이가 우리들교회를 사랑한다는 사실에 얼마나 감사한지 모르겠습니다. 아버지인 장로님도 세상에서 인정받고 바쁜 분인데 일주일에 네 번이나 교회에 오십니다. 교회를 정말 사랑하십니다. 그러니 바빠서 주의 일을 못 한다는 건 정말 핑계입니다. 부모인 내가 믿음으로 살면 자녀들이 부모를, 나아가 교회와 하나님을 사랑하게 될 줄 믿습니다. 떠나지 않으시는 하나님께서 자손의 자손에게까지

복 주실 줄 믿습니다.

　나를 떠나지 않으시는 하나님은 내가 외로울 때 찾아오십니다. 내가 쫓겨나듯 떠난대도 주님이 예비해 두신 곳이 반드시 있습니다. 돌아봐 주는 이 하나 없이 광야에 홀로 있대도 우리 주님께서 중보해 주십니다. 내가 돌베개 베고 자는 그곳, 광야에서 축복의 언약을 주십니다. 광야 같은 현실에 처했습니까? 돌베개 베고 잡니까? 임마누엘의 하나님이 함께 계신다고 합니다. 무엇이 더 필요하겠습니까.

　무늬만 크리스천이던 야곱이 빈 들에 홀로 있으며 하나님을 만났습니다. 그래서 빈 들에 거하는 것이 축복입니다. 이는 아무리 강조해도 지나치지 않습니다. 결코 떠나지 않으시는 하나님을 여러분도 만나기를 바랍니다. 야곱처럼 내가 처한 빈 들에서 고독의 영성으로 나아가기를 바랍니다.

- 빈 들에서 나는 어떤 약속의 말씀을 받았습니까? 빈 들인 목장에 잘 거하며 은혜를 누리고 있습니까?
- 나는 믿음의 부모로서 목사를 존경하고 교회를 사랑합니까? '내 자녀를 광야로 보낼 수 없다'고 하면서 어디를 기웃거립니까? 그런 나 때문에 자녀가 교회를 업신여기지는 않습니까?

결혼 후 저는 남편과 미국 유학을 다녀왔습니다. 30년 넘게 교회를 열심히 다녔지만 제 마음은 세상 야망으로 가득해 그저 남편이 학위 받기만을 바랐습니다. 그러던 어느 날, 시어머니가 위독해지시자 저는 "어머니, 예수님 믿으세요?" 물었습니다. 고개를 저으시는 시어머니께 "우리의 죄를 위해 예수님이 십자가 지신 것을 믿으시면 돼요" 하자 시어머니는 고개를 끄덕이셨고 이틀 후 천국에 가셨습니다.

산소에 가며 시어머니께서 구원 받으신 일을 가족들에게 알리고 싶었습니다. 두렵고 떨렸지만 '사람으로는 할 수 없으되…… 하나님으로서는 다 하실 수 있느니라'(막 10:27)는 말씀이 떠올라 장례 절차가 끝나고 가족과 문상객에게 시어머니가 구원 받으신 일을 전했습니다. 그러자 남편은 "고모가 너보고 미친년이래" 하고는 산을 내려가 버렸고, 다음 날부터 시댁은 제게 이혼을 강요했습니다. 그러나 야곱이 돌베개 베고 누운 그곳이 주님을 만난 축복의 자리가 된 것처럼, 이 사건은 저희 가정에 복음이 들어오는 축복의 통로가 되었습니다(창 28:11). 큰시아주버님 가족이 예수님을 믿게 되고, 남편도 '성전 미문에 앉아 구걸하던 자'가 자신이라고 고백하는 역사가 일어난 것입니다(행 3장).

그 후 남편과 저는 영적으로 한마음이 되어 교회를 섬기고 있습니다. 자녀들에게도 주일에는 공부보다 예배를 우선하도록 가르쳤습니다. 아들과 수시 면접 전날 함께 큐티하는데 아들은 자신의 교만함을 보게 되었다고 고백했습니다. 그런데 면접에서 비슷한 질문이 나와서 아들은 큐티한 대로 답변을 했답니다. 그 결과 합격하는 은혜를 누렸습니다.

제게 허락하신 것을 끝까지 이루시고자 주님은 저로 고난 받게 하시고 구원을 위해 섬기는 삶을 살게 하셨습니다. 천국 가는 그날까지 빈 들에서 축복하신 주님을 기억하기 원합니다(창 28:14). 자녀들도 죄와 사망에서 구원하실 임마누엘의 하나님을 표적으로 붙들고 살기를 소망합니다. "너를 떠나지 아니하리라" 하신 약속의 말씀을 늘 마음에 간직하기를 간절히 소원합니다(창 28:15).

# 영혼의 기도

주님, 누구에게도 말하지 못할 수치를 달고서 빈 들로 왔습니다. 쫓기듯 떠나왔지만 빈 들이 너무 추워서 견딜 수가 없습니다. 너무나 외롭습니다. 하나님이 계시면 내게 이러실 수 없다는 원망만 나옵니다. 그런데 우리가 쫓기듯 도착한 그 허허벌판, 황량한 광야가 하나님이 예비하신 장소라고 말씀하십니다. 한곳, 거기, 내가 돌베개를 베고 자는 그곳이 하나님이 허락하신 환경이라고 말씀하십니다. 빈 들에서 꾀 많은 사기꾼 야곱을 만나 주셨듯 우리를 만나 주시겠다고 약속하십니다.

돌아갈 명분도 없고 죽을 수도 살 수도 없는, 자신조차 자신을 용서할 수 없는 치졸한 야곱을 하나님이 일어나서 격려해 주시는 것을 우리가 보았습니다. 죄 많고 지질한 자라도 한 발짝 떼니 하나님이 찾아와서 격려해 주십니다. 세상에서는 고개 숙인 인생일지라도 외롭고 힘들어서 나아오는 영혼을 주님은 멸시하지 않으시고 일어나서 격려해 주십니다. 우리가 무엇이기에 이런 은혜를 베풀어 주시는지요. 지질한 죄인을 반갑게 영접해 주시는 하나님의 음성을 우리가 들을 수 있게 하옵소서.

170

우리보고 이 땅과 하나님 사이를 오르락내리락하는 사명을 감당하라고, 예수의 신호로 살아가라고 빈 들로 보내셨다고 말씀하십니다. 너를 결코 떠나지 않겠다고 빈 들에서 주님은 약속해 주십니다. 우리가 이 빈 들의 축복을 누리게 하옵소서. 빈 들이 축복의 통로가 되게 하옵소서. 빈 들이 우리가 믿음의 조상으로 영원히 자리매김하게 되는 장소가 되게 하옵소서. 광야에서 돌베개 베고 자는 삶일지라도 하나님이 함께하심에 감사하는 자가 되게 하옵소서. 그래서 우리를 위해 중보하시는 예수님처럼 우리도 가족과 지체들을 위해서 중보하는 인생이 되게 하옵소서.

주여, 우리를 만나 주옵소서. 우리의 모든 식구를 만나 주옵소서. 주께 감사하는 우리가 되게 하여 주옵소서. 함께해 주옵소서. 임마누엘의 하나님이 우리의 하나님이 되실 것을 믿습니다. 예수님 이름으로 기도하옵나이다. 아멘.

07

하늘의 문이 열리고

창세기 28장 16~22절

하나님 아버지, 우리에게 하늘의 문이 열리고,
물질의 문이 열리고, 불가능의 문이 열리기를 원합니다.
말씀하여 주옵소서. 듣겠습니다.

도망자 신분으로, 한 치 앞을 모르는 초라한 신세로 광야에서 돌베개 베고 자던 야곱에게 하나님은 놀라운 꿈을 보여 주십니다. 하늘의 문이 열린 것입니다. 여러분에게도 하늘의 문이 열리기를 바랍니다. 본문의 야곱을 통해 하늘의 문이 열린 자에게 어떤 변화가 일어나는지 보겠습니다.

야곱은 내가 있는 이곳이 하나님의 집임을 깨달았습니다

16 야곱이 잠이 깨어 이르되 여호와께서 과연 여기 계시거늘 내가 알지 못하였도다 17 이에 두려워하여 이르되 두렵도다 이곳이여 이 것은 다름 아닌 하나님의 집이요 이는 하늘의 문이로다 하고

_창 28:16~17

잠에서 깬 야곱은 "과연 여기에 하나님이 계시는구나!"고 백합니다. 이는 하나님이 진실로 이 장소에 계신다는 말입니다. 당시 근동 사람들은 세상에는 여러 신이 있으며 각 신은 특정 지역에서만 힘을 발휘한다는 지역 신 개념에 사로잡혀 있었습니다. 그런데 그게 아니

라 장소를 초월하여 어디에나 계시는 하나님이라는 걸 야곱이 깨달은 겁니다. 할아버지 아브라함과 아버지 이삭이 살던 브엘세바에만 계시는 하나님이 아니라 사람이 살지 않는 광야에도 하나님이 계시는 걸 깨달았습니다.

특별히 "여기"라는 말이 아주 중요합니다. 여기는 광야이고 아버지 집이 아닌 사망의 음침한 골짜기입니다(시 23:4). 죄인이 죄짓고 도망가는 현장입니다. 불륜의 죄, 탐욕의 죄를 짓고서 '나 같은 사람도 용서 받을 수 있을까' 자책하고 있는 바로 그곳에 하나님이 계십니다.

또한 16절, "내가 알지 못하였도다"라는 야곱의 고백에서 "알다"는 원어로는 야다(יָדַע)로 부부관계를 표현할 때 사용되는 말입니다. 벌거벗고 만나는 부부처럼 서로에 대해 깊고 친밀하게 아는 것을 의미하죠. 그동안 야곱이 하나님을 지식적으로만 알다가 이제는 확실히 알게 됐습니다. 할아버지 아브라함의 하나님, 아버지 이삭의 하나님으로만 알다가 드디어 야곱 자신의 하나님이 된 겁니다. 그동안 야곱이 가졌던 하나님에 대한 앎은 바른 지식, 바른 생각이 아니었습니다. 그러나 이제는 하나님을 깊이 알고 공감하는 데까지 야곱이 나아갔습니다. 돌베개 베고 잔 광야에서 하나님이 어떤 분인지 비로소 깨달았습니다.

지금 병들었습니까? 고독의 눈물을 흘리고 있습니까? 남편이, 아내가 떠났습니까? 그곳에도 하나님이 계십니다. "나는 하나님의 사랑이 느껴지지 않아" 원망하는 그때에도 하나님은 나와 함께 계십니다. 야곱은 하나님이 어디에나 함께하시는 것을 깨달았습니다. 이것이 응답입니다. 환경이 바뀌는 게 응답이 아닙니다. "하나님이 나와 함께 계시다" 확신할 때, 어디에 있든 그곳이 하나님의 집이 됩니다.

그러므로 내가 가장 초라하고 가장 많은 눈물을 흘리는 그곳, 나의 가정, 직장, 학교가 바로 하늘 문이 열리는 곳, 하나님의 집입니다. 원수 같은 배우자, 자녀, 상사, 동료가 있는 그곳이 하늘 문이 열리는 곳, 성전이라는 말입니다. 하나님의 임재를 경험하고 하나님을 만나는 곳이 곧 하나님의 집, 성전(聖殿)이잖아요. 그러니 중독의 장소, 고난의 장소라도 그곳에서 하나님의 임재를 경험하면 거기가 성전인 겁니다. 아무리 교회를 훌륭하게 지었어도 그 안에서 하나님의 임재를 경험하지 못하면 빈 껍데기에 불과합니다.

또 내 마음에 하나님을 모시면 내가 바로 성전입니다. 바울 사도도 "너희는 너희가 하나님의 성전인 것과 하나님의 성령이 너희 안에 계시는 것을 알지 못하느냐"고 했습니다(고전 3:16). 야곱을 만나 주신 하나님이 내 삶의 공간에도 머물고 계시는 것을 믿으십시오.

구약시대에는 예루살렘의 시온산만이 성전이라고 생각했습니다. 그러나 예수 그리스도께서 우리를 위해 십자가에서 죽으시고 부활하심으로 이제 성전은 유형의 건물만을 지칭하지 않습니다. 영적인 의미가 되었습니다. 즉, 주의 성도(聖徒)가 모이는 곳이 바로 성전입니다. 그러므로 성도인 내가 있는 그곳이 성전이 되어야 합니다. "나는 주일예배를 빠지지 않고 드려." 이런 기준들로 스스로 자기 신앙을 높게 평가할지 모르지만, 사람들은 나의 일상생활을 보고 평가합니다. 일상에서 내가 성전으로 살아가는지를 봅니다. 성전이 되지 못하는 부부생활, 가정생활은 잠시 후면 망할 것입니다. 나의 가정도 회사도, 나의 몸도 성전이 되어야 할 줄 믿습니다. 여러분이 머무는 그곳이 여호와 하나님의 성전이 되는 역사가 일어나기를 바랍니다.

"여호와께서 과연 여기 계시거늘." 주님이 함께 계셔도 우리의 '여기'가 힘든 장소인 것만은 사실이지요. 사이코패스 같은 남편을 고발한다면서 한 분이 저에게 메일을 보내셨습니다. 남편이 멀쩡히 직장 다니면서 집에는 생활비 한 푼 안 주고 오직 여자와 돈밖에 모른다는 겁니다. 저더러 "목사님이 사이코패스 같은 남편하고 살아 보셨어요? 그러고 이혼하지 말라고 하는 겁니까!" 따지셨습니다.

여러분, 제가 뺑덕어멈도 아닌데 괜히 이혼하지 말라 소리 하는 것이 아니잖아요. 여러분의 결혼생활이 힘들다는 것, 정말 잘 압니다. 이분도 오랜 시간 눈물 흘리다가 제게 메일을 보내셨을 겁니다. 남편은 자녀도 뒷전이고 오직 자기밖에 모른답니다. 아내를 두고 다른 여자를 만나는 것만으로도 열불 나는데, 제2, 제3의 여자까지 두루두루 만나고 다닌답니다. 여자들이 계속 꼬인다는 겁니다. 기가 막힙니다. 그래도 제가 "살아야 한다"라고 말씀드리는 것은 인생의 목적이 행복이 아니기 때문입니다. 힘든 남편과 함께 살면서 이제는 사명을 찾아야 합니다. '언제 남편이 나를 바라봐 줄까' 하며 인간적인 사랑 받기만 기대하지 말고 내 할 일을 하면서 가정을 지키십시오. 그러면 수천 대가 축복을 받습니다. 그저 옳고 그름으로만 따지고 있다면 사이코패스가 아니라도 누구와도 못 삽니다.

핵가족 시대가 돼서 다들 내 딸, 내 아들만 끼고도니까 우리 자

176

녀들이 힘든 말 한마디를 못 견디고 이혼하고 헤어집니다. 이런 세대를 향해 "가정을 지킬 만한 가치가 있다"고 누가 외치겠습니까? 누구도 이런 말을 해 줄 사람이 없어서 저라도 이야기하는 것이죠. 지금의 배우자가 힘들어서 다른 남자, 다른 여자를 찾아간다고 해도 행복해지는 게 아닙니다. 더 피눈물 나는 삶만 기다릴 뿐입니다. 오로지 육신의 정욕에만 매여 있는 배우자, 자녀를 믿음 있는 내가 참고 기다려 주어야 합니다. 그러면 그곳이 바로 하나님의 집이 됩니다. 중독의 장소라도, 매 맞는 장소, 불륜의 장소라도 그렇습니다. 내가 말씀으로 중심 잡고 해석을 잘하면 그곳이 어디든지 "여호와께서 과연 여기 계시는" 하나님의 집이 됩니다. 믿는 내가 영향력을 끼치게 됩니다.

하나님이 조강지처를 얼마나 축복하시는지 모릅니다. 가정을 지켰다는 것만으로 박수 쳐 주십니다. 행복한 가정, 잘사는 가정만 지켜야 하는 게 아닙니다. 의무로라도 가정을 지키면 훗날 하나님이 어마어마한 상급을 주십니다. 우리가 힘든 가족과 함께 사니까 예배와 기도가 간절해지는 것 아니겠습니까? 배부르고 등 따듯한 사람이 뭐 그리 여호와의 궁정을 사모하겠습니까(시 84:2). 나의 구원을 위해 수고하는 모든 식구에게 이렇게 말해 주는 여러분이 되기를 바랍니다.

"당신은 하늘의 문이에요."

"당신은 하나님의 집이에요."

"당신으로 인해 내가 거룩하게 살게 됐어요. 인생의 목적이 행복이 아니라 거룩이라는 걸 알게 됐어요."

내가 하나님의 집이 되는 것이 우리 가정을 말씀으로 해석해 나가는 비결입니다. 사이코패스 같은 배우자를 고쳐 보겠다고 너무 애쓰지 마세요. 살림을 때려 부수며 난리를 친대도, 내가 기뻐서 살면 됩니다. 내가 여호와의 궁정에 거하는 그 기쁨으로 살면 됩니다.

저도 장로님 댁에 시집가서 교회를 못 다니는 고난을 겪었습니다. 불신 집안도 아니고 예수 믿는 집에 시집갔는데 "주일예배 외에는 어떤 예배도 가지 말라"는 말을 들었습니다. 물론 당시는 힘들었지만, 저는 제 인생에서 가장 잘한 일이 결혼을 지킨 것이라고 생각합니다. 남편과 13년을 살고 남편이 천국 간 뒤 30여 년이 지났는데 제가 홀로 돼서도 잘 사는 이유도, 여러분에게 "가정을 지키라"고 자신 있게 말할 수 있는 이유도 바로 그것입니다.

내가 있는 모든 곳이 하나님의 집이 되면 어떤 고난을 만나도 끄떡없습니다. 내가 사명을 깨달았기 때문입니다. 내가 사망의 음침한 골짜기에 있더라도 거기서 사명을 깨달으면 누가 뭐라 하든지 믿음을 지키고, 가정을 지킬 수 있습니다. 가족이 빨리 안 돌아와도 나는 믿음의 지체들과 교제하면서 기다리기만 하면 됩니다. 저를 보세요. 그저 여호와의 궁정을 사모하면서 왔더니, 오늘날 남편이 많은 사람을 주께 이끄는 엄청난 역할로 쓰임 받고 있지 않습니까? 나를 괴롭히는 배우자, 자녀가 내 인생의 최고 공로자입니다. 나에게 잘해 주기만 하는 사람은 별로예요. 나를 깨어 있지 못하게 하잖아요.

• 외도, 중독, 부도, 질병 등 각종 고난으로 얼룩진 나의 자리가 하나님의 집이 되고 있습니까? "하나님이 계시면 내게 이러실 수 없다"고만 외치

고 있지 않습니까? 나의 몸과 내가 있는 자리가 하나님의 집이 되기 위해 적용해야 할 일은 무엇입니까?

야곱에게 건강한 두려움이 생깁니다

이에 두려워하여 이르되 두렵도다 이 곳이여 이것은 다름 아닌 하나님의 집이요 이는 하늘의 문이로다 하고_창 28:17

하나님을 만난 자에게는 두려움이 생깁니다. 빛이신 하나님이 나를 비추시면 나의 더러운 죄가 주마등처럼 지나가며 하나님 앞에서 가슴 아파하게 됩니다. 이것은 성도라면 누구나 갖는 건강한 두려움입니다. 이사야도 하나님께 선지자로 부르심을 받았을 때 "화로다, 나여 망하게 되었도다 나는 입술이 부정한 사람이요 나는 입술이 부정한 백성 중에 거주하면서 만군의 여호와이신 왕을 뵈었음이로다"(사 6:5)라고 고백하지 않았습니까?

"하나님 앞에만 서면 나는 왜 작아지는가." 이런 고백이 우리에게 있어야 합니다. 나는 아무것도 할 수 없고 오직 하나님만이 모든 것을 하실 수 있다고 고백하는 것이 믿음입니다. 은혜를 체험한 자는 주 앞에서 두렵고 떨리는 심령이 될 수밖에 없습니다. 겸손해질 수밖에 없습니다.

잘난 사람들은 자기 죄를 못 봅니다. 그저 육신의 정욕대로, 말초적인 감정대로 살기에 바쁩니다. 내 욕심을 내려놓고 광야로 갈 생각만 해도 괴롭고 슬픕니다. 그러다 쫓기듯 광야에 와 보니 과연 여기가 하나님의 성전입니다. 부도내고 감옥 가기 싫었는데, 어쩔 수 없이 간 감옥에서 하나님이 만나 주시니 "이곳이 하나님의 집"이라는 고백이 절로 나옵니다. 중독을 끊으면 미칠 것만 같았는데, 강제로 끊고 나니까 여기가 바로 하나님의 집입니다. 내가 생각만 해도 죽을 것 같은 그 일을 하고 나면 내 생각과 하나님의 생각이 얼마나 다른지 알게 됩니다.

> 18 야곱이 아침에 일찍이 일어나 베개로 삼았던 돌을 가져다가 기둥으로 세우고 그 위에 기름을 붓고 19 그 곳 이름을 벧엘이라 하였더라 이 성의 옛 이름은 루스더라 _창 28:18~19

야곱이 아침에 일찍 일어나 베개 삼았던 돌을 가져다가 기둥으로 세우고 기름을 붓습니다. 돌베개는 타락하고 강퍅한 우리의 마음을 상징합니다. 마음이 돌덩어리 같은 자라도 소망이 있습니다. 주 예수께서 나의 마음에 들어와 계시는 걸 깨달으면 변하여 새사람이 되는 겁니다.

아무것 없는 광야의 야곱이라도 은혜 받으니까 주께 드릴 게 있습니다. 당시 기름은 여행자에게 비상용 약품이었습니다. 그런데 이를 돌베개 위에 부었다는 것은 이제부터 하나님을 전적으로 의지하겠다는 신앙고백입니다. 야곱은 하나님의 주권에 자신의 전부를 맡겼습니다.

아픈 돌베개처럼 나를 힘들게 하는 배우자, 자녀, 부모, 지체가 있습니까? 그에게 나의 모든 것을 주고 가장 귀한 것을 발라 보세요. 관심과 사랑을 부어 보세요. 그러면 내가 돌베개 베고 잔 그 자리가 하늘의 문, 축복의 문이 될 줄 믿습니다. 돌 같던 사람이 성전의 머릿돌 같은 일꾼이 될 줄 믿습니다. 돌덩어리 같은 식구도 반드시 변할 줄 믿습니다.

세상에서 성공한 사람들도 건강한 두려움을 가지고 사는 걸 봅니다. 언젠가 코미디언 유재석 씨의 인터뷰 영상을 보았습니다. 한 팬이 어떻게 일인자가 되었는지 묻자 그는 이렇게 대답하더군요.

"저는 카메라 울렁증이 심하고 콤플렉스도 많았습니다. 그래서 그저 하루하루 열심히 살았습니다. 그것밖에 한 것이 없습니다."

저에게도 울렁증이 있습니다. 죽어 가는 사람들이 날마다 우리들 교회로 오는데 '과연 내가 전하는 말씀을 듣고 이들이 살아날 수 있을까' 생각하면 늘 두렵고 떨립니다. 또 일주일 동안 '어떻게 하면 한 사람이라도 더 말씀이 들릴까' 고민에 고민을 하며 말씀을 준비합니다.

이어서 유재석 씨는 이야기했습니다.

"방송일은 너무 안되고 하는 일마다 어긋나서 포기하고 싶던 시절, 매일 밤 간절히 기도했습니다. '한 번만 기회를 주세요. 코미디언으로서 단 한 번만 성공의 기회를 주신다면 이 마음 달라지지 않고 살겠습니다. 만약 제가 성공한 뒤 초심을 잃고 모든 것을 나 혼자 이루었다고 생각한다면 그때는 어떤 아픔을 주신대도 왜 이렇게 가혹하시냐고 원망하지 않겠습니다.'"

여러분이 누구 덕에 돈 벌고 성공했는데 초심을 잃고 악으로, 불륜으로 치닫습니까? 결혼할 때 다른 여자를 만나겠다고 생각했습니까? 어렵게 취직했을 때 '주식 해야지, 마약 해야지' 이런 생각을 했습니까? 초심을 잃지 마세요. 저는 그래서 유재석 씨가 일인자가 되었다고 생각합니다. 만일 혼자서 모든 것을 얻었다고 생각한다면 그때는 큰 아픔이 오더라도 원망하지 않겠답니다. 여러분, 이런 아픔을 받겠습니까? 하나님 뜻대로 살지 않으면 아픔이 오게 마련입니다.

유재석 씨는 "언제든지 누군가에게 이 자리를 넘겨주겠다는 마음의 준비를 하며 산다"고 합니다. 이런 건강한 두려움을 가지고서 사는 것이 하늘 문이 열리는 길입니다. 그러면 이 세상 길도 열리고, 물질의 문도 열립니다. 두려움이 항상 나쁜 것만은 아닙니다. 주님을 경외하며, 두렵고 떨리는 겸손한 마음으로 주 앞에 나아가십시오.

- 주님 앞에 두렵고 떨리는 마음으로 서는 건강한 두려움이 내게 있습니까? '내가 무슨 죄인이야' 하면서 두려움 없이 살아가지는 않습니까, 아니면 열등감, 비교 의식, 자기 연민에 떨며 병든 두려움을 가지고 살지는 않습니까?
- 내가 초심을 잃은 일은 무엇입니까? 처음 마음 그대로 유지하며 삽니까? '내가 다 이루었다'고 생각하는 일은 무엇입니까?

야곱이 서원합니다

20 야곱이 서원하여 이르되 하나님이 나와 함께 계셔서 내가 가는
이 길에서 나를 지키시고 먹을 떡과 입을 옷을 주시어 21 내가 평안
히 아버지 집으로 돌아가게 하시오면 여호와께서 나의 하나님이 되
실 것이요_창 28:20~21

하늘 문이 열렸지만 광야에 있는 야곱은 여전히 힘든 상황입니
다. 그래서 야곱은 하나님께 소원을 두고 서원을 합니다. 야곱의 소원
이 무엇입니까? 첫째로 길을 인도해 주시고, 둘째로 먹을 양식을 주시
고, 셋째로 입을 의복을 주시고, 넷째로 아버지 집으로 평안히 돌아오
게 해 달라는 것입니다.

사실 야곱이 이 네 가지를 구하지 않았어도 하나님이 알아서 주
셨을 겁니다. 이스라엘 백성이 출애굽한 후 광야에서 생활할 때 그들
이 주리지 않도록 하나님이 날마다 만나와 메추라기를 주셨습니다.
또한 의복이 해어지지 않고 발이 부르트지 않도록 세밀히 인도해 주
셨습니다(신 8:4). 하나님은 야곱에게도 똑같은 은혜를 베푸셨습니다.
훗날 야곱이 거부가 되어 아버지 집으로 돌아가지 않습니까? 이는 야
곱이 기도해서가 아니라, 하나님께서 만세 전부터 택정하신 약속의
자손을 지키시기 때문입니다.

"……나는 여호와니 너의 조부 아브라함의 하나님이요 이삭의
하나님이라 네가 누워 있는 땅을 내가 너와 네 자손에게 주리니 네 자

손이 땅의 티끌 같이 되어 네가 서쪽과 동쪽과 북쪽과 남쪽으로 퍼져 나갈지며 땅의 모든 족속이 너와 네 자손으로 말미암아 복을 받으리라 내가 너와 함께 있어 네가 어디로 가든지 너를 지키며 너를 이끌어 이 땅으로 돌아오게 할지라 내가 네게 허락한 것을 다 이루기까지 너를 떠나지 아니하리라······"(창 28:13b~15).

앞서 하나님이 이런 엄청난 약속을 주셨는데 야곱은 그것이 무엇인지 도대체 모릅니다. 그래서 고작 한다는 기도가 "내게 먹을 양식이랑 입을 옷을 주시고 나를 집에 평안히 돌아가게 해 주시면 이런저런 거 하나님께 드릴게요"입니다. 조건부 기도를 합니다. 자기 소원을 들어주면 세 가지 서원을 지키겠다고 합니다. 조금 전에 "하나님이 과연 여기 계시다" 고백한 게 무색하게 느껴질 정도입니다.

야곱이 어떤 서원을 하는지 자세히 봅시다. **첫째로, 여호와께서 나의 하나님이 되실 것이라고 서원합니다.**

······여호와께서 나의 하나님이 되실 것이요_창 28:21b

여전히 얌체 같은 기도를 합니다. 야곱이 하나님을 만났지만 온전히 나의 하나님이 되지 못했습니다. 어떤 직분을 가졌든, 얼마나 신앙생활을 오래 했든 하나님이 나의 하나님이 되지 못하면 우리는 이런 기도를 합니다. 그러니 직분이 높은 것이, 몇 대째 신앙생활을 한 것이 무슨 소용이겠습니까? 야곱이 믿음의 3대손이잖아요. 그런데 보세요. 하나님이 "너의 하나님 되어 주겠다" 하셨는데도 야곱은 감이 오지 않습니다. 약속의 내용이 실감이 안 나니까 "네가 누워 있는 땅을 다 주겠다"고 하시는데도 "사탕 하나만 주세요" 합니다. "너는 재벌의 상속자야" 하시는데 "초콜릿 하나만 주세요" 하고 조르는 격입니다. 하나님은 순종하라고 하셨지 서원하라고 하지 않으셨는데 우리는 자꾸 이런 기도를 합니다.

저희 시어머니도 시아버지께서 뭐든 들어주시니까 현실감각이 없었습니다. 시어머니는 시아버지께 서운한 마음이 들면 방문을 걸어 잠그고 "천만 원 내놔라, 천만 원만 주면 내가 이 집을 나가리라!" 소리치곤 하셨습니다. 그때마다 우리는 속으로 비웃었지요. '당신 남편이 얼마나 부자인지도 모르시고 고작 천만 원이라니…….' 시어머니에게는 천만 원이 가장 큰돈이었던 것입니다.

우리도 그렇죠. 내 아버지가 빵 공장, 구두 공장을 경영할 수 있는 모든 것을 주셨는데도 그 사실을 믿지 못해서 "빵 한 개 주세요", "구두 한 켤레 주세요" 합니다. 그렇게 기도하지 말라고 하면 "그럼 구두 두 켤레만……" 이럽니다. 야곱처럼 "내게 먹을 양식과 입을 의복을 주시면 내가 무엇을 하겠다"고 하나님께 조건을 겁니다.

야곱은 장자권을 사 놓고도 써먹지 못합니다. 에서나 야곱이나 거기서 거기입니다. 그래도 하나님이 야곱의 수준을 아시고 그의 기도를 들어주셨습니다. 정말 눈물 나게 감사한 일 아닙니까. 내가 떼 부리며 드린 기도를 하나님께서 천진난만한 기도로 받아 주신 겁니다. 내게 믿음 하나 없지만 그래도 내가 떠났다는 것만으로, 예배의 자리에 앉아 있다는 것만으로 주님은 나를 믿음 있다고 여겨 주십니다. 이 하나님이 나의 하나님이 되어야 주께 헌신할 수 있습니다. 그래서 우리는 하나님을 알아야 합니다. 예배를 회복하고 말씀을 들어야 합니다. 그래야 "내가 어떤 환경에 처하더라도 하나님만 섬기겠다" 고백할 수 있습니다. 그러나 아직도 야곱은 "내게 무엇을 주셔야 하나님을 섬기겠다" 기도하는 수준밖에 안 됩니다.

• "모든 것이 네 것이다" 말씀하시는 하나님 앞에 나는 무엇을 달라고 조르고 있습니까?

둘째로, 이곳에 하나님의 집을 세우겠다고 서원합니다.

> 내가 기둥으로 세운 이 돌이 하나님의 집이 될 것이요…… _창 28:22a

이곳에 하나님의 집을 세우겠다는 말은 예배 중심, 교회 중심의 삶을 살겠다는 뜻입니다. 지금은 야곱이 가진 것 하나 없는 도망자 신세니까 이런 서원을 합니다. 야곱이 정말 이 서원을 지켰습니까? 아닙니다. 나중에 묵상하겠지만, 20년 후 야곱은 거부가 되어 아들딸을 주렁주렁 데리고 가나안 땅으로 돌아옵니다. 그런데 이때 그는 벧엘로 곧장 올라가지 않습니다. 편안한 세겜 땅에 머물면서 하나님께 드린 서원은 나 몰라라 하지요. 우리가 서원을 지키기가 이렇게 어렵습니다. 결국 세겜에서 딸 디나가 강간당하고, 그 일로 둘째 아들 시므온과 셋째 아들 레위가 살상을 벌이고 나서야 야곱이 깨닫습니다. 아니, 하

186

나님이 야곱을 깨우쳐 주십니다.

"하나님이 야곱에게 이르시되 일어나 벧엘로 올라가서 거기 거주하며 네가 네 형 에서의 낯을 피하여 도망하던 때에 네게 나타났던 하나님께 거기서 제단을 쌓으라 하신지라"(창 35:1).

그제야 야곱이 말씀에 반응해 벧엘에서 단을 쌓습니다. 야곱이 부족해도 택한 백성이기에 말씀이 들립니다. 하나님은 이렇게라도 서원을 지키게 하십니다. 딸 디나가 강간당하는 아픔을 겪은 뒤에야 야곱이 정신 차리고 예배를 드립니다.

야곱 뭐라 할 것 없습니다. 단 1원도 없는데 서원 안 할 사람 있습니까? "우리 아이 대학에 붙게만 해 주시면……", "돈만 벌게 해 주시면……", "건강만 회복해 주시면……." 이런 마음의 소원이 서원이 됩니다. "백억 벌면 몇십억은 주님께 드릴게요" 하면서 다들 서원합니다. 함부로 서원하지 말라고 해도 아무것 없을 때는 가책조차 없이 서원합니다. 그러다 막상 백억 벌고, 합격하고, 건강해지면 언제 서원했냐는 듯 나 몰라라 합니다. 여러분, 이제부터는 '순종'을 하십시오. 서원 남발하지 마세요. 그리고 서원했다면 말씀에 따라 꼭 지키십시오. 마음에 서원한 것은 해로울지라도 변하지 아니하고 지켜야 합니다(시 15:4).

• 하나님께 어떤 조건부 기도를 하고 있습니까? 나는 서원합니까, 순종합니까?
• 나의 연약한 서원기도에 하나님이 응답해 주셨는데 서원 지키기를 나 몰라라 하지는 않습니까? 내가 지켜야 할 서원은 무엇입니까?

셋째로, 십일조를 서원합니다.

……하나님께서 내게 주신 모든 것에서 십분의 일을 내가 반드시
하나님께 드리겠나이다 하였더라_창 28:22b

앞에 두 가지는 영적인 서원이고, 마지막은 물질적인 서원입니
다. 왜 야곱은 마지막으로 십일조를 서원했을까요?

내게 주신 것 중에서 십의 일을 드리면 하나님은 나머지 십의 구
도 드렸다고 여겨 주십니다. 이는 하나님께서 성경에 약속하신 것입
니다. 십일조가 얼마나 중요한지 하나님은 그에 대해 '시험'이라는 단
어까지 쓰셨습니다.

"만군의 여호와가 이르노라 너희의 온전한 십일조를 창고에 들
여 나의 집에 양식이 있게 하고 그것으로 나를 시험하여 내가 하늘 문
을 열고 너희에게 복을 쌓을 곳이 없도록 붓지 아니하나 보라"(말 3:10).

즉, 영적인 서원과 더불어 물질적인 서원도 겸해야 한다고 하나
님이 야곱을 통해 교훈하시는 것입니다. "여호와께서 나의 하나님이
되고, 초라한 나의 환경을 벧엘 성전으로 세우겠다"는 서원 외에 물질
의 서원까지 겸비해야 한다는 것입니다. "올해에는 열심히 큐티하고
기도와 전도도 열심히 해서 우리 집을 하나님의 집으로 세우겠습니
다." "남편이 속 썩여도, 자녀들이 공부를 못해도 우리 가정을 벧엘 성
전으로 만들겠습니다." 이렇게 서원한 것까지는 좋은데 반드시 물질
적인 적용도 따라야 한다는 것이죠.

나의 예배가 회복되면 십일조는 저절로 드리게 됩니다. 느헤미야서는 바벨론 포로에서 놓인 이스라엘 백성이 예루살렘 성벽을 재건하고 성전을 개혁하며 이스라엘 공동체를 회복해 가는 이야기를 다루고 있습니다. 느헤미야 12장에 보면 유다 백성이 성전을 섬기는 제사장들과 레위 사람들로 말미암아 즐거워하며 '자발적으로' 십일조를 드렸다고 기록하고 있습니다.

"그 날에 사람을 세워 곳간을 맡기고 제사장들과 레위 사람들에게 돌릴 것 곧 율법에 정한 대로 거제물과 처음 익은 것과 십일조를 모든 성읍 밭에서 거두어 이 곳간에 쌓게 하였노니 이는 유다 사람이 섬기는 제사장들과 레위 사람들로 말미암아 즐거워하기 때문이라"(느 12:44).

느헤미야와 같은 믿음의 지도자들로 인해 백성의 마음이 얼마나 감동했는지, 그들이 '노래하고' '감사하며' '즐거워하고' '찬양'했다는 표현들이 12장에만 스물일곱 번 나옵니다. 그리고 자원하여 십일조를 가져오지요. 느헤미야 10장에서 백성에게 십일조 드리기를 맹세시키고, 12장에서는 백성이 맹세한 대로 십일조를 드립니다. 그뿐만 아니라 백성에게 십일조를 독려하는 이야기가 느헤미야서에 반복해 나옵니다. 세월이 흘러 백성이 십일조 드리기에 소홀해질 걸 알았던 것입니다.

이처럼 성벽을 중수하고 성전을 개혁하고 억지로라도 십일조를 드리게 하는 것은 우리가 다 물질을 우상 삼기 때문입니다. 시력이 나쁜 사람은 'GOD'과 'GOLD'를 똑같이 봅니다. 가까이 가야 'L'이 하나 더 있다는 걸 압니다. 영적 시력이 흐려져도 그렇습니다. 돈과 하나님을 같게 보고 돈을 하나님 삼습니다. 그래서 우리는 하나님과 물질 사이에서 하나님을 선택하는 훈련을 날마다 받아야 합니다. 그것이 바로 십일조의 근본정신입니다.

140년이 지나도록 이스라엘이 성벽 복구도 못 하고 널브러져 있을 때는 아무도 십일조를 드리지 않았습니다. 자기 집만 지으며 부패하게 살았습니다(학 1:9). 그런데 느헤미야가 이스라엘을 개혁한 후 은혜 받은 이들은 십일조 생활부터 달라졌습니다. 야곱이 '헌금'이 아니라 특별히 '십일조'를 드리겠다고 서원한 까닭도 그것이 신앙고백이기 때문입니다. 은혜 받은 자는 제일 먼저 십일조 생활이 달라집니다. 물질에 대해 정직해지는 것이 내가 은혜 받았다는 표입니다.

십일조를 베풀 듯이 내는 사람이 있습니다. 아주 교만한 태도입니다. 십일조 생활이 무너져 있는 사람은 헌금 생활은 물론이요, 일상생활도 인간관계도 무너져 있는 걸 봅니다. 이건 정말 진리입니다. 십일조를 자원하여 드리는 교인이 많을수록 영적인 교회가 될 수밖에 없습니다. 우리들교회는 십일조를 강조하지 않지만 십일조 드리는 교인이 많습니다. 지금도 참 감사하지만, 더 많은 성도가 이 축복을 누리면 얼마나 좋겠습니까. 그래서 저는 우리들교회가 온 교인이 십일조 드리는 교회로 발돋움하기를 소원합니다.

십일조 생활이 회복된 후 신앙생활도 회복됐다는 간증을 수없이 듣습니다. 이는 십일조가 돈의 문제가 아니라 영의 문제라는 걸 보여줍니다. 십일조는 하나님께 물질뿐만 아니라 나의 믿음과 사랑과 헌신을 드리는 것입니다. 나아가 내가 영혼 구원에 얼마나 관심을 기울이는지를 보여 주는 표지입니다. 그러므로 십일조는 반드시 지켜야 할 명령이며, 축복의 약속이기도 합니다.

'십일조를 꼭 내야 하나' 아직도 갈등하고 있습니까? 십일조 신앙을 회복할 때 영적 후사가 대대로, 주렁주렁 맺힐 줄 믿습니다. 하늘이 열리기 위해 영과 육을 함께 심으십시오. 구원의 복과 물질의 복을 함께 받으십시오. 이것은 이원론이 아닙니다. 자선하고 구제해도 복을 받겠지만 복 받는 첫째 비결은 십일조를 철저히 드리는 것입니다. 세상 사람들도 구제하고 봉사합니다. 십일조는 '하나님이냐, 돈이냐'라는 선택지와 같습니다. 그래서 십일조를 제2의 복음이라고도 합니다. '이달엔 이만큼, 내달엔 이만큼……' 하면서 월정헌금으로 드리지 말고 온전한 십일조를 드리십시오. 이것이 신앙고백입니다.

어떤 분은 빚이 많아서 십일조를 못 드린다고 말합니다. 또 액수가 너무 커서 십일조 못 드리겠다고 말하는 분도 있습니다. 돈의 주인도 하나님 아닙니까? 하나님이 한번 훅 부시면 돈은 순식간에 사라집니다. 그러니 자꾸 십일조 드리는 걸 손해라고 생각하지 마세요. 하나님의 빚을 먼저 갚아야 사람의 빚을 갚을 날이 옵니다.

한 분이 제게 이런 메일을 보내셨습니다. 이분과 똑같은 의문을 가진 분들이 많다고 생각해서 여러분에게도 소개합니다.

목사님, 헌금에 대해 질문드리고 싶습니다. 저는 그리스도인에게 십일조와 헌금은 의무라고 생각합니다. 그러나 '헌금을 많이 드려야 물질의 축복을 받는다', '어려운 상황일수록 더 많이 헌금해야 한다'라는 말에는 동의하지 않습니다. 형통의 의미가 세속적으로 많이 변질되었다고 생각합니다. 목사님께서 설교 중에 "물질이 있는 곳에 마음이 있다"라고 말씀하셨는데, 저는 그런 말로 헌금을 늘리려는 목사님의 마음이 이해되지 않습니다. 하나님은 돌로도 아브라함의 자손을 만드실 수 있는 분 아닙니까? 하나님의 일을 하기 위해 헌금을 내라고 권장하시는 것, 그리고 헌금이 축복 받는 길이라고 말씀하시는 것은 "고난이 축복"이고 "고난이 없는 것이 진짜 위기"라고 늘 강조하시는 목사님의 가르침과 매우 어긋난다고 생각합니다. 저는 고난에 대한 목사님의 정신을 좋아합니다. 다만 물질적인 부분에서도 그런 정신이 이어졌으면 좋겠습니다.

어떻습니까, 여러분도 같은 생각입니까? 이분께 제가 이렇게 답을 드렸습니다.

헌금을 많이 해야 물질의 축복을 받는다는 말이 아닙니다. 우리가 영적인 축복을 받으면 주님이 물질을 주실 수도 있고, 안 주실 수도 있습니다. 제가 설교 때마다 이 이야기를 수없이 했습니다. 제 설교를 잘 들으시면 왜 그런 말을 했는지 아실 것입니다.

헌금은 신앙고백입니다. 헌금을 통해 물질이 아닌 하나님을 선택하게 하는 훈련을 우리에게 날마다, 달마다 시키시는 것입니다. 우리들교회가 날마다 십자가를 강조하는데 십일조를 안 드리면 되겠습니까? 왼손이 하는 일을 오른손이 모르게 하라고 주님은 교회를 통해 구원의 역사를 이루어 가십니다. 그러므로 내가 교회에 헌금을 드릴 수 있는 것은 축복 중의 축복입니다.

물론 눈살 찌푸리게 하는 헌금 설교 때문에 한국교회가 위기를 맞은 것도 사실입니다. 그렇다고 해서 십일조를 하지 않아도 된다는 건 아닙니다. 모든 것은 일원론입니다. 주님을 사랑하는 자는 다른 사람의 구원에도 관심을 기울이게 마련입니다. 많은 이가 신앙고백으로 드린 십일조 때문에 교회의 역사가 지금까지 이어져 왔습니다. 그러므로 교회가 십일조에 대해 가르치지 않는 것은 직무 유기입니다.

부자라고 헌금 잘 드리는 게 아닙니다. 고린도후서 8장 2절에 보면 극심한 가난 가운데 있던 마게도냐 교인들이 풍성한 연보를 넘치도록 했다고 합니다. 반면에 고린도교회 교인들은 부자였으나 헌금을 드리지 않았습니다. 그래서 바울은 고린도에서 천막을 만들면서 자비량으로 전도했지요. 헌금은 신앙고백입니다. 물질의 축복을 받으라고 헌금하라 말씀드리는 게 아닙니다. 구속사의 계보에 올라간 셋의 자손들은 오히려 극심한 생활고에 시달렸습니다. 오직 주님을 사랑하므로 헌금과 십일조를 드리라는 것입니다. 영적 축복을 받기 위해서, 믿음의 자손을 위해서, 하나님의 명령이기에 드리라는 것입니다.

아무쪼록 십일조 많이 하셔서 영적 축복을 많이 받으시기 바랍니다. 제 답변이 이해되셨으면 좋겠습니다. 경건은 비밀이라고 했지요. 이 경건의 비밀을 아는 성도가 되어 비밀을 함께 공유하고 나누었으면 좋겠습니다.

"그곳 이름을 벧엘이라 하였더라." 벧엘은 '뻬트 엘로힘(בֵּית אֱלֹהִים)', 곧 '하나님의 집'이라는 뜻입니다. 내 삶의 모든 현장이 하나님의 집, 하나님의 성전임을 아는 것이 하늘이 열리는 길입니다. 슬프고 고독한 현장일지라도 그곳이 하나님의 집입니다. 주님이 임하시면 돌 같은 내 마음도, 가족의 마음도 변할 것을 믿을 때 하늘의 문이 열립니다.

소원이 많아서 서원도 많은 야곱처럼 우리도 순종보다는 서원을 합니다. "먼저 돈을 주셔야 주님을 섬기겠다"고 합니다. 이제는 여러분의 소원이 하나님의 소원과 하나 되기를 기도합니다. 여러분의 예배가 회복되고, 모든 일을 영적으로 해석하며, 신앙고백으로 십일조를 드리기를 기도합니다. 그리하여 물질의 문과 하늘의 문이 모두 열리기를 예수님 이름으로 축원합니다.

• 나는 온전한 십일조를 드립니까, 내가 정한 월정헌금을 드립니까? 십일조 생활이 무너져 있지는 않습니까?

특별히 "여기"라는 말이 아주 중요합니다.
여기는 광야이고 아버지 집이 아닌
사망의 음침한 골짜기입니다(시 23:4).
죄인이 죄짓고 도망가는 현장입니다.
불륜의 죄, 탐욕의 죄를 짓고서
'나 같은 사람도 용서 받을 수 있을까' 자책하고 있는
바로 그곳에 하나님이 계십니다.

우리들 묵상과 적용

부모님은 싸움 그칠 날이 없다가 제가 세 살 때 급기야 아버지가 집을 나가버리셨습니다. 저는 7살 때 믿고 의지한 외사촌 형에게 수차례 성폭행을 당했습니다. 당시 교회에 혼자 가서 '하나님, 도대체 어디에 계십니까?' 물었던 기억이 납니다. 학창 시절엔 윗사람에 대한 불신이 커서 학교 수업도 제대로 듣지 못했고, 하나님과 부모님을 원망하며 지냈습니다. 제 인생 최대의 목적은 오로지 '행복한 가정'을 이루는 것이었습니다. 그러나 결혼 후 저는 가정에서 일어나는 모든 잘못을 아내에게 뒤집어씌웠습니다. 조그만 갈등 상황에도 제 잘못은 전혀 인정하지 않았습니다.

그러던 어느 주일 아침이었습니다. 아내와 크게 싸우다 흥분한 아내가 던진 커다란 유리통이 3살 딸아이의 머리를 스쳐 지나갔습니다. 저는 식칼을 들어 아내에게 들이대고 죽이겠다고 소리쳤습니다. 잠시 후 후회가 몰려왔지만, 이미 버스는 지나간 뒤였습니다. 그 와중에도 예배에 가겠다고 아이의 손을 잡고 나오다가 집에 남은 아내가 애처로워 돌아가 사과했습니다. "여보 미안해, 내가 잘못했어. 우리 예배드리고 은혜 받자." 그러나 아내는 싸늘하게 바라보며 단박에 거절

196

했습니다. 교회에 도착해 딸아이를 앉혀놓고 예배를 드리는데, 딸아이가 멍한 표정으로 찬양을 듣는 모습에 어릴 적 제 모습이 떠올랐습니다. 그 순간 주체할 수 없는 감정에 한없이 눈물이 흘렀습니다. "주님, 저는 왜 이렇게 혈기를 참지 못하나요? 아이 얼굴을 보니 저 자신을 용서할 수가 없어요. 이런 저를 제발 고쳐 주세요. 도와주세요!" 그때 저를 안아 주시며 "항상 너와 함께 있었다" 말씀하시는 주님의 위로를 느꼈습니다.

그렇게 상처와 혈기의 빈 들에서 하늘의 문이 열려 주님을 만난 후, 저는 '좋은 가장'이 아닌 '죄인 가장'으로 살게 됐습니다(창 28:17). 부모님보다 더한 죄인인 저 자신을 인정하니 부모님과 관계가 회복되었고, 20년 만에 외사촌 형을 찾아가 안아 주며 안부를 묻는 용서의 은혜도 누릴 수 있었습니다. 선하신 주님이 원망의 사건을 구원의 사건 되게 하신 겁니다. 앞으로도 벧엘의 하나님을 늘 예배하면서 나의 연약함과 죄를 약재료로 나누며 영육의 온전한 십일조를 드리는 삶을 살기 원합니다(창 28:19).

영혼의 기도

하나님 아버지, 우리도 하늘의 문이 열리는 축복을 받고 싶습니다. 하나님께서 과연 여기 계셔서 파괴된 가정과 힘든 직장이 하나님의 성전임을 알기 원합니다. 중독의 장소, 매 맞는 이곳, 죄짓고 쫓겨난 이 광야가 하나님의 성전이고, 하늘의 문이 열리는 시작점임을 알기 원합니다.

주님, 야곱이 소원이 많아서 서원했듯이 우리에게도 소원이 많습니다. 아버지 집으로 편안히 돌아가게 해 달라고 기도한 야곱처럼, 우리도 안타까운 소원들을 품고서 주님께 나아갑니다. 우리의 자녀들을 돌이켜 주시고 남편이, 아내가 집으로 돌아오게 해 주옵소서. 우리 가정에 구원의 역사를 일으켜 주옵소서. 식구들이 하나님을 만나는 역사가 일어나게 해 주옵소서. 그리하면 하나님이 나의 하나님이 되시고, 나를 하나님께 드리며 이곳에 하나님의 성전을 세우겠습니다. 사명을 감당하겠습니다.

주님, 치졸하고 부족하지만 우리가 드리는 소원의 기도를 들어 주시고 응답해 주시기를 원합니다. 우리가 얼마나 수준이 낮은지 주께서 아시지요? 복된 부부가 되기를, 복된 가족이 되기를 원합니다.

영적 후사를 낳는 가정이 되기를 원합니다. 그리고 이를 위해서 우리가 온전한 십일조를 드리기로 결단합니다. 영과 육의 서원을 함께 하라 하시니 이제 결단합니다. 우리가 훗날 이 서원을 잊어버리지 않고 반드시 지킬 수 있도록 주여, 역사하여 주옵소서. 험악한 인생을 살지 않고 즉시 순종하는 자가 되도록 우리를 도와주옵소서. 하늘의 문이 열리고, 물질의 문과 건강의 문이 열리고, 가족 간에 소통의 문이 열려 모든 어둠의 세력이 우리에게서 물러가게 하옵소서. 예수님 이름으로 기도하옵나이다. 아멘.

08

하나님을 만난 자

창세기 29장 1~14절

하나님 아버지, 하나님을 만나기 원합니다.
하나님을 만난 자의 모습이 어떠한지 알려 주시고
우리의 모습을 보게 하여 주옵소서.
말씀하여 주옵소서. 듣겠습니다.

어떤 교인은 교회를 다니면서도 교회가 싫다고 말합니다. 또 꼴도 보기 싫은 지체가 있어서 교회에 가기 싫다고 말하는 분도 보았습니다. 아마도 하나님을 깊이 만나지 못했기 때문 아닐까 합니다. 하나님의 형상대로 지음 받고 예수 그리스도의 보혈로 새사람이 되었는데도, 성령 안에서 형제 된 이웃이 싫어지는 것은 다른 누가 아닌 나에게 문제가 있는 것이죠.

야곱은 어머니 리브가와 함께 눈이 어두운 아버지를 속이고 형에서의 장자권을 빼앗았습니다. 그 결과 에서에게 살해 위협을 받고 야반도주하다시피 집을 떠나왔죠. 그러나 쫓기듯 당도한 빈 들에서 벧엘의 하나님을 만나고 체험했습니다.

이제 야곱에게 새 삶이 펼쳐집니다. 이전 것은 지나가고 모든 것이 새것이 되었습니다(고후 5:17). 갑자기 세상이 달라졌습니다. 칠십 평생 안되던 일이 갑자기 이루어집니다. 장막에만 거주하던 조용한 사람이 여행을 떠나고(창 25:27), 삼촌 라반도 만나고, 일도 사랑도 찾고, 결혼도 합니다. 마찬가지로 하나님을 만난 자는 만물이 새롭게 보입니다. 감격이 넘치고, 생기가 돌고, 창조적인 생각이 솟아납니다. 본문을 통해 하나님을 만나 새 출발을 하는 야곱에게 하나님이 어떻게 역사하시는지 살펴보겠습니다.

하나님을 만난 사람은 인생길이 즐거워집니다

야곱이 길을 떠나 동방 사람의 땅에 이르러_창 29:1

브엘세바에서는 야곱이 황급히 떠났습니다(창 28:10). 그런데 벧엘에서 서원기도를 드린 후 태도가 어떻게 바뀌었습니까? '야곱이 길을 떠나'라는 구절의 원어를 직역하면 '야곱이 그의 두 발을 들어 올렸다'입니다. 마치 날아가듯 길을 떠났다는 뜻입니다.

또 '동방 사람의 땅'이란 동쪽에 위치한 메소포타미아 지역, 곧 하란 근방을 가리킵니다. 야곱이 날아가듯 걸어서 목적지 인근까지 도착했습니다. 브엘세바에서 하란까지는 약 900km 거리로, 하루에 30~40km 정도를 걷는다고 가정했을 때 약 한 달 정도 걸리는 길입니다. 건장한 청년도 매일매일 수십 킬로미터를, 그것도 한 달을 꼬박 걷기가 쉽지 않습니다. 그런데 야곱은 어렵지 않은 겁니다. 여행길이 전혀 힘들지 않습니다. 야곱이 적극적으로 변했습니다. 나그넷길이 즐거워졌습니다. 그 이유가 무엇입니까? 기쁨의 원천이신 하나님을 만났기 때문입니다. 우리도 그렇죠. 하나님을 만나 참기쁨을 누리면 힘든 일도 쉬워집니다. 이전에는 감흥 없던 일도 즐거워집니다.

2 본즉 들에 우물이 있고 그 곁에 양 세 떼가 누워 있으니 이는 목자들이 그 우물에서 양 떼에게 물을 먹임이라 큰 돌로 우물 아귀를 덮었다가 3 모든 떼가 모이면 그들이 우물 아귀에서 돌을 옮기고 그

양 떼에게 물을 먹이고는 우물 아귀 그 자리에 다시 그 돌을 덮더라 4 야곱이 그들에게 이르되 내 형제여 어디서 왔느냐 그들이 이르되 하란에서 왔노라_창 29:2~4

야곱이 두 발 들고 날아갈 듯이 기쁘게 왔더니 우물을 만나고 하란에서 온 사람도 만납니다.

야곱이 그들에게 이르되 너희가 나홀의 손자 라반을 아느냐 그들이 이르되 아노라_창 29:5

나아가 외삼촌 라반의 소식도 듣습니다. 라반을 "아노라"라는 말은 '그의 인간성까지 안다'라는 의미입니다. 그만큼 서로 익히 아는 사이라는 것입니다.

야곱이 기쁘게 출발하니까 만나고, 만나고 또 만납니다. 하나님이 길을 순적하게 인도해 주십니다. 야곱이 "이 길에서 나를 지켜 달라" 기도하며 서원하지 않았습니까(창 28:20)? 부족한 서원기도라도 하나님이 들어주시고 마음속 소원을 이루어 주십니다. 기도대로 야곱의 길을 지켜 주십니다.

리브가가 결혼한 뒤 야곱이 하란을 찾아가기까지 약 100년이 걸렸습니다. 100년간 왕래 없던 외삼촌을 찾아가는 그 길이 얼마나 불확실합니까? 또 우연히 하란 사람을 만나는 게 얼마나 어려운 일입니까? 하나님이 역사하지 않으시면 결코 일어날 수 없는 일입니다. 이는 하나님이 놀랍게 인도하신 사건입니다.

저희 양가 부모님 모두 이북 출신입니다. 제 고향을 대구라고 소개하는 곳이 종종 있는데, 피난길에 대구에서 태어났을 뿐이지 저는 이북 사람입니다. 그런데 제가 100년 후 이북에 찾아갔다고 생각해 보세요. 고향 사람들을 만나기도 어렵고 행여 만난다고 해도 그들이 저에게 친절히 대해 주겠습니까?

수년 전, 중국 단동에 갔을 때 압록강 건너편으로 보이는 땅이 친정 부모님의 고향인 의주라고 했습니다. 그곳에서 우리 선조들이 14대째 살았고 가진 땅도 많았답니다. 그런 이야기를 어려서부터 자주 들었기 때문인지 고향 땅을 직접 보니까 마음이 찡해졌습니다. 지금은 갈 수 없는 땅이지만 주님이 언젠가 통일을 허락해 주시면 가 볼 날이 오겠지요. 야곱에게도 '하란'이란 말만큼 반가운 말이 없었을 겁니다. 낯선 이들이 "하란에서 왔노라"고 말했을 때 그가 얼마나 기뻤겠습니까.

그런데 생각해 보세요. 왜 하나님은 야곱을 굳이 하란까지 보내셨을까요? 브엘세바에서 하란까지는 약 900km 거리라고 했습니다. 먼 길인데다가 도중에 누구를 만나 어떻게 잘못될지 모르는 위험한 여행길입니다. 그러나 하나님이 야곱을 하란으로 보내신 데는 다 이유가 있습니다.

하란은 나홀의 일가가 사는 곳입니다. 나홀은 리브가의 할아버지이자 아브라함의 형제입니다. 나홀은 아브라함이 갈대아 우르를 떠날 때는 따르지 않았다가 훗날 하란으로 이주하여 아브라함과 합류한 것으로 보입니다. 하지만 아브라함이 하란에서 가나안으로 떠날 때는 동행하지 않았습니다. 그래도 하나님은 나홀이 사는 하란 땅을 아브라함의 고향이라고 여겨 주셨습니다. 지난 24장에서 "내 고향 내 족속에게로 가서 내 아들 이삭을 위하여 아내를 택하라"는 아브라함의 명령을 따라 늙은 종이 이른 곳이 나홀의 성이었잖아요(창 24:4, 10). 그곳에서 나홀의 손녀이자 브두엘의 딸이요, 라반의 여동생인 리브가를 이삭의 신붓감으로 데리고 왔습니다. 그러니까 지금 하나님이 나홀을 아브라함의 고향 사람으로 여겨 주시면서 최선을 다해 함께 데려가시는 걸 알 수 있습니다. 나홀과 그의 가족을 기다려 주시는 겁니다. 그러나 야곱 대(代)를 끝으로 하나님은 더는 하란을 아브라함의 고향이라고 부르지 않으십니다. 이제부터는 아브라함이 하나님의 명령을 따라 정착한 가나안이 그들의 고향이 됩니다.

하나님은 우리에게 늘 유예기간을 주십니다. 뭐든지 금세 딱딱 이루어지지는 않잖아요. 그래서 우리를 기다리고 또 기다려 주십니다. 이스라엘 백성이 바벨론에 사로잡혀 갈 때도 1, 2, 3차에 거쳐서 가게 하셨고, 포로 신분에서 놓여 예루살렘으로 귀환할 때도 1, 2, 3차에 거쳐 돌아오게 하셨습니다. 경고 없이 하루아침에 망하게 하시는 하나님이 아닙니다. "너, 말 안 들으면 망한다", "너, 예수 안 믿으면 큰일 난다!" 하나님이 끊임없이 경고하시는데도 우리가 듣지 않을 뿐입니다.

야곱이 레아와 라헬을 아내로 맞은 걸 마지막으로 아브라함 가족은 하란의 친족들과 분리되어 완전히 독립된 가계를 형성합니다. 아브라함을 따라 가나안에 거하는 것이 하나님의 뜻인데도 나홀이나 브두엘, 라반 그 누구도 따라오지 않았습니다. 그러니 하나님도 "이제 끝났다. 내가 할 도리는 다했다. 라반의 딸들을 데려오는 걸로 너희랑은 끝이다!" 선언하십니다.

반면에 야곱은 가진 것 하나 없이 비천하지만 날마다 하나님의 인도를 경험합니다. 하나님을 만나고서 창조적인 지혜가 생기니까 하는 일마다 잘됩니다. 인생이 즐거우니까 능률도 오릅니다. 하나님이 주신 리더십으로 한 가문을 이룹니다.

- 나는 인생길이 고됩니까, 즐겁습니까? 여전히 반복되는 일상이 지겹고, 일이 힘들고, 싫은 사람만 많습니까? 하나님을 만난 뒤 내 삶은 어떻게 변화됐습니까?
- 나를 기다려 주시는 하나님께 반응하여 내가 가야 할 곳, 따라야 할 말씀은 무엇입니까?

하나님을 만난 사람은 시각이 달라집니다

2 본즉 들에 우물이 있고 그 곁에 양 세 떼가 누워 있으니 이는 목자들이 그 우물에서 양 떼에게 물을 먹임이라 큰 돌로 우물 아귀를 덮었다가 3 모든 떼가 모이면 그들이 우물 아귀에서 돌을 옮기고 그 양 떼에게 물을 먹이고는 우물 아귀 그 자리에 다시 그 돌을 덮더라
_창 29:2~3

야곱이 본즉 들에 우물이 있고 그 곁에 양 세 떼가 누워 있습니다. 양 떼가 있으니 목자가 있을 테고, 목자들에게 길을 물으면 목적지를 빨리 찾을 수 있으리라는 생각에 야곱은 기쁘고 감사했을 겁니다. 그런데 3절에 '모든 떼가 모이면 그들이 우물 아귀에서 돌을 옮기고 그 양 떼에게 물을 먹이고는…… 다시 그 돌을 덮더라'고 합니다. 이는 당시 목자들 간의 협약이자 중요한 관습이었습니다. 하란은 물이 귀한 지역이라 우물을 공동으로 관리했습니다. 그러다 보니 개인이 마음대로 우물을 열 수 없고, 모든 양 떼가 모였을 때에만 우물을 열어 물을 먹일 수 있었습니다. 아침에 왔더라도 다른 양 떼가 다 모일 때까지 몇 시간이고 기다려야 했죠.

그런데 야곱의 시각에는 이것이 비효율적으로 보입니다. 집에서 죽이나 쑤던 야곱의 눈에 갑자기 다른 이의 목양 허점까지 보입니다. 삼촌을 찾는 게 목표지만, 야곱이 하나님을 만난 뒤로는 가는 길마다 보이는 것이 있습니다. 그것도 아주 자세히 보입니다. 하나님 때문에 출발하면 사업도 결혼도 학업도 모든 것이 자세히 보일 줄로 믿습니다.

6 야곱이 그들에게 이르되 그가 평안하냐 이르되 평안하니라 그의 딸 라헬이 지금 양을 몰고 오느니라 7 야곱이 이르되 해가 아직 높은즉 가축 모일 때가 아니니 양에게 물을 먹이고 가서 풀을 뜯게 하라 8 그들이 이르되 우리가 그리하지 못하겠노라 떼가 다 모이고 목자들이 우물 아귀에서 돌을 옮겨야 우리가 양에게 물을 먹이느니라_창 29:6~8

야곱은 하란의 목자들에게서 라반의 딸 라헬이 지금 양을 몰고 온다는 소식을 듣습니다. 라반의 딸이라면 야곱의 배우자가 될 여인이잖아요(창 28:2). 그래서 야곱은 목자들을 빨리 보내고자 합니다. 7절을 원어로 보면 야곱이 명령형으로 아주 단호하게 말하고 있는 걸 알 수 있습니다. "해가 아직 높은즉 가축이 모일 때가 아니니 양에게 물을 먹이고 풀을 뜯게 하라!" 이는 곧 "언제까지 게으르게 여기에 앉아 기다리기만 할 것인가"라는 책망입니다. 그러나 목자들은 자기들의 관행에 따라 지금은 양에게 물을 먹일 수 없다고 말합니다.

만일 예수님이 관행을 따르셨다면 어찌 유대인의 전통 제사를 폐지할 수 있었겠습니까. 당시 유대인들은 양이나 염소를 잡아 불에 태우는 번제를 드렸습니다. "내가 성전의 희생 제물"이라고 예수님이 아무리 가르치셔도 오히려 그들은 예수님을 잡아 죽이고자 했습니다. 그러니 전통이 늘 옳은 것만은 아닙니다.

> 9 야곱이 그들과 말하는 동안에 라헬이 그의 아버지의 양과 함께 오니 그가 그의 양들을 치고 있었기 때문이더라 10 야곱이 그의 외삼촌 라반의 딸 라헬과 그의 외삼촌의 양을 보고 나아가 우물 아귀에서 돌을 옮기고 외삼촌 라반의 양 떼에게 물을 먹이고_창 29:9~10

장막에만 거하며 죽이나 쑤던 야곱이 백팔십도 달라졌습니다. 적극적이고 솔직해졌습니다. 조금 전에는 목자들을 책망하더니, 라헬이 오자 그들이 뭐라 하든지 우물 아귀의 돌을 옮기고 라반의 양 떼에게 물을 먹입니다. 거짓말이나 일삼고 친형도 무서워서 벌벌 떨던 야곱 아닙니까? 야곱의 기질로는 정말 할 수 없는 일입니다.

사실 야곱의 행동이 합리적이고 효율적이기도 합니다. 우물가에 앉아 모든 양 떼가 모이기만 종일 기다리는 게 얼마나 시간을 낭비하는 일입니까. 그래서 '욕을 먹어야 할 때는 먹자!' 하고 야곱이 나섭니다. 때로는 욕을 먹더라도 적극적으로 행동해야 할 일이 있습니다. 야곱의 시각이 정말 달라졌습니다.

일본의 호리바제작소는 세계 1위 분석·계측 장비 업체입니다. 그들이 개발한 배기가스 측정기가 전 세계 자동차 배기가스 계측기 시장의 80%를 차지한다고 합니다. 이 호리바제작소의 창업주이자 최고 고문을 지낸 호리바 마사오(堀場雅夫) 회장은 자신의 회사를 '재미있는 일터'로 만들고자 평생 힘쓴 인물입니다. 지금은 고인이 되었지만, 그의 생전에 실린 인터뷰 기사를 흥미롭게 읽은 기억이 납니다. "일이 늘 즐거울 수는 없지 않느냐?"고 기자가 묻자, 그는 이렇게 대답했습니다.

"일이 재미없기만 하다면 어떻게 늙어서까지 일할 수 있겠습니까. 우리는 '일은 힘든 것'이라고 세뇌되며 자랐습니다. 그래서인지 일터에서 '고생하셨습니다'라고 서로 인사하는 게 자연스럽죠. 하지만 저는 그보다 바보 같은 말은 없다고 생각합니다."

그의 이런 경영철학은 호리바제작소 사옥 곳곳에 붙은 '재미있고 즐겁게'라는 캐치프레이즈에도 잘 나타나 있습니다. 또한 그는 "모난 사람이 모나지 않은 사람보다 더 뛰어날 가능성이 높다", "삐져나온 못은 더 삐져나오게 하라", "남의 말을 듣지 마라", "싫으면 관둬라"
라는 유명한 어록을 남기며 일본의 보수적인 기업 문화에 큰 파장을
일으키기도 했습니다.

그러나 호리바 회장이 처음부터 이처럼 '튀는' 경영인이었던 건
아닙니다. 본래 호리바제작소는 배기가스 계측기가 아닌 심폐 기능
을 측정하는 기계를 제조하던 회사입니다. 그런데 어느 날 견학 온 공
해자원연구소 직원이 그들의 기술을 보고는 "자동차 배기가스 측정
에 응용하면 어떻겠느냐"고 제안했답니다. 사람의 건강을 측정하기
위해 만든 제품을 더러운 배기가스 측정에 쓰다니……. 기분이 상한
호리바 회장은 단번에 제안을 거절했습니다. 그런데 이후 사내의 한
연구원이 몰래 배기가스 측정 실험을 하고 있다는 걸 알게 됐습니다.
호리바 회장은 "당장 그만두라"고 호통했지만 그의 열정만은 말릴 수
없었습니다. 결국 "3대도 안 팔리면 시말서를 쓰라"는 조건을 걸고 허
락했습니다. 그것이 오늘날 전 세계 자동차 시장을 석권한 상품이 된
겁니다. 참고로 몰래 실험하다가 야단을 맞았던 직원은 호리바제작
소의 2대 사장이 되었답니다.

이 사건이 호리바 회장의 사고방식을 확 바꾸었습니다. '최고경
영자와 같은 생각밖에 하지 못하는 복제인간에게 월급을 주는 것은
아깝다'는 신념이 가슴에 새겨졌습니다. 이때부터 그는 명령만 충실
히 따르는 사람보다 "이거다!" 생각하면 과감히 도전할 줄 아는 인재
를 찾기 시작했습니다. 그래서 신입사원 면접을 볼 때도 "귀하는 다른
사람과 다른 게 무엇이냐?"는 질문에서부터 시작한답니다.

지금은 호리바 마사오 회장의 장남인 호리바 아츠시(堀場厚) 사장이 호리바제작소를 경영하고 있습니다. 최고경영자는 바뀌었지만 기업의 경영철학만은 그대로입니다. 호리바제작소의 첫 번째 사훈은 "이익보다 사회 공헌을 중시하라"입니다. 사회 공헌에 힘쓰다 보면 매출과 이익은 따라온다는 것이 그들의 철학입니다. 두 번째는 "인재를 중시하라"입니다. 그들은 종업원을 재료, 즉 재(材)가 아닌 회사의 소중한 재산, 곧 재(財)로 본답니다. 한 사람, 한 사람의 개성을 소중히 여긴다고 합니다. 세 번째는 "Joy & Fun(재미있고 즐겁게)"입니다. 여기서 'Fun'은 '즐겁게' 외에 '엉뚱하게'라는 뜻도 가집니다. 엉뚱한 발상이라도 일단 시도해 보라는 것이 이들의 경영 방식입니다. 물론 실패할 수 있지만 그에 대한 책임을 묻지 않는답니다. 그러니 창조적인 아이디어가 끊임없이 쏟아지고 무엇을 하든지 직원들이 재미있게 느낀답니다.

"재미있고 엉뚱하게." 세상 사람들도 다른 시각을 가져야 성공할 수 있다고 말합니다. 그런데 하나님을 만난 자에게 저절로 달리 보게 되는 영적 시각을 주시니 이게 웬 복입니까. 야곱을 보세요. 하나님을 만나니까 세상을 바라보는 시각이 달라집니다. 욕을 먹더라도 더 나은 길을 찾는 용기와 적극성이 생깁니다.

• 하나님을 바라보면 새로운 시각을 주시는데 사람의 눈치만 보면서 관행을 답습하는 일은 무엇입니까?

하나님을 만난 사람은 의사소통이 잘됩니다

4 야곱이 그들에게 이르되 내 형제여 어디서 왔느냐 그들이 이르되 하란에서 왔노라 5 야곱이 그들에게 이르되 너희가 나홀의 손자 라반을 아느냐 그들이 이르되 아노라 6 야곱이 그들에게 이르되 그가 평안하냐 이르되 평안하니라 그의 딸 라헬이 지금 양을 몰고 오느니라 7 야곱이 이르되 해가 아직 높은즉 가축 모일 때가 아니니 양에게 물을 먹이고 가서 풀을 뜯게 하라 8 그들이 이르되 우리가 그리하지 못하겠노라 떼가 다 모이고 목자들이 우물 아귀에서 돌을 옮겨야 우리가 양에게 물을 먹이느니라 _창 29:4~8

4절부터 8절까지 "이르되"라는 말이 8번 나옵니다. 마치 시의 운율처럼 야곱이 '이르되' 하면 목자들도 '이르되' 합니다. 의사소통이 잘됩니다. '이르되'를 히브리어 원어로 보면 '말하다'라는 뜻의 '아마르(אמר)'에 계속적 '와우(ו)'를 붙여 '와요메르(ויאמר)'라는 단어가 쓰였습니다. 따라서 이 구절들을 소리 내어 읽으면 '와요메르', '와요메루'라는 단어가 반복되면서 마치 노래하는 것처럼 들립니다. 하나님을 만난 사람은 이처럼 대화도 노래하듯이 합니다.

또한 야곱은 하란의 목자들을 "나의 형제"라고 부릅니다. 타인을 대하는 야곱의 태도가 확연히 달라졌습니다. 형에게조차 형제애를 발휘하지 못하던 야곱이 난생처음 본 목자들을 '형제'라고 다정히 부르게 됐습니다. 기분도 자신감도 업(up) 됐습니다. 야곱이 다정하게

212

다가가니까 목자들과 소통이 저절로 됩니다. 목자들에게 신뢰를 얻었습니다. 시작이 좋습니다.

앞서 소개한 호리바제작소는 매달 생일을 맞은 사원을 초청하여 파티를 열어 준다고 합니다. 이때는 중간 관리자를 제외한 사원급 직원들과 임원들만 모입니다. 신입사원부터 나이 든 주부 사원까지 사장에게 스스럼없이 다가와 함께 수다를 떨고 사진도 찍습니다. 생일 파티를 매개로 경영진과 일반 사원들이 서로 소통하는 기회를 가지는 겁니다. 또한 호텔급 시설의 연수원을 두고 직원들을 위한 교육 프로그램도 진행합니다. 일명 '호리바 대학'이라 불리는 사내 대학으로 직원들의 의견을 반영한 100여 개의 과목이 개설돼 있다죠. 이 프로그램이 더욱 특별한 것은 직원들 스스로가 강사가 되어 가르친다는 겁니다. "인재는 보이지 않는 자산이다." "사람의 마음은 돈으로 살 수 없다." 이것이 호리바제작소의 경영철학입니다. 이들은 직원 한 사람, 한 사람 마음에 깃든 작은 신뢰감이 회사의 큰 경쟁력이 되리라고 믿습니다.

우리들교회 역시 그렇습니다. 우리들교회는 평신도 사역이 실제적으로 이루어지는 교회입니다. 평신도 출신의 직분자들이 교역자와 더불어 여러 사역에서 헌신해 주고 계십니다. 그래서인지 성도 간에 신뢰가 두텁고, 돈으로는 살 수 없는 경쟁력이 마구마구 생겨납니다. 무슨 일이든지 성경적 원리로만 하면 된다는 걸 정말 절감합니다.

야곱이 하란의 목자들과 원활히 의사소통할 수 있었던 것은 평소 리브가가 자녀들에게 고향의 언어를 가르쳤기 때문입니다. 그러지 않았다면 리브가가 떠나온 뒤 100년이나 왕래가 없던 하란 사람들과 야곱이 어떻게 소통할 수 있겠습니까? 야곱이 집을 떠나기 전까지는 쓸 일 없던 언어가 빈 들에 가니까 유용하게 쓰입니다.

우리도 자녀들이 어릴 때부터 성경 말씀과 십일조 신앙을 가르쳐 주어야 합니다. 그러면 자녀들이 인생에서 빈 들을 만났을 때 배운 것을 기억해 낼 것입니다. 정말 그렇습니다. 청년들 이야기를 들어 보면 어릴 때 십일조 드린 건 두고두고 기억난다고 합니다. 지금은 몰라도 빈 들에 가면 부모가 삶으로 가르쳤던 것들이 다 기억날 줄 믿습니다.

나름 하나님을 열심히 믿는데 왜 소통이 안 됩니까? 하나님의 명령을 진리의 말씀으로 받아들이고 순종하는 것이 의사소통을 잘하는 제일가는 비결입니다. 그런데 주님의 명령을 자꾸 감정적으로 받아들이니까 소통이 안 됩니다. 직장에서만이 아니라 가정에서도, 부부 간에도, 부모와 자식 간에도 소통이 안 돼서 난리입니다.

어떤 아내가 냄비 요리를 들고 남편 차에 싣고 가고 있었습니다. 그런데 남편이 난폭 운전을 하는 바람에 냄비 속 음식이 차 바닥으로 와르르 쏟아져 버렸습니다. 그걸 보고 남편은 욕을 퍼붓기 시작했습니다. "네가 하는 일이 다 그렇지. 이 멍청하고 부주의한 XX야!" 아내가 아무리 사과해도 남편의 잔소리와 욕설은 그칠 줄 몰랐습니다.

평소에도 이 남편은 뭐든지 아내 탓을 합니다. "네가 현관에 불을 켜 놓지 않아서 도둑이 들었다"는 둥, "네가 함께 문제집을 풀어 주지 않아서 아이가 시험을 망쳤다"는 둥……. 제 남편도 그랬습니다. 아들을 공부 시키려고 이사까지 했는데 예상만큼 성적이 오르지 않자 하루는 저보고 아들 책상을 안방으로 들여놓으라고 했습니다. 그

214

러더니 "잠자지 말고 둘이 공부해라" 하더군요. 한밤중에 아들 책상을 날랐던 게 아직도 생각납니다. 아내가 사과할 때라도 욕을 그쳐 주면 얼마나 좋습니까. 이렇게 서로 말이 안 통하는 집이 수두룩합니다.

어떤 분이 제게 메일을 보내셨습니다. 남편의 도박 중독 때문에 온 가족이 몸살을 앓고 있답니다. 집에 십 원 한 푼, 먹을 것 하나 없는데 남편은 도박에 빠져 허구한 날 들어오지 않는답니다. 또 부부싸움을 할 때마다 고함치며 물건을 부수기 일쑤라서 아이가 스트레스를 받고 자폐 증세까지 보인다고요. 남편 한 사람 때문에 온 가족이 피해를 보는데도 왜 이혼하면 안 되는지 궁금하다는 겁니다. '차라리 남편이 죽어 버렸으면' 하고 바란다면서 "이런 제가 악한가요?" 물으시더군요.

여러 사람이 제게 묻습니다. "목사님이 사이코패스 같은 사람이랑 살아 보았습니까?", "도박 중독자와 살아 보았습니까?" 심지어 "목사님도 나와 똑같이 맞고 살기를 기도한다"라고 말하는 분도 있었습니다. 그래요, 여러분이 얼마나 힘든지 잘 압니다. 의사소통이 전혀 안 돼서 날마다 피눈물 흘리는 부부가 한둘이 아닙니다.

이분이 결혼 초기에 힘드니까 제 설교를 조금 듣다가 안 들었답니다. 그때나 지금이나 제 설교의 주제는 가정 회복인데 말씀이 안 들리시는 것이죠. 하나님의 말씀을 진리의 말씀으로 받아들이고 순종해야 하는데, 그게 소통이 되는 비결인데 '말도 안 되는 남편과 내가 왜 살아야 해' 하고 감정적으로만 판단하니까 소통이 단절됩니다.

야곱은 하란의 목자들이 관행과 경직된 사고방식에 매여 있는 걸 보았습니다. 그래도 야곱이 "형제여" 하면서 목자들에게 다가갈

수 있었던 것은 그가 하나님을 만났기 때문입니다. 아직 부족하기는 하지만 사랑을 바라던 자에서 사랑을 주는 자로 가치관이 바뀌었기 때문입니다. 그래서 처음 본 목자들이지만 '형제'라고 부를 수 있었습니다. 우리는 예수를 믿어도 이게 참 어렵습니다. 왜, 간혹 누군가의 집을 방문할 때가 있잖아요. 그럴 때 엘리베이터에서 낯선 이들을 만나면 저도 "안녕하세요"라는 인사가 선뜻 안 나옵니다. 자주 보는 사람에게는 인사를 잘 하지만, 낯선 동네에서 아무에게나 인사하는 게 쉬운 일이 아니더라고요. 외국인들은 어디를 가든지 눈을 마주치며 "Hi" 하고 인사를 잘 하는데, 우리는 "왜 아는 척해요?" 할까 봐 인사가 나오다가도 쑥 들어갑니다. 기독교 문화권과 유교 문화권의 차이라고 생각합니다.

아버지와도 형과도 전혀 소통 안 되던 야곱이었습니다. 그런데 주님을 만나니까 처음 본 사람들과도 의사소통이 됩니다. 야곱이 '이르되' 하니까 상대도 '이르되' 합니다. 우리도 가족과 가장 어색합니다. 특히 남자들이 더합니다. 평생 가족에게 "사랑한다" 말해 본 적 없고, 부엌에 들어가 그릇 한번 씻어 본 적 없고, 자녀를 안아 준 적도 자녀를 위해 눈물 한 방울 흘려 본 적 없는 남편, 아버지가 꽤 있습니다.

가정에서 일어나는 모든 문제는 영적으로 바라보아야 합니다. 가정이 가장 치열한 영적 싸움터입니다. 그래서 주님이 가족 간에 마음 문을 열고 서로 사랑할 수 있는 방법을 알려 주셨습니다. 바로 "아내는 남편에게 순종하고 남편은 아내를 위해 희생하는 것"입니다. 이 외에 가족과 소통하는 다른 길은 없습니다.

세상은 부부관계 개선을 위한 갖은 방법을 제시합니다. 부부가 효과적으로 대화하려면 어떻게 하라는 둥, 부부싸움은 이렇게 하라는 둥, 야한 속옷을 입으라는 둥 여러 방법론을 내놓습니다. 그러나 이 모든 것은 일시적인 해결밖에 안 됩니다. 가정의 문제는 절대적으로 성령님이 도와주셔야 합니다. 옳고 그름으로만 따지면 도박에 빠진 남편과 어떻게 살 수 있겠습니까? 남편 한 사람 때문에 온 가족이 피를 철철 흘리는데 갈라서는 게 마땅해 보입니다. 그러나 진짜 문제는 힘들게 하는 남편, 아내, 자녀가 있는데도 내가 말씀이 안 들리는 겁니다.

저도 그랬습니다. 결혼 후 5년 동안 혹독한 시집살이를 겪으면서 말씀이 안 들리니까 '내가 왜 이렇게 살아야 하는가' 해석이 안 됐습니다. 그러다 성령님이 도우셔서 나의 부족함과 죄를 보게 된 후로 나보다 상대방을 먼저 생각하는 마음이 생겼습니다. 남편과 의사소통이 안되면 '왜 그럴까' 연구하고 또 연구하고…… 그때마다 나의 이기심이 자꾸 보였습니다. 그렇게 '어떻게 남편과 소통할 수 있을까' 계속 연구하다 보니까 점점 다른 사람과도 소통의 길이 열렸습니다.

남편하고 의사소통해 보겠다고 아무것도 하지 않고 남편만 바라보고 있으면 힘들 수밖에 없습니다. 그렇다고 다른 남편을 찾아 떠나면 의사소통 안 되는 또 다른 남편이 기다리고 있을 뿐입니다. 돈 없는 남편 버리고 돈 많은 남편 구했더니 바람을 피웁니다. 그래서 바람 안 피우는 남편을 구했더니 이번엔 암에 걸립니다.

"너에게 남편 다섯이 있었고 지금 있는 자도 네 남편이 아니니 네 말이 참되도다"(요 4:18).

예수께서 사마리아 여인에게 하신 말씀이 바로 이런 뜻입니다. 제가 남편과 이야기가 통하려고 연구하다가 여기서도 내 죄를 보고 저기서도 내 죄를 보게 됐습니다. 그렇게 날마다 내 죄를 보니까 다른 사람과 소통하는 비결을 배우게 됐습니다. 그러다 보니 역설적으로 남편과도 의사소통이 점점 됐습니다. 그 결과 남편은 죽음 직전에 예수님을 영접하고 천국에 갔습니다.

이 땅에 그림같이 아름다운 부부만 있는 게 아닙니다. 성소에서 번제를 드릴 때를 생각해 보세요. 짐승의 각을 떠야 하니까 피 냄새가 진동하고 요란하고 괴로운 소리가 날 수밖에 없습니다. 그러나 그렇게 번제로 드려지는 것이 하나님 앞에 가장 향기로운 제물입니다(출 29:18). 우리 가정에 싸움 소리가 요란해도 한 사람만 하나님과 의사소통되면 잠시 후에 온 가족이 의사소통 잘되는 가정으로 바뀔 줄 믿습니다. 어려움 가운데서도 내가 하나님을 만난 자로서 말씀을 붙들며 소통하고, 다른 이들을 주께로 인도하는 중매자가 되면 어느 찬송 가사처럼 "앞길에 장애를 두려워 말라"가 절로 될 줄 믿습니다. 그 어떤 집보다도 가장 아름다운 부부, 아름다운 가정이 될 줄 믿습니다.

주의 말씀을 신뢰하며 그대로 순종하는 자가 하나님 보시기에 가장 아름답습니다. 우리가 힘들 때 하나님의 말씀이 능력으로 다가옵니다. 고난이 휘몰아칠 때 오히려 주님과 절정의 소통을 경험하게 됩니다. 배우자나 자녀, 부모와 의사소통이 안 돼도 내 죄가 보이면 나를 살리신 주의 은혜에 감사해서 목 놓아 울게 됩니다.

그러나 혼자서는 안 됩니다. 우리는 내가 무슨 말을 하는지, 무슨 생각을 하는지조차 잘 모르는 죄인이기 때문입니다. 목장에 가서 말씀에 순종하는 훈련을 받으십시오. 말씀의 공동체에 속해 다른 이들이 나누어 주는 죄 고백에 귀를 기울여 보세요. 몇 년째 예수 믿어도 안 변하던 분이 목장에 가서 변하는 걸 수없이 보았습니다. 목장에서 지체들의 이야기를 듣고 나의 이야기를 나누십시오. 그러면 돌 같던 마음이 찔림을 받고 변하는 역사가 일어납니다. 이것이 누구와도 의사소통이 되는 최고의 비결입니다.

고(故) 옥한흠 목사님의 생전 인터뷰 기사를 보았습니다. 목사님은 "한국교회는 프로그램만 남고 생명력은 상실된 상태"라고 지적하시며 다음과 같이 말씀하셨습니다.

"이런 현상은 한 예로 이혼과 같은 윤리적 문제에서 한국교회가 성경에 근거한 바람직한 삶의 가치를 분명히 선언하지 못하는 데에서 기인합니다. 이는 교회의 침체를 넘어서 교회의 본질이 파괴되는 문제입니다. 모든 것이 100% 목회자의 책임이고, 나아가 교단과 신학교 역시 책임을 면치 못할 것입니다."

이혼은 교회를 침체시키는 일이며 나아가 교회의 본질을 파괴하는 일이라고 합니다. 소위 믿는다고 하는 사람들도 이혼을 우습게 여기니까 교회가 파괴되고 '개독교'라는 비난을 듣는 것 아니겠습니까? 하나님을 만난 자는 가정부터 소중하게 여깁니다. 가정을 소홀히 할 때 교회의 본질은 파괴됩니다. 제가 늘 가정 이야기를 하는데, 옥 목사님께서 꼭 저를 격려해 주신 것만 같아서 정말 감사했습니다.

배우자가 도박하고 바람피우고 때린다고 가정이 파괴되는 것이 아닙니다. 그럴수록 아내는 남편에게 순종하고 남편은 아내를 위해 희생해야 합니다. 이 성경의 원리를 감정적으로 듣지 말고 진리의 말씀으로 받아들여서 순종해야 합니다. 이것이 나와 다른 사람까지 하나님과 소통하게 만드는 길입니다.

우리 부부는 사이가 좋아서 괜찮다고요? 아무리 부부가 깨 쏟아지게 살아도 말씀이 들려야 합니다. 그러지 않으면 그저 일시적인 행복일 뿐입니다. 하나님을 만난 자는 가정부터 소중히 여긴다고 했습니다. 이상한 배우자라고 버리면 안 됩니다. 배우자에게 육적 질병, 정신적 질병이 있다고 하더라도 내가 희생하고 순종할 때 배우자를 넘어 모두와 소통하게 될 줄 믿습니다. 제 남편 덕분에 저도 모두와 소통하게 되었잖아요. 그러니 남편이 제 인생을 빛낸 최고 공로자 아닙니까? 그래서 남편의 구원을 위해 제가 목숨을 내놓고 기도할 수 있었습니다.

- 나는 가족과 의사소통이 잘 됩니까? 누구와 소통이 안 됩니까?
- 배우자, 자녀, 상사, 동료, 지체들과 의사소통을 잘하기 위해 무엇에 순종하고 무엇을 희생해야 합니까?

하나님을 만난 자는 눈물이 있는 인생이 됩니다

야곱이 그들에게 이르되 그가 평안하냐 이르되 평안하니라 그의 딸 라헬이 지금 양을 몰고 오느니라 _창 29:6

갑자기 이야기 주제가 야곱의 결혼으로 바뀝니다. 형 에서는 마흔 살에 결혼하여 부인을 셋이나 두었는데 야곱은 이제야 배우자 찾기에 갈급해집니다. 아버지 이삭이 "네 외삼촌 라반의 딸 중에서 아내를 맞이하라"고 일렀는데(창 28:2), 마침 라반의 딸 라헬이 온다고 합니다. 모든 일이 순조롭게 풀립니다. 그러나 일이 척척 풀린다고 '이제 됐다' 해서는 안 됩니다. 야곱은 이후로도 고생을 많이 했습니다.

그가 라헬에게 입맞추고 소리 내어 울며_창 29:11

라헬을 만난 야곱이 감격에 차서 소리 내어 웁니다. 외로운 야곱에게 기대어 울 대상이 생겼습니다.

12 그에게 자기가 그의 아버지의 생질이요 리브가의 아들 됨을 말하였더니 라헬이 달려가서 그 아버지에게 알리매 13 라반이 그의 생질 야곱의 소식을 듣고 달려와서 그를 영접하여 안고 입맞추며 자기 집으로 인도하여 들이니 야곱이 자기의 모든 일을 라반에게 말하매 14 라반이 이르되 너는 참으로 내 혈육이로다 하였더라 야곱이 한 달을 그와 함께 거주하더니_창 29:12~14

라헬에게서 자신의 생질이 찾아왔다는 소식을 들은 라반이 한걸음에 달려와 야곱을 영접합니다. 900km 길을 걸어 난생처음 외삼촌을 찾아온 야곱을 라반이 딱 알아봅니다.

야곱이 변하여 새사람이 되니 고향 사람을 보고 눈물을 흘립니다. 에서는 분노의 눈물을 흘렸고, 야곱이 울었다는 말은 이제까지 단 한 번도 찾아볼 수 없었습니다. 그런 야곱이 자기 동반자를 보고서 웁니다. 처음으로 울었다는 이야기가 나옵니다. 저도 주님을 깊이 만나기 전까지 사람을 보고 울어 본 일이 별로 없습니다. 이기적인데 누구를 보고 울었겠습니까.

야곱의 눈물은 마땅히 흘려야 할 눈물입니다. 하나님을 만난 후로 야곱에게 새 인생이 시작됐습니다. 모든 게 새로워졌습니다. 사람을 보는 시각이 달라지고, 하나님 앞에 눈물로 감사하게 되었습니다. 이처럼 하나님을 만난 자는 세상을 달리 보며 세상과 구별되어 살아갑니다. 세상과 똑같이 생각하고 행동한다면 하나님의 자녀라고 할 수 없습니다. '과연 믿는 사람은 다르구나'라는 평가를 받아야 하나님을 전할 수 있습니다.

C.S. 루이스(C.S. Lewis)는 "은혜는 우리로 하여금 우리의 부족까지도 어린아이처럼 즐겁게 인정하고 받아들이게 한다"라고 말했습니다. 무엇보다 자신의 부족함을 보고 고백하는 삶이 구별된 삶입니다. 목장에는 가지만 '괜히 이런 이야기까지 나누는 것 아니야?' 하고 자기 이야기를 오픈하기 꺼리는 분들이 간혹 있더군요. 오픈에 의문을 가진 사람은 아직 주님을 구속사적으로 만나지 못한 겁니다. 구원의 확신이 없는 겁니다. 하나님 앞에서 자기가 잘났다고 생각하는 사람입니다. 은혜 받은 사람은 자신의 부족함을 어린아이처럼 즐겁게 인정하고 받아들입니다. 자기의 부족함을 보며 울 수도 있습니다. 하나

님을 전적으로 의지하며 기뻐합니다.

하나님을 만난 자는 인생이 즐겁습니다. 학업, 일, 사랑, 결혼, 인간관계 등등 인생에 관한 모든 시각이 달라집니다. 나아가 하나님을 만난 자는 의사소통이 잘됩니다. 한 사람과 잘 통한다고 모두와 소통이 되는 건 아닙니다. 임기응변에 뛰어나다고 소통이 잘되는 것도 아닙니다. 내 힘으로는 소통할 수 없습니다. 오직 성령님이 도와주셔야 합니다. 하나님과 소통이 되면 다른 사람과도 저절로 소통됩니다. 어떻게 우리가 힘든 사람과도 소통할 수 있을지, 주님이 가르쳐 주신 유일한 원리는 순종과 희생입니다. 윗사람에게는 순종하고 아랫사람에게는 희생해야 합니다. 이것 외에는 다른 언어가 없습니다. 나를 힘들게 하는 그 한 사람을 위해 순종하기도, 희생하기도 어렵지만 먼저 나의 부족함을 보고 울면 다른 사람을 위해서도 울 수 있게 됩니다.

치졸했던 야곱이 하나님을 만나고 백팔십도 달라졌듯 여러분의 사업, 가정, 인생이 거룩한 변화를 누리기를 소원합니다. 그래서 야곱처럼 엄청난 복을 받기를, 복의 조상이 되기를 축원합니다.

• 눈물이 메마르지는 않았습니까? 나는 무엇 때문에 웁니까? 나의 부족함이 보여서, 나 같은 죄인을 살리신 하나님 은혜에 감격해서 웁니까?

저는 장로님 아버지 아래서 엄격한 신앙 교육을 받았습니다. 그러나 심하게 싸우시는 부모님 때문에 유학을 가서도 자존감과 안정감을 잃고 무기력했습니다. 그러다 교회 친구의 소개로 남편을 만났고 집을 벗어나고자 황급히 결혼을 결정했습니다.

결혼 후 둘째를 임신하고 9개월 만에 아들을 출산했습니다. 그런데 아들은 자라며 말을 제때 하지 못했고, 저와 눈도 잘 맞추지 못했습니다. 진단 결과 자폐 성향과 학습장애가 있는 것이 밝혀졌습니다. 저는 병원을 찾아다니며 아들을 고쳐 보고자 했지만 한계에 부딪혔습니다. 게다가 남편은 회사 일로 예민해지면 물건을 부수며 가정을 공포 분위기로 만들었습니다. 그럴 때마다 '내가 이렇게 살려고 결혼했나' 싶어 억울하고 슬펐습니다. 그러나 돌아보면 그때부터 고난이 축복이 되어 말씀이 저를 깨우기 시작했습니다.

그러다 사회성이 부족해 늘 울고 들어오는 아들과 유학을 보내 달라고 조르는 딸 때문에 저와 아이들은 캐나다로 떠나고 남편은 기러기 아빠가 되었습니다. 생면부지의 빈 들 같은 그곳에 가니 고국에서 들은 말씀이 생각났습니다. 그래서 저처럼 외로움을 겪는 지체들과 큐티 모임을 시작했습니다. 큐티 나눔은 점점 확산되어 전 교인이 큐티를 하게 되었고 하나님을 만나니 4년간의 타향 생활도 즐거웠습니다(창 29:13).

한국에 돌아와 남편과 드리는 첫 예배에서 남편은 눈물을 쏟았습니다. 남편은 다른 사람을 정죄하며 술자리를 피하는 자신은 깨끗하다고 생각했던 치졸한 죄를 회개했습니다. 저 또한 잘난 척하며 남편을 가르치려 했던 죄와 자녀들을 내 마음대로 교육하려 했던 죄를 회개했습니다. 제가 먼저 하나님의 말씀을 진리의 말씀으로 받아들여 남편에게 순종하니 남편도 희생하는 모습을 보여 주었습니다.

남편과 말씀으로 의사소통하며 나누는 기쁨은 무엇과도 비교할 수 없습니다. 가치관이 변해 솔직해진 남편은 50년 인생에 교회 생활 1년이 가장 큰 기쁨이라고 했습니다. 주님은 도망자 야곱 같은 저와 남편에게 찾아오셔서 진정한 삶의 의미를 알게 하셨습니다. 앞으로도 믿음의 지체와 삶을 나누며 고난 길에도 감사의 눈물을 흘리게 하실 줄 믿습니다(창 29:11).

영혼의 기도

하나님 아버지, 빈 들에서, 광야에서 하나님을 만난 후 저의 인생이 즐거워졌습니다. 즐거울 것 하나 없는, 돌베개 베고 자는 환경에서도 저에게 기쁨이 넘칩니다. 인생길을 날아갈 듯 걸어가게 되리라고는 상상도 못 했는데 주님을 만난 뒤 시각이 달라지니까 모든 것이 다르게 보입니다. 얼마나 감사한지요. 또한 주님을 만나기 전까지 "이르되, 이르되" 할 줄 모르고, 상대를 옳고 그름으로만 판단했던 제게 소통의 비결을 알려 주시니 감사합니다.

　주님, 먼저 하나님과 의사소통이 되고, 순종하고 희생하는 것이 소통이 열리는 길이라고 말씀하십니다. 윗사람에게는 순종하고, 아랫사람에게는 희생하라 말씀하십니다. 부부 사이에도 이외에 의사소통되는 다른 길이 없다고 말씀하십니다. 주여, 우리가 이 비밀을 새기고 삶에서 적용하게 하옵소서.

　주님, 내가 하나님과 소통되는 것에서 더 나아가 다른 사람까지 하나님과 소통하게 하는 사명을 우리에게 주셨습니다. 그리고 그 사명 잘 감당하라고 우리의 남편, 아내, 자녀들이 수고하게 하신 줄 믿습니다. 도무지 소통되지 않는 식구를 날마다 대면하며 우리가 얼마나 연구하게 되겠습니까. '저 사람과 왜 소통이 안 되는가' 날마다 궁리하면서 내가 얼마나 이기적이고 부족한 자인지를 보라고 힘든 식구들을 붙이셨습니다. 그렇게 나의 부족을 보는 자는 나를 택하신 주의 은혜에 감격해서 울게 되고, 상대를 위해서도 진심으로 울어 줄 수 있다고 하십니다. 그러나 주님, 이런 뜻을 헤아리지 못하고 상대를 미워하는 데만 시간을 허비하는 우리를 불쌍히 여겨 주옵소서. 도무지 말씀이 안 들리는 우리를 불쌍히 여겨 주옵소서. 말씀이 안 깨달아지면 무엇을 하든지, 어디를 가든지 고통만 되풀이될 터인데 주님, 우리에게 말씀이 들리게 하옵소서. 그리하여 우리가 왜 이 자리에 있는지, 왜 이 일을 하는지 이유를 찾게 하옵소서.

은혜는 우리로 하여금 우리의 부족까지도 어린아이처럼 즐겁게 인정하고 받아들이게 한다고 했습니다. 그런데 우리가 예수를 믿어도 얼마나 완악한지 모릅니다. 나의 부족은 인정하지 못하고 그저 사람에게 인정받는 것만 좋아서 하나님을 겉으로만 믿고, 사람에게는 립 서비스를 남발합니다. 배우자, 자녀와 소통이 안 되면 멋대로 가정을 박차고 나가 버립니다. 가정이 깨지는 건 교회의 본질이 파괴되는 문제인데도 '그것이 나와 무슨 상관인가' 하며 살아가는 저희를 불쌍히 여겨 주옵소서. 이제는 하나님을 만난 자가 되어서 나의 부족과 연약을 즐겁게 인정하는 데까지 나아가게 하옵소서. 그래서 모든 사람을 하나님과 의사소통시키는 우리가 될 수 있도록 은혜를 내려 주옵소서. 예수님 이름으로 기도하옵나이다. 아멘.

09

사랑하는 까닭에

창세기 29장 15~30절

하나님 아버지, 야곱이 사랑하는 까닭에
칠 년을 며칠같이 여겼다고 합니다.
우리가 진정한 사랑을 할 수 있도록
말씀하여 주옵소서. 듣겠습니다.

악성(樂聖) 베토벤(Ludwig van Beethoven)이 사랑하는 연인에게 보낸 편지의 한 구절입니다.

"나의 천사, 나의 신부, 나 자신의 것인 사랑이여, 내가 어디 있든지 당신은 내 앞에 있습니다. 나의 영원한 애인이여, 나는 당신하고만 살든지 아니면 아무하고도 살지 않든지 둘 중 하나만 가능합니다. 당신 이외의 여성이 나의 마음을 점령하는 것은 절대로, 절대로, 절대로 있을 수 없는 일입니다. 이렇게 사모하면서 왜 헤어져 살아야 합니까. 당신에 대한 사랑이 나를 인간 중에서 가장 행복한 자로 만드는 동시에 가장 불행한 자로 만들었습니다. 나의 생명 나의 전부여……."

연인을 향한 베토벤의 사랑이 절절함을 넘어서 애달프기까지 합니다. 본문의 야곱도 라헬을 "사랑하는 까닭에" 칠 년을 며칠같이 여기며 섬겼다고 합니다(창 29:20). 개역한글판 성경에서는 같은 구절을 "연애하는 까닭에"라고 번역했습니다. 연애라는 게 도대체 무엇이기에 우리를 이토록 눈멀게 할까요? 백과사전에서 '연애'의 정의를 찾아보았습니다. '인간의 육체적 기초 위에 꽃피는 남녀 간의 자연스러운 애정'이 연애랍니다. 여기서 '인간의 육체적 기초'라는 말이 중요합니다. 연애 감정이 지고지순하지만은 않습니다. 자신보다 상대를 위하는 이타적인 면도 있지만 자기 욕망을 앞세우는 이기적인 면도 존재

합니다. 즉, 사랑과 미움이 공존하는 모순적인 감정이 바로 연애입니다. 그래서 고뇌가 따르게 마련이지요. 아무리 사랑하고 사랑해도 다다를 수 없는 안타까움이 늘 있습니다. 본문을 통해 기쁘고도 안타까운 야곱의 연애를 살펴보고자 합니다.

야곱이 사랑하는 까닭에 품삯을 생각하지 않습니다

라반이 야곱에게 이르되 네가 비록 내 생질이나 어찌 그저 내 일을 하겠느냐 네 품삯을 어떻게 할지 내게 말하라_창 29:15

'품삯'은 고용된 대가를 말합니다. 따라서 "네 품삯을 어떻게 할지 말하라"는 것은 "내가 너를 쓰고 싶다"라는 의미입니다. 쉽게 말해, 지금 라반이 야곱에게 고용 계약 제의를 하고 있는 겁니다.

바로 앞 절인 14절에서 야곱이 한 달을 라반의 집에 거주했다고 했습니다. 길다면 길고 짧다면 짧은 시간인데 아무리 생질이라도 라반 입장에서는 낯선 이와 여러 날을 지내기가 쉽지 않았을 겁니다. 게다가 라반은 매우 인색한 사람입니다. 뒤에서 묵상하겠지만 약속을 번복하고 남을 속이는 데 능한 음흉한 사람입니다. 그런데 야곱이 한 달을 공으로 보내지 않았나 봅니다. 집주인보다도, 종보다도 열심히 일해서 라반의 눈에 딱 들었습니다. 야곱이 하나님을 만나고서 인생의 목적이 생겼잖아요. 무엇보다도 라헬을 사랑하는 까닭에 힘든 노동이 쉽게 느껴졌을 겁니다.

> 라반에게 두 딸이 있으니 언니의 이름은 레아요 아우의 이름은 라
> 헬이라 _창 29:16

라반의 두 딸 이름이 등장합니다. 이는 야곱의 품삯과 두 딸이 연관이 깊다는 의미입니다.

> 레아는 시력이 약하고 라헬은 곱고 아리따우니 _창 29:17

레아라는 이름에는 '암소'라는 뜻 외에 '지치도록 일하다', '애쓰다'라는 의미가 있습니다. 라헬은 '암양'이라는 뜻입니다. 암소와 암양. 이름으로만 보아도 누가 더 예쁜지 알겠죠? '시력이 약하다'는 말은 '눈에 총기가 없다', '눈이 흐리멍덩하다'라는 뜻입니다. 시력이 약하니까 레아는 늘 눈을 찡그리고 보았을 겁니다. 이런 모습이 매력적일 리는 없죠. 외모로는 낙제점입니다. 반면에 라헬은 곱고 아리땁다고 합니다. 원문은 '얼굴에서 광채가 나고 몸매가 아름답다'라고 더욱 구체적으로 묘사합니다. 그만큼 라헬의 용모가 빼어나다는 말입니다.

그러다 보니 아주 곤란한 일이 생겼습니다. 이삭이 야곱에게 "라반의 딸 중에서 아내를 맞이하라" 했는데 둘 다 라반의 딸 아닙니까? 둘 다 믿는 집 규수입니다. 그런데 외모 격차가 납니다. 한 사람을 택해야 하는데 야곱은 예쁜 라헬에게 압도적으로 필(feel)이 꽂혔습니다.

그러나 나중에 보겠지만 하나님의 뜻은 레아에게 있었습니다.

> 18 야곱이 라헬을 더 사랑하므로 대답하되 내가 외삼촌의 작은 딸 라헬을 위하여 외삼촌에게 칠 년을 섬기리이다 19 라반이 이르되 그를 네게 주는 것이 타인에게 주는 것보다 나으니 나와 함께 있으라_창 29:18~19

품삯을 정하라는 라반에게 야곱은 "7년 동안 무보수로 일하겠다"고 말합니다. 라반이 요구한 게 아닙니다. 야곱이 라헬을 사랑하므로 스스로, 자발적으로 섬기겠다고 합니다. 라헬을 사랑하니까, 라헬 자체가 품삯이니까 따로 보수가 필요 없는 겁니다. 우리에게도 하나님이 품삯이 되면 다른 것이 필요 없어집니다. 하나님 자체가 상급인데 무엇이 더 필요하겠습니까.

야곱에게 진짜 사랑이 시작됐습니다. 하나님을 만나야 연애도 제대로 합니다. 빈 들을 거쳐 하나님을 만나야만 진짜 사랑을 할 수 있습니다. 인간은 사랑을 할 수도, 만들 수도, 지을 수도 없기 때문입니다. "그대 없이는 못 살아!" 하는 건 사랑이라기보다 집착입니다. 상대방의 유익을 구하지 않는 연애는 잠깐 타오르는 불꽃에 불과합니다. 마치 어린아이가 좋은 장난감을 갖고 싶어서 견딜 수 없어 하다가 막상 가진 뒤엔 쳐다보지도 않는 것과 같습니다.

야곱은 연애하기 위해 라헬의 마음을 얻으려 노력했습니다. 라헬을 위해 우물 입구의 돌을 치우고 그녀의 양 떼에게 물을 먹였던 것

기억하시죠(창 29:10)? 그렇게 야곱은 사소한 일에서부터 라헬의 필요를 채워 주면서 신뢰를 쌓았습니다. 나아가 그는 라반의 집에서 머문 한 달 동안 열심히, 묵묵히 섬기면서 라반을 설득해 냈습니다. 라반에게 필요한 사람이 되었습니다. 언니보다 동생을 먼저 시집보내지 않는 것이 당시 하란 지방의 풍속이었는데(창 29:26), 야곱이 얼마나 마음에 들었으면 동생을 달라는데도 라반이 단번에 "OK!" 했겠습니까. 야곱이 한 달 열심히 일하고 받은 상이 정말 큽니다. 한 달 월급 정도가 아니라 결과적으로는 네 명의 아내와 열두 명의 자녀를 얻고, 평생 쓰고도 남을 재물이 생겼습니다.

우리도 그래요. 연애하려면 하나님과 이웃의 마음을 얻어야 합니다. 하나님을 사랑하고, 이웃을 사랑하고, 모든 이에게 마음을 얻어야 내가 사랑하는 그 한 사람의 마음도 얻을 수 있습니다. 모두에게 신뢰받는 사람은 연애도 잘합니다. 반면에 자기밖에 모르는 사람은 내 돈과 시간이 아까워서 도무지 섬기지 못합니다. 그러니 연애도 못 합니다.

"지금 하는 일이 주 예수 그리스도를 섬기는 행위라는 사실을 알고 있다면, 무시해도 좋을 만큼 하찮은 일은 이 세상에 없다. 정신을 집중하지 않아도 괜찮을 만큼 시시한 일은 없다. 도무지 흥이 나지 않고 단조롭고 지루한 일은 없다."

19세기 설교가 헨리 자일스(Henry Giles)의 말입니다. 여러분은 어떻습니까? 사랑하는 까닭에 기쁘게 섬긴 야곱처럼, 하나님을 사랑하므로 작은 일에도 기쁨으로 섬깁니까? 날마다 내키지 않는 일을 하십시오. 남이 버린 쓰레기를 치우십시오. 주차 자리를 양보하십시오. 멀리 떨어진 친척에게 안부를 묻고, 이웃의 냉장고를 옮겨 주십시오. 큰 일을 하라는 것이 아닙니다. 하나님을 만나고 하나님과 연애하는 사람에게 지루한 일은 없습니다. 헬렌 켈러(Helen Adams Keller)도 한 연설에서 이렇게 고백했습니다.

"젊었을 때 위대한 일을 하고 싶었지만 그러지 못했습니다. 그래서 위대한 방식으로 사소한 일들을 하는 쪽으로 마음을 바꾸었습니다. 작은 일을 할 수 없을 만큼 비대한 인간이 되지 마십시오."

야곱처럼 사소한 일에도 열심히, 조건 없이, 사심 없이, 생색내지 않고 섬기다 보면 하나님이 반드시 갚아 주실 줄 믿습니다. 사람은 나의 수고를 잊을지라도 하나님이 잊지 않고 보상해 주십니다. 나의 자녀, 손주에게라도 반드시 보상해 주십니다.

• 나는 어떤 일에 생색이 나고 지루합니까? 예수님을 생각하며 작은 일도 기쁘게 섬깁니까?

야곱이 사랑하는 까닭에 칠 년을 며칠같이 여깁니다

야곱이 라헬을 위하여 칠 년 동안 라반을 섬겼으나 그를 사랑하는 까닭에 칠 년을 며칠 같이 여겼더라 _창 29:20

7년은 결코 짧은 시간이 아닙니다. 그런데 야곱이 7년을 며칠같이 여기며 섬겼답니다. 어떤 고난도 역경도 견뎌 냈습니다. 부귀를 얻는 것도 포기했습니다. 어떻게 그럴 수 있었습니까? 오직 "사랑하는 까닭에." 오직 그대, 라헬만 내 앞에 있다면 야곱은 아무것도 필요하지 않았습니다.

야곱만 그렇습니까? 공부, 일, 게임, 부동산, 주식, 골프 등등 대상만 다를 뿐, 모두가 그 무엇과 연애하면서 살아갑니다. 그것밖에 안 보이고 그것에 몰두해서 7년이고, 10년이고 보냅니다. 그렇게 하나님을 사랑한다면 평생이 며칠같이 지나갈 텐데 말이죠. 주님을 깊이 만난 뒤로 저는 세월 가는 줄 모르고 삽니다. 고난의 시간도 잠깐 같게 느껴집니다. 만일 주님을 만나지 못했다면 아마 며칠이 7년 같았을 겁니다. 여러분은 며칠이 7년 같은 인생을 삽니까, 7년이 며칠 같은 인생을 삽니까?

그런데 야곱의 이 절절한 사랑을 다른 면에서 바라볼 필요가 있습니다. 사랑의 유통기한이 길어야 2년 6개월이라는 한 연구 결과를 보았습니다. 그때쯤 사랑의 호르몬이 사라지기 시작한답니다. 그런데 야곱은 라헬을 사랑하여 무려 7년을, 그것도 시간 가는 줄 모르고 섬겼답니다. 그러니 약간 아픈 사람 아니겠습니까? 과학적으로 입증된 데이터를 넘어서는, 집착이 매우 강한 사람입니다. 라헬 외에는 아무것도 필요 없다고 합니다. 그래서 야곱이 험난한 나그넷길을 걸어야 했습니다. 주님을 사랑했다면 평생을 며칠 같게 여기면서 결과도 좋았을 텐데, 주님보다 라헬을 더 사랑하는 까닭에 야곱의 인생이 슬픕니다.

한편으로는 야곱이 돌아갈 데가 없어서 7년을 섬길 수 있지 않았을까 생각해 봅니다. 라헬을 사랑하는 까닭도 있지만 실은 야곱이 돌아갈 곳이 없는 겁니다. 다른 길이 없는 환경에서 야곱은 저절로 겸손해졌을 것입니다. 야곱처럼 돌아갈 곳 없어서 어쩔 수 없이 결혼생활을 유지하는 사람이 얼마나 많습니까. 하지만 그것이 축복입니다. 결혼했으면 돌아갈 곳이 없다는 걸 아십시오. 다른 길은 없는 걸 알고 하나님이 허락하신 자리에 잘 묶여 있는 것이 내게 가장 좋은 길입니다.

어쩔 수 없어서 열심히 섬기는 야곱을 레아도 라헬도 사랑합니다. 브엘세바에서 칠십 년을 살았는데 그때는 야곱이 사랑이라는 걸 몰랐습니다. 아무나 연애하는 게 아닙니다. 사람의 마음을 얻지 못하는 사람은 연애도 못 합니다. 하나님을 만났기에 야곱은 상대의 마음을 얻는 사랑을 했습니다. 하나님을 만나지 못해서 일방적인 사랑을 하는 사람이 얼마나 많은지 모릅니다. 하나님 말씀이 하나도 안 들리니까 상대는 배려하지 않고 "내가 좋으니까 거칠 게 없어, 내가 좋아하니까 너는 내 말을 따라!" 강요합니다. 상대의 마음을 읽지 못하기 때문에 이런 병적인 사랑을 하는 겁니다. 그러니 성욕은 누구에게나 있지만 연애는 아무나 하지 못합니다. 내가 마음에 든다고 거침없이 밀고 나가는 건 사랑이 아닙니다. 내 정욕대로 술집 여자를 만나는 것도 연애가 아닙니다.

조금 지나친 부분은 있지만 야곱의 사랑은 적어도 일방적인 사랑은 아니었습니다. 거짓말해서라도 원하는 걸 기필코 얻어 내던 야곱이 백팔십도 달라졌습니다. 자신이 종보다도 못한 처지라는 걸 인식하고 주어진 자리에서 열심히 섬깁니다. 자기 주제를 파악했습니다. 상대의 마음을 읽게도 되어 쌍방의 사랑을 합니다. 결국 섬김 없이는 진정한 사랑을 할 수 없다는 사실을 야곱을 통해서 봅니다. 그러므로 하나님을 사랑하고 이웃을 섬기십시오. 그래야 사람의 마음을 얻을 수 있습니다. 물론 야곱의 사랑이 온전하다고는 말할 수 없습니다. 그러나 하나님을 사랑하지 않는 사람은 사랑이 무엇인지조차 모릅니다. 그저 육체에서 시작해 육체로 끝나는 사랑만 합니다.

어떤 이기적인 사람도 사랑하면 상대를 위하게 됩니다. 상대를 위해서 희생하려는 마음을 가져 보는 건 축복이라고 생각합니다. 그래서 저는 청년들이 꼭 연애해 보기를 바랍니다. 특별히 저는 우리들 교회 청년들에게 '청년부 안에서' 연애하라고 권장합니다. 교회 공동체 안에서 짝을 찾되 담당 사역자와 목자에게 알린 뒤 교제를 시작하고, 반드시 순결을 지키라고 당부합니다. 그렇게 연애하다가 헤어지면 다른 형제와 자매를 만나 보라고도 합니다. 공동체에 알리고 시작하면 함부로 교제할 수 없잖아요. 건강한 통로를 통해 교제하는 청년들이 되기를 바랍니다. 짝사랑도 해 보세요. 나는 상대가 너무 좋은데 상대가 나를 좋아하지 않을 때 얼마나 괴롭습니까. 그렇게 고뇌하다가 하나님을 만난 청년이 많습니다.

짝사랑이든, 쌍방의 사랑이든 꼭 연애해 보세요. 연애도 배워야 합니다. 연애를 배워야 할 때 제대로 못 배워서 결혼한 뒤에 용광로를 경험하는 경우를 많이 보았습니다. 인생을 몰랐던 대가를 톡톡히 치르는 겁니다.

- 7년을 며칠같이 여길 만큼 내가 사랑하는 것은 무엇입니까?
- 교회 공동체에 교제 사실을 알리고 건강하게 연애하고 있습니까?

사랑하는 까닭에 속임당하게 하십니다

야곱이 라헬을 사랑하는 까닭에 품삯을 바라지 않고 7년을 며칠 같이 여기며 섬겼습니다. 그러나 인간적인 감정이 다분한 사랑이기에 하나님은 야곱으로 하여금 속임당하게 하십니다. 인간의 사랑은 한계가 있다는 걸 알려 주십니다.

운전을 잘한다고 자부하던 한 목자님이 계십니다. 사실 운전을 잘하는 게 아니라 험하게 하는 것이었죠. 막무가내로 끼어드는 차를 향해 요란하게 경적을 울리고, 운전이 미숙한 차를 보면 혈기를 못 참고 쫓아가서 욕을 해 대기 일쑤였습니다. 그런데 이분이 하나님을 만나 회개한 뒤로는 많이 바뀌었답니다. 난폭하게 운전하는 사람을 보면 '저기 내가 있구나' 여기고, 운전이 서툰 사람을 보면 '저기 우리 마누라가 있네' 여기며 너그럽게 이해하게 되었답니다.

그런데 결코 너그러울 수 없는 한 사람이 있으니…… 바로 아들입니다. 도로의 무법자는 용서해도 게임에 빠진 아들은 용납이 안 된답니다. 이분에게는 아들이 연애 대상인 것이죠. '타닥타닥' 아들 방에서 울리는 키보드 소리를 자장가 삼아 잠들었는데 아침까지도 그 소리가 들려올 때면 미칠 것만 같답니다.

238

"여전히 제게는 아들이 회복되는 것만이 즐거움이요, 소원입니다. 그런 걸 보면 하나님을 만났지만 죄 된 본성은 변하지 않은 것 같습니다." 목자님은 고백하셨습니다.

하나님과의 허니문이 끝나자 야곱의 실체가 드러나기 시작합니다. 앞서 목자님의 고백처럼, 야곱 역시 하나님을 만났지만 아직 그의 본질은 바뀌지 않았습니다. 그래서 하나님이 야곱을 손보십니다. 허물투성이에다 죄로 뒤엉킨 야곱을 경영해 가시고자 그에게 시련을 허락하십니다. 야곱으로서는 반드시 있어야 할 일이 왔습니다.

> 야곱이 라반에게 이르되 내 기한이 찼으니 내 아내를 내게 주소서 내가 그에게 들어가겠나이다_창 29:21

야곱이 예쁜 외모를 보고 라헬을 선택했습니다. 그리고 7년이 지나도 라헬밖에 모릅니다. 외모와 속이 똑같으리라 믿고서 자기 선택이 옳다고 여기는 겁니다. 우리도 얼굴이 예쁘면 마음도 예쁘리라고 착각합니다. 하지만 그런 경우는 거의 없다는 걸 아십시오. 외모가 전부인 줄 알고 "예쁜 아내를, 멋있는 남편을 달라!" 부르짖지만 내가 좋아하는 것을 하나님도 좋아하시는 건 아닙니다.

> 라반이 그 곳 사람을 다 모아 잔치하고_창 29:22

라반이 하란 사람을 다 모아서 잔치합니다. 7년 전부터 결혼 날

짜가 잡혀 있었으니 그 동네에서 야곱의 결혼을 모르는 사람이 없었을 겁니다. 그야말로 성대한 결혼식입니다.

> 23 저녁에 그의 딸 레아를 야곱에게로 데려가매 야곱이 그에게로 들어가니라 24 라반이 또 그의 여종 실바를 그의 딸 레아에게 시녀로 주었더라_창 29:23~24

야곱이 7년을 기다려 초야를 치릅니다. 아내만이 아니라 여종 실바, 곧 재산까지 얻었습니다. 그런데 아침에 보니 이게 웬일입니까!

> 야곱이 아침에 보니 레아라 라반에게 이르되 외삼촌이 어찌하여 내게 이같이 행하셨나이까 내가 라헬을 위하여 외삼촌을 섬기지 아니하였나이까 외삼촌이 나를 속이심은 어찌됨이니이까_창 29:25

"레아라!!" 지금 야곱은 짐승처럼 울부짖고 싶은 심정입니다. 딱 속아 넘어갔습니다. 속임수의 달인인 야곱이 두 눈 뻔히 뜨고 코 베임을 당한 겁니다. 야곱이 어찌나 화가 났는지 '외삼촌'을 세 번이나 부르면서 항의합니다.

그런데 생각해 보세요. 지금같이 3파장, LED 전등은 아니더라도, 아무리 신방이 어둡다고 해도 아내와 첫날밤을 치르며 레아인지 라헬인지도 구분 못 하는 야곱이 우습지 않습니까? 라헬과 7년을 연애했는데 못 알아보는 게 말이 됩니까? 컴컴한 밤이라도 그렇지요. 사랑하는 님이라면 숨결로도, 목소리만으로도 알아볼 텐데 어찌 이리 감쪽같이 속아 넘어간 걸까요?

한번 곰곰이 묵상해 보았습니다. 과거에 야곱이 에서처럼 보이려고 염소 털로 위장했듯이 아마 레아도 라헬처럼 꾸미지 않았을까요? 라헬의 옷으로 갈아입고 음성도 변조했을 겁니다. 라헬의 목소리를 흉내 내며 "오빠~"했겠지요. 또 최대한 말을 아꼈을 겁니다. 그나마 이삭은 야곱의 목소리를 알아챘는데 야곱은 전혀 눈치채지 못했습니다. 뛰는 놈 위에 나는 놈이 있습니다. 속임수의 달인께서 속임을 당하셨습니다. 아버지 이삭보다도 더 철저히 속았습니다.

대부분 육체적인 것에 기초를 두고 연애합니다. 그것이 사랑인 줄 알까 봐 주님은 우리로 속임당하게 하십니다. 우리가 얼마나 많이 속습니까? 남자에게 속고, 여자에게 속고, 돈에 속고…… 이것저것에 다 속습니다. 그런데 야곱이 속고서 회개하는가 했더니 그런 모습은 찾아볼 수 없습니다. 이 상황이 그저 당황스럽고 억울하고 분하기만 합니다. 머리 뚜껑이 열렸습니다. 그러나 이 모든 일은 야곱 삶의 결론입니다. 여기서 자신이 무엇을 회개해야 하는지 야곱은 깨달아야 했습니다.

"네가 어떻게 나를 속일 수 있어? 내가 그렇게 잘해 주었는데!" 이것이 우리의 주제가입니다. 내가 입힌 상처는 생각하지 않고 내가 입은 상처만 주장합니다. 내가 입힌 피해는 나 몰라라 하면서 내가 입은 피해는 티끌까지도 셉니다. 내가 피해를 입혀 놓고 '그럴 수도 있지' 여깁니다.

라반이 이르되 언니보다 아우를 먼저 주는 것은 우리 지방에서 하지 아니하는 바이라_창 29:26

야곱 위에 라반이 있습니다. 사과하기는커녕 "언니보다 아우를 먼저 시집보내는 건 우리 지방 풍속이 아니야!" 하고 나옵니다.

물론 라반이 속인 것 맞습니다. 우리도 믿었던 사람에게 속습니다. 사장이 속이고, 남편, 아내, 시댁과 처가 식구가 나를 속입니다. 기막힌 사기 앞에서 숨이 안 쉬어집니다. 그래서 회사를 뛰쳐나오고 이혼하겠다면서 가정을 깨 버립니다. 그러면 지금 야곱 꼴밖에 안 되는 겁니다. 야곱을 보세요. 언제는 외삼촌을 만났다고 좋아하더니 이제는 "어떻게 외삼촌이 내게 그럴 수 있어요!" 하면서 따집니다. 자기는 아버지와 형을 속이지 않았습니까? 부모 형제를 속이는 것과 조카를 속이는 건 죄질이 다릅니다. 매일 살을 부대끼는 아버지, 형도 속여 먹는데 얼굴도 모르다 갑자기 만난 조카를 속이는 것쯤이야 손바닥 뒤집기 아닙니까?

그러니 이런 훈련을 받는 것이 야곱에게는 축복입니다. 이 땅에서 속임당해 보아야 해요. 야곱은 라헬이랑 결혼하기에 급해서 그 지방 법을 따져 보지 않았습니다. 이 세상 사랑이 그렇습니다. 그저 연애하기에 급해서 아무것도 안 따져 놓고는 훗날 "속았다" 하는 게 세상 연애의 주제입니다.

특별히 요즘 결혼한 남녀들이 '속았다'고 가장 많이 이야기하는 문제가 상대의 채무라고 합니다. 빚이 있는지 없는지, 있다면 얼마나 있는지 서로 모른 채 결혼했다가 뒤늦게 알고서 "속았다" 하는 것이죠. 뒤에 가서 끙끙대지 말고 무슨 일이든지 분명하게 하십시오. 사람은 믿음의 대상이 아니기에 뭐든지 확실히 해야 하고 원칙대로, 법칙대로 해야 합니다. 불편해도 모든 원칙을 지키기 바랍니다.

그리고 속았다면 먼저 나를 돌아보십시오. 우리가 속아서 분할 때, 나 역시 남에게 똑같이 했다는 걸 깨닫는다면 그보다 최고의 응답은 없습니다.

우리들교회 한 목자님의 나눔입니다. 목자님이 목원이던 시절의 일입니다. 하루는 목장예배를 드리는 중에 다급한 전화를 받았습니다. 아뿔싸, 어머니가 초등학생인 딸에게 폭행을 당했다는 것이었습니다. 급하게 목장예배를 마치고서 병원으로 달려가 보니 생각보다 사태가 심각했습니다. 딸이 얼마나 마구잡이로 때렸는지 어머니는 맞은 자리가 시퍼렇게 멍이 들어 있었습니다. 당시 지방에 계신 어머니를 전도하려는 목적으로 서울의 목자님 집으로 잠시 모신 상황이었습니다. 어머니가 손녀를 아기 때부터 워낙 예뻐하셔서 이런 일이 일어나리라고는 생각도 해 본 적이 없었습니다. 목자님은 집에 돌아와 딸아이를 무섭게 다그쳤습니다. 그러나 딸은 반성하기는커녕 오히려 당당한 태도로 모든 책임을 할머니에게 돌렸습니다.

"나는 잘못한 게 없어. 할머니가 혼내면서 나를 때리길래 나도 때린 것뿐이야!"

꼭 야곱의 반박에 더 세게 나오는 라반 같지 않습니까? 그런데 목자님은 이 사건을 통해 자기 죄를 보게 되었다고 고백했습니다. 목자님은 사업에만 신경 쓰다 보니 평소 아이들에게 자주 짜증을 냈답니다. 괜한 트집을 잡아서 벌세우고 매를 대기도 했습니다. 그러다 감정을 이기지 못해 파리채로 아이의 살이 터질 정도로 때리기도 하고, 아이들이 방문을 잠그고 숨어 버리면 문을 부수고 쳐들어간 적도 여러 번이었습니다. 그래서 당시 살던 집은 모든 방문이 부서진 상태였답니다. 그러니 아이들이 아빠에게 증오심을 품는 건 당연한 일이지요. 그 증오심이 자라서 이날의 일을 만든 겁니다. 목자님은 모든 것이 자기 삶의 결론이라고 인정했습니다. 나아가 주일 성수를 뒷전에 두고 거룩한 것을 경홀히 여긴 자신의 신앙생활을 돌아보며 회개했습니다.

> 27 이를 위하여 칠 일을 채우라 우리가 그도 네게 주리니 네가 또 나를 칠 년 동안 섬길지니라 28 야곱이 그대로 하여 그 칠 일을 채우매 라반이 딸 라헬도 그에게 아내로 주고_창 29:27~28

라반은 항의하는 야곱에게 "칠 일의 결혼식 기간을 채우고, 라헬도 네게 줄 테니 나를 위해 칠 년을 더 섬기라"고 요구합니다. 그러자 야곱이 그대로 하여 칠 일을 채웁니다. 앞서 이야기한 목자님도 "다시는 아이들에게 손찌검하지 말라"는 목장 식구들의 권면에 그대로 순종했습니다. 먼저 아내와 아이들 앞에서 자신의 잘못을 시인하며 용서를 빌고 이후 교회의 모든 양육을 성실히 받았습니다. 수년이 지난 지금, 이 가정은 부부가 모두 목자로 섬기고 있습니다. 폭력으로 얼룩졌던 가정이 믿음의 가정으로 변화됐습니다. 그러니 어떤 일을 당하든지, 혹여 분한 일을 당한대도 '나도 누군가에게 똑같은 죄를 지었구나' 깨닫게 되면 그것이 응답입니다.

• 나는 무엇이 분하고 억울합니까? "내가 속았다!" 주장하는 그 일을 나 역시 똑같이 누군가에게 행한 적은 없습니까?

그러나 하나님은 치졸한 야곱을 끝까지 사랑하십니다

28 야곱이 그대로 하여 그 칠 일을 채우매 라반이 딸 라헬도 그에게 아내로 주고 29 라반이 또 그의 여종 빌하를 그의 딸 라헬에게 주어 시녀가 되게 하매 30 야곱이 또한 라헬에게로 들어갔고 그가 레아보다 라헬을 더 사랑하여 다시 칠 년 동안 라반을 섬겼더라

_창 29:28~30

라반에게 호되게 당하고도 야곱은 여전히 라헬밖에 모릅니다. 인간적인 집착에서 도무지 벗어나지 못합니다. 라헬을 향한 지칠 줄 모르는 사랑은 야곱에게 큰 기쁨이기도 했지만, 그의 인생 걸음걸음마다 족쇄가 됐습니다. 레아의 계보에서 예수 그리스도가 나셨기에 야곱이 진정 사랑해야 할 대상은 레아인데도 거꾸로 했기 때문입니다.

우리도 그렇죠. 아무리 예수님의 조상이 될 사람이라고 해도 외

모가 뒤처지고, 시력도 약한 레아는 딱 싫습니다. 아브라함도 사라를 뒷방에 모셔 두고 후처 그두라 집을 발이 닳도록 드나들면서 아들을 여섯이나 낳았습니다. 그러나 그들 중 누구도 약속의 자손이 되지 못했습니다. 아브라함 말년에야 사라가 진정한 사랑임을 깨닫고, 그녀가 죽자 약속의 땅에 매장지를 삽니다. 이렇게 우리가 마지막에야 알게 되는 게 너무 많습니다.

임기응변에 능하고 거짓말 잘하던 야곱이 빈 들에서 하나님을 깊이 만난 뒤 나름 신앙생활 7년 차에 돌입했습니다. 하지만 여전히 약점이 해결되지 않아서 레아와 라헬을 모두 얻으려고 합니다. 행여 라헬을 포기하라고 할까 봐 하나님께 묻지도 않습니다. 그러나 하나님이 정하신 일부일처제를 따라 야곱은 레아를 얻은 걸로 만족했어야 합니다. "라헬을 얻고자 하는 것이 하나님 뜻이 아니구나" 깨닫고 순종했어야 합니다. 하지만 끝내 야곱은 자기 뜻대로 7년을 더 일합니다. 그 결과가 어땠습니까? 야곱과 그 가정에 험악한 사건들이 몰아쳐 왔습니다. 살인과 강간, 두 아내 사이에 치열한 암투…… 집안에 바람 잘 날이 하루도 없었습니다.

그러나 그럼에도, 하나님은 야곱을 끝까지 사랑하셨습니다. 야곱의 전공이 속임수이기에 똑같이 라반에게 속아 넘어가게 하여 그를 훈련하셨습니다. 이후로도 여러 연단을 거쳐 마침내 야곱을 하나님 나라의 조상으로 우뚝 세우셨습니다. 나는 부족하지만 하나님이 나를 '사랑하시는 까닭에' 내 인생을 견인해 가십니다.

그 남자, 그 여자를 너무 사랑합니까? 일과 공부와 연애하고 있습니까? 아무리 내가 열렬히 사랑한대도 이 세상 모든 것은 변하게 마련입니다. 변치 않는 것은 오직 하나님 사랑밖에 없습니다. 이 변치 않는 사랑을 깨닫는 자에게 평생이 며칠 같게 여겨지는 은혜가 임할 줄 믿습니다. 하나님이 변치 않는 사랑으로 야곱을 이끄셨듯 우리 인생도 끝까지 이끌어 가실 줄 믿습니다.

- 하나님의 뜻이 아닌 줄 알고도 내가 끝까지 포기하지 못하는 것은 무엇입니까?
- 나는 부족하고 연약하지만 하나님께서 끝없는 사랑으로 나를 이끌어 가실 줄 믿고, 있는 모습 그대로 주 앞에 나아갑니까?

저는 믿지 않는 가정에서 장남으로 태어나 라헬처럼 아름다운 아내와 만난 지 7개월 만에 결혼했습니다. 부모님과 한집에 살며 힘들어하던 아내는 부모님의 반대를 무릅쓰고 교회에 나가기 시작했고, 저도 가정의 평화를 위해 아내를 따라 교회에 나갔습니다. 아내는 교회를 다니며 자신이 친정아버지로 인한 상처가 있어서 시아버님을 함부로 대했다며 아버지께 용서를 빌었습니다. 저는 아내의 행동에 감동했고 예배를 드릴 때마다 이유 없이 눈물이 났습니다.

그러나 여전히 술에 취해 아내의 속을 썩이던 중 교회의 양육 훈련을 받으며 마음이 조금씩 변했습니다. 함께할 지체가 있고 봉사도 할 수 있으니 노후 대책으로 목자를 하는 것도 괜찮겠다고 생각했습니다. 그러나 하나님은 이렇게 교만한 저를 목자로 세우시며 신고식을 톡톡히 치르게 하셨습니다. 새벽에 술에 취한 아들이 문을 빨리 열어 주지 않는다는 이유로 경비 아저씨를 때린 것입니다. 경비 아저씨의 가족들은 "저런 놈은 감방에 보내야 한다"며 분해했습니다. 저는 그때도 아들의 폭행 사건이 제 삶의 결론이라고 깨닫지 못하고 구경꾼처럼 보고만 있었습니다. 그러나 상대방은 점점 강하게 나왔고, 아내는 "아들을 감옥에 보낼 거야?" 하며 저를 야단쳤습니다.

하나님은 삼촌 라반에게 속아 넘어가게 함으로써 사기꾼 야곱을 훈련하셨습니다. 저도 아들의 사건을 통해 비로소 저의 교만함을 보게 됐습니다. 제가 지금까지 누구에게 "잘못했습니다"라는 말을 해 본 적이 없었다는 것이 깨달아졌습니다(창 29:28). 그제야 저는 경찰서를 들락거리며 연신 죄송하다고 머리를 숙였고 아들의 주먹 한 방에 630만 원이라는 합의금을 치렀습니다. 아내는 아들이 공부 못하는 아이들과 어울린다고 야단친 것을 회개했고, 아들은 부모를 속이고 게임하고 예배드리지 않은 것을 회개하며 다시 청년부 목장에 나가겠다고 했습니다.

평소 아들에게 삶으로 보인 것은 돈 쓰는 것과 약한 사람들을 무시하는 모습뿐입니다. 이런 저를 끝까지 사랑하셔서 아들의 폭행 사건으로 엎드려 회개하게 하시고 약속의 자손 삼아 주신 주님, 사랑합니다(창 29:30).

영혼의 기도

하나님 아버지, 야곱의 인생을 생각하면 목이 멥니다. 야곱이 빈 들에서 하나님을 만났지만 여전히 그의 본질은 바뀌지 않았습니다. 그런데 야곱 안에 처리되지 않은 죄, 누구에게 나타내지도, 말하고 싶지도 않은 그 죄를 하나님께서 드러내셨습니다. 과거에 야곱이 행한 그대로 라반에게 속아 넘어가게 하심으로 그의 죄를 밝히 드러내셨습니다.

　도대체 왜 이런 일이 왔는지도 모르겠는 기막힌 일이 우리에게도 찾아옵니다. 남편, 아내, 부모, 자녀, 친구, 가장 믿었던 그 사람이 나를 속입니다. 그때 우리는 '어떻게 네가 내게 이럴 수 있는가' 하고 원망하기에만 바쁩니다. 야곱이 기가 막힌 사건에서 자신을 돌아보지 못하고 과거의 죄에 대해 침묵했듯, 우리도 내 죄를 보지 못합니다. 그러나 내가 생각하기도 싫고, 회개하기도 싫은 그 죄 때문에 속은 것이라고 주님은 말씀해 주십니다. 내게 찾아온 모든 일은 내 삶의 결론이라고 말씀하십니다. 주님, 모든 분한 사건 속에서 우리가 이 진리를 깨닫고 인정할 수 있도록 도와주옵소서.

　주님, 인생의 목적이 거룩임을 잊고 세상과 연애하느라 바쁜 우리를 불쌍히 여겨 주옵소서. 우리가 사람, 돈, 학벌, 주식, 부동산을 사랑하는 까닭에 7년도 며칠 같게 여깁니다. 야곱도 레아로는 만족하지 못하고 자기 뜻대로 라헬을 택합니다. 그러나 주님은 형편없어도 야곱을 끝까지 이끌고 가셨습니다. 그런 주님이 부족한 우리도 끝까지 이끌어 가실 줄 믿습니다. 여전히 해결하지도, 포기하지도 못한 욕심과 집착 가운데서 우리를 끌어내 주옵소서. 우리는 아무것도 할 수 없습니다. 험악한 인생을 살게 하셔서라도 야곱을 이스라엘 되게 하신 하나님이 우리를 훈련해 가시며 마침내 구원으로 이끄실 줄 믿습니다.

참된 사랑을 하기 위해 하나님을 알기 원합니다. 하나님의 참사랑을 알고 그 사랑으로 사람을 사랑하기 원합니다. 그렇게 하나님과 사람을 사랑할 때 품삯을 생각하지 않고 7년을 며칠같이 섬기는 심령과 속았어도 놀라지 않는 영성, 주 안에서 진정한 연애를 할 수 있는 그 한 사람까지 허락해 주실 줄 믿습니다. 하나님이 원하시는 것이 무엇인지 차근차근 물어 가면서 진정한 연애를 하는 우리가 될 수 있도록 역사하여 주옵소서. 예수님 이름으로 기도하옵나이다. 아멘.

Part 3

아픈 인생이라도
후한 선물입니다

10

찬송하리로다

창세기 29장 31~35절

하나님 아버지, 우리가 무엇을
찬송해야 할지 알기 원합니다.
레아의 찬송이 우리의 찬송이 되게 하옵소서.
말씀하여 주옵소서. 듣겠습니다.

학창 시절, 저는 성가대에서 찬양하고 피아노 반주도 했습니다. 중등부 예배와 1부 대예배 반주를 했죠. 지금은 소리가 안 나오지만 특송을 하고 노천극장에서 중창을 했던 기억도 납니다. 저뿐만 아니라 우리 자매들 모두가 주일이면 성가대에서 찬양을 했습니다.

아름다운 추억이기는 하지만 당시를 돌아보면 진정한 찬송을 하지는 못했다는 생각이 듭니다. 물론 어린 시절 열심히 찬송한 덕에 오늘날 주님이 저를 진실한 찬송을 하는 인생으로 써 주시는 것도 맞습니다. 그러나 우리 자매들이 하나같이 용광로 같은 삶을 산 걸 보면서 '열심히 찬송한다고 환경이 열리는 것은 아니구나' 깨달아졌습니다. 그렇다면 참된 찬송은 무엇이고 어느 때에, 어떤 찬송을 해야 할까요? 우리는 무엇을 찬송해야 할까요? 본문을 통해 살펴보겠습니다.

공평하신 하나님을 찬송해야 합니다

여호와께서 레아가 사랑 받지 못함을 보시고 그의 태를 여셨으나 라헬은 자녀가 없었더라_창 29:31

레아는 사랑 받지 못하는 비극의 여인입니다. '사랑 받지 못함'이라고 번역된 본문을 원어 성경에서는 '가증히 여김 받다', '줄곧 미움을 받다'라는 의미를 지닌, 보다 강한 말로 표현하고 있습니다. 왜 안 그렇겠습니까. 야곱으로서는 장인에게 속아서 결혼했습니다. 더구나 레아 때문에 7년을 더 일해야 합니다. 그러니 레아만 보면 진저리가 나지 않겠습니까.

레아도 억울하기는 마찬가지입니다. 속인 건 라반이지 레아가 아니잖아요. 자기 잘못도 아닌데 괜스레 미움 받고 버림당할 위기에 놓였습니다.

그런데 하나님께서 레아가 사랑 받지 못함을 '보십니다'. 그리고 그녀의 태를 열어 자녀를 생산하게 하십니다. '여셨다'라는 말은 '푸셨다'라는 의미입니다. 우리네 인생살이도 수많은 문제로 얽히고설켜 있습니다. 그러나 하나님이 딱 보아 주시면 풀리지 않는 문제가 없을 줄 믿습니다. 남편이 바람피웁니까, 부모가 나를 돌보지 않습니까? 남편이, 부모가 나를 바라봐 주는 것보다 하나님이 보시는 게 중요합니다. 핍박과 멸시를 받고, 버림당한 나의 처지를 하나님이 '보시면' 게임 끝입니다. 그때 내가 미움 받는 그 자리가 하나님이 구원을 베푸시는 자리가 될 줄 믿습니다.

레아의 태는 열렸는데 라헬의 태가 닫혔습니다. 여자에게 제일의 사명은 여자의 후손으로 오시는 예수 그리스도를 낳는 것입니다 (창 3:15). 여자의 태는 예수님의 조상과 후손을 낳는 일을 해야 합니다. 그런데 사랑 받지 못하는 레아는 아들을 넷이나 낳았는데, 사랑을 듬뿍 받는 라헬은 태가 달렸습니다. 참 공평하지 않습니까? 결론부터 말하면 레아에게서 여자의 후손으로 오실 예수 그리스도가 나셨기에 결국 그가 가장 큰 일을 했습니다. 비록 지독한 무시와 미움을 받았어도 영적 후사를 낳았기에 가장 큰 일을 한 것입니다. 내 처지가 초라하고 비참해도 예수 생명을 낳고 사람을 살리고 있다면 사랑을 받는 그 누구보다도 가장 큰 일을 하는 겁니다. 사명을 감당하고 있는 겁니다.

무엇이 공평한지, 왜 공평한지 더 자세히 따져 보겠습니다. 라반이 못생긴 큰딸을 작은딸에 끼워팔기식으로 시집을 보냈습니다. 그런데 생각해 보세요. 라헬을 아내로 얻는 값으로 야곱이 7년을 일했으니 라반으로서는 큰딸은 공으로 데려간대도 황송하지 않습니까? '큰딸을 데려가 주어서 고맙다' 해도 모자랄 판에 왜 그는 야곱에게 7년을 더 일하라고 고집했을까요?

라반은 머리가 굉장히 좋고 욕심이 많은 사람입니다. 술수에 능하고 비열합니다. 그래도 딸들은 매우 사랑한 것 같습니다. 못난 딸 레아에 대한 연민이 있습니다. 그래서 행여 야곱이 손해 보았다고 할까 봐 여종 실바까지 붙여 주면서 레아도 라헬과 다르지 않은, 7년의 값을 치러야 하는 신붓감으로 만들어 줍니다. 만일 라반이 야곱의 노동력만 탐했다면 실바까지 붙여 주지는 않았을 겁니다.

즉, 야곱은 라헬을 위해 7년을 봉사했지만 라반은 "그 7년을 레아의 몸값으로 치겠다" 하는 겁니다. "너, 라헬 얻고 싶으면 7년 더 일해라!" 하는 거죠. 만일 야곱이 더 일하지 않고 7년으로 퉁쳐서 둘 다 데려왔다면 레아가 어떤 취급을 받겠습니까? "언니, 순전히 나 때문에 시집온 거 알지? 그러니 남편은 내 차지야. 언니는 시집온 것만으로 황송하게 여기고 뒷방에 가 있어" 하고 라헬에게 무시당하지 않았을까요? 그래서 라반은 레아를 위해서 똑같이 7년을 매깁니다.

또 생각해 보세요. 7년의 값을 치렀어도 야곱으로서는 레아가 영 불편한 존재 아닙니까? 그런데 그 못생기고 싫은 레아에게서 잘난 아들을, 그것도 넷이나 연거푸 얻으니 야곱이 레아를 버릴 수가 없는 겁니다. 반면에 잘난 라헬은 자녀를 낳지 못해도 그저 사랑스러우니까 끼고돕니다. 그래서 라헬에게는 자녀를 천천히 주십니다. 참으로 공평하신 하나님입니다.

야곱이 어떤 사람입니까? 절대 남에게 거저 주지 않는 사람입니다. 일했으면 반드시 대가를 받아야 하고, 속여서라도 장자권을 얻어낸 사람입니다. 그 이름도 '속이는 자' 야곱입니다. 그러니 야곱이 레아 때문에 7년을 일했는데 본전 생각이 나지 않겠습니까? 레아가 '잘나고 못나고'를 떠나서 야곱이 그동안 고생한 값이 아까워서라도 레아를 버리지 않을 걸 라반이 꿰뚫어 보았습니다. 뛰는 놈 위에 나는 놈, 라반입니다. 경영학의 귀재입니다. 항상 야곱의 허를 찌릅니다. '라헬과 똑같이 레아에게 7년의 값을 매기면 절대로 야곱이 레아를 버리지 못할 것이다.' 라반의 예상이 딱 맞아떨어졌습니다.

우리도 그렇지 않습니까? 헌금을 많이 한 사람은 본전 생각나서 교회를 못 떠납니다. 교회를 위해 열심히 헌신한 사람도 쉬이 떠나지 못합니다. 반면에 헌신이라고는 모르는 사람은 내 교회라는 생각이 안 듭니다. 인간관계에서도 내가 투자하지 않은 관계는 쉬이 깨져 버립니다. 자기 입으로 무보수로 일하겠다고 했지만, 야곱이 7년 동안 일하면서 '이게 맞나······' 얼마나 번민하고 생색이 났겠습니까? 게다가 눈앞에 잘난 아들들이 다 레아에게서 난 자녀입니다. 그러니 레아가 싫어도 버리지 못합니다. 라헬도 야곱이 레아를 위해 7년 봉사한 것을 생각하면서 언니를 쉬이 무시하지 못했을 겁니다. 얼마나 공평하신 하나님입니까. 많은 사람이 레아를 애처롭게 여깁니다. 그러나 알고 보면 하나님은 레아에게 훨씬 더 많은 축복을 주셨습니다.

대부분 환경이 좋아야 자녀가 훌륭하게 성장한다고 믿습니다. 그러나 그렇지 못해도 지나고 보면 하나님께서 우리 자녀들을 채워 주시는 걸 봅니다. 부모의 폭력에 시달리고, 심지어 부모에게 버림받고 성추행당하는 자녀도 있습니다. 자녀들이 잘못해서 그런 환경에 처한 게 아니잖아요. 그래서 하나님이 레아처럼 그들도 후대해 주십니다. 오히려 환경이 불우해서 하나님을 만난 자녀들이 많습니다. 마음이 가난하기에 말씀이 잘 들립니다. 행복한 환경에서는 부족한 것이 없으니까 말씀이 들리기가 어렵습니다. 구속사가 잘 깨달아지지 않습니다. 그러니까 환경이 힘들어서 하나님이 후대해 주시는 것이 '공평'입니다. 우리 하나님은 공평하신 하나님, 좋으신 하나님입니다.

● 나에게 하나님은 공평하신 분입니까? 하나님이 불공평하다고 생각하는 이유는 무엇입니까? 당시엔 아프고 힘들었지만 지나고 보니 하나님이 공평케 해 주셨다고 깨달은 일은 무엇입니까?

공평하신 하나님이 우리의 섬김을
다 갚아 주시기에 찬송해야 합니다

하나님은 야곱에게 라헬과 똑같이 레아를 위해서도 7년의 값을 치르게 하십니다. 또한 미움 받는 레아의 태를 여시고, 사랑 받는 라헬에게는 자녀를 주지 않으십니다. 레아와 라헬을 똑같이 대접해 주십니다.

그런데 야곱으로서는 이보다 억울한 일이 없습니다. 라헬을 사랑하는 까닭에 7년을 무보수로 섬겼는데 그것이 레아를 위한 몫이랍니다. 라헬을 얻는 대신에 7년을 더 일해야 한답니다. '원하지도 않는 레아 때문에 1년도 아니고 7년을 라반에게 더 당해야 한단 말인가' 불평이 절로 나왔을 겁니다. 하나님은 이런 야곱 또한 불쌍히 여겨 주십니다. 야곱을 안타깝게 여기시고, 나아가 절대 손해 보지 않게 하십니다. 레아 때문에 치른 7년의 섬김이 헛수고 되지 않게 하십니다.

레아를 위해 7년 라헬을 위해 7년, 합쳐서 14년이라는 긴 시간을 섬긴 야곱을 하나님이 어떻게 대접하셨습니까? 이름만 들어도 대단한 열두 아들을 그에게 주셨습니다. 그중에서 애굽 총리도 나오고, 예수님의 조상도 나왔습니다. 인류의 조상이 될 아들들을 상급으로 주시고 많은 재산도 얻게 하셨습니다. 야곱이 훗날 이런 상급을 받을 줄 알고서 7년에 7년을 더 일한 겁니까? 아니죠. 종의 신분으로 추위와 더위를 무릅쓰면서 아무것 없어도 열심히 섬겼습니다. 야곱은 전혀 몰랐습니다. 그저 라헬을 사랑하는 까닭에 모든 일이 쉬웠던 겁니다.

하나님을 사랑하는 까닭에 우리도 열심히 섬깁니다. 그저 내가 좋아서 섬기는 것인데도 하나님이 얼마나 크게 갚아 주시는지 모릅니다. 억울한 일을 당해도 묵묵히 참고 믿음으로 섬기면, 하나님이 아주 작은 봉사와 희생까지도 잊지 않고 반드시 갚아 주십니다.

우리들교회에 이혼당하고 고시원에 살면서 목장에 열심히 참석하던 한 돌싱 집사님이 계십니다. 이분이 목자로 부름을 받았는데 기쁨보다는 고민부터 앞섰답니다. 목원들을 고시원으로 부를 수도 없고…… 목장예배 드릴 만한 변변찮은 집 하나 없는 겁니다. 그러나 '형편에 굴하지 말고 일단 섬겨 보자'라고 결심했습니다. 그런데 이게 웬일입니까. 딱 한 주 목장을 섬겼는데 이분에게 집이 생겼다는 겁니다. 더불어 약간의 물질까지 생겨서 그동안 함께한 목장 식구들을 모두 초대해 한턱을 냈다는 소식을 들었습니다. 목장 열심히 섬기라고 하나님이 갚아 주신 것 아니겠습니까. 이렇게 우리가 섬기겠다고 마음만 먹어도 주님이 갚아 주십니다.

특별히 우리들교회 목장은 섬김의 최고봉이라고 할 수 있습니다. 1년에 두 번 명절 음식 차리는 일도 정말 힘들지 않습니까? 오죽하면 '명절증후군'이라는 말이 생겨날 정도입니다. 그런데 우리들교회 목장에서는 매주 정성스럽게 밥을 지어서 목장 식구들을 대접합니다. 그뿐만 아니라 주일학교 교사, 예배당 세팅, 화장실 청소, 주차 봉사, 사진 봉사 등등 각자의 자리에서 알게 모르게 섬기시는 분들이 많습니다. 이처럼 하나님을 사랑하여 드리는 섬김은 나의 머리털로 주의 발을 씻기는 것과 같습니다. 나의 향유 옥합을 깨뜨려 눈물로 주의 발을 씻기는 섬김을 주님이 영원히 기억하시고 갚아 주십니다(눅 7:37~38).

주의 일에는 보수가 없지만 그만큼 주님이 채워 주십니다. 주님은 야곱의 14년 섬김을 억울한 봉사로 남지 않게 하셨습니다. 제값을 매겨 주셔서 열두 지파를 낳는 어마어마한 상급으로 갚아 주셨습니다. 당장에 상급이 없을 수도 있습니다. 그러나 배우자나 자녀를 통해서라도 반드시 갚아 주실 것입니다. 일확천금하게 하실 수도 있지만 나의 수준에 맞게 갚아 주십니다. 가정에 필요를 채워 주시고, 회사에 인재를 보내 주시고, 진행하는 프로젝트에서 아이디어가 생각나게 하셔서 우리를 붙들어 주십니다.

저는 길치라서 운전할 때 자주 헤맵니다. 그러다 보니 집에 무사히 도착할 때마다 "휴~ 오늘도 주님이 지켜 주셨네" 하고 감사가 절로 나옵니다. 주님이 사고로부터 늘 지켜 주시고, 사고가 나도 경미한 정도로 넘어가게 해 주십니다. 날마다 저를 붙들어 주십니다. 냉수 한 그릇 베푼 저의 작은 섬김까지 잊지 않고 반드시 갚아 주시는 하나님인 줄 믿습니다.

하나님은 어제나 오늘이나 동일하게 역사하십니다. 공평하신 하나님께서 여러분의 섬김도 남김없이 갚아 주실 줄 믿습니다. 제 어머니는 평생 교회에서 섬기셨지만 아무 부귀영화도 못 보고 돌아가셨습니다. 그러나 이렇게 주님이 저를 구원의 일에 써 주시는 것이 무엇보다 큰 보상 아니겠습니까? 그러니까 저를 보고 믿음을 가지세요. '내 자녀가 목사님같이 되겠네' 하면서 말이죠. 주님이 나의 섬김을 복리로, 따따불로 쳐서 갚아 주실 줄 믿으십시오.

• 주님이 나의 작은 섬김까지도 기억하고 갚아 주신 일은 무엇입니까?

슬픈 자에게 위로가 되어 주시기에 하나님을 찬송해야 합니다

라반이 야곱에게 레아를 시집보내며 7년 더 일하게 하신 것은 공평한 사건입니다. 그런데 이를 다른 면에서 바라볼 필요가 있습니다. 우수한 아이디어로 노동력도 벌고 딸을 버리지도 못하게 했으니 경제학적으로 보면 라반만 한 인재가 없습니다. 그러나 라반은 야비한 사람입니다. 레아를 위한 일이기도 했지만 궁극적으로는 야곱을 붙잡아 두고자 벌인 일이었죠. 그러니 레아로서는 아버지가 자신을 이용해 노동력을 착취한 꼴 아니겠습니까. 아버지가 딸을 팔아 버린 것이나 다름없습니다.

아버지는 나를 팔아먹고, 남편 야곱은 동생 라헬만 사랑하고…… 누구 하나 레아를 진심으로 사랑해 주는 이 없습니다. 참 외로운 인생입니다. 그럼에도 레아는 남편을 사랑하고, 남편이 섬기는 하나님을 사랑했습니다. 하나님을 섬겼습니다.

한편으로는 그래요. 레아도 여자인데 힘들고 고독한 밤을 지나며 누군가를 의지하고 싶지 않았겠습니까? 그에게 부를 이름이 하나님밖에 없었습니다. 그런데 하나님이 이런 레아를 보시고 돌보아 주십니다.

레아가 임신하여 아들을 낳고 그 이름을 르우벤이라 하여 이르되

여호와께서 나의 괴로움을 돌보셨으니 이제는 내 남편이 나를 사랑하리로다 하였더라_창 29:32

'르우벤', 동생 라헬에 가려서 남편의 사랑을 받지 못하는 레아의 슬픔이 담긴 이름입니다. 그러나 한편으로 하나님께서 나의 괴로움을 돌보신 기쁨의 이름이기도 합니다. 레아가 괴로웠기 때문에 하나님을 찾았고, 하나님이 그런 레아를 돌보셨습니다.

"내가 아들을 낳았으니 내 남편이 나를 사랑하리로다." 레아가 힘들어도 이런 희망을 가지고 주께 나아와 첫 영적 자녀를 얻습니다. 이제는 남편이 돌아오리라는 희망을 품으며 둘째 아들을 낳습니다.

그가 다시 임신하여 아들을 낳고 이르되 여호와께서 내가 사랑 받지 못함을 들으셨으므로 내게 이 아들도 주셨도다 하고 그의 이름을 시므온이라 하였으며_창 29:33

나의 괴로움을 들어 달라고, 내가 사랑 받지 못함을 들어 달라고, 미움 받아 버린 바 된 나의 처지를 들어 달라고, 핍박과 멸시당함을 들어 달라고 레아가 간구하고 또 간구하니까 하나님께서 '들으셨다'고 합니다. 그래서 아들을 레아에게 또 주십니다.

그가 또 임신하여 아들을 낳고 이르되 내가 그에게 세 아들을 낳았으니 내 남편이 지금부터 나와 연합하리로다 하고 그의 이름을 레

레아는 '세 아들을 낳았으니 내 남편이 지금부터 나와 연합하리라' 소망하면서 셋째 아들을 '레위'라고 이름 짓습니다. '연합하다', '연결하다'라는 이름 뜻대로 훗날 레위 지파는 범죄한 이스라엘 백성이 하나님께 나아가 죄 사함을 받고, 하나님과 연합하도록 돕는 제사장 직분을 감당했습니다. 한마디로 레아가 대단한 아들을 낳은 겁니다.

레아를 돌보시고 그 기도에 응답하신 하나님께서 이제 그의 마음속에 연합의 소망을 심으십니다. 레아는 특별히 '지금부터' 연합하리라고 고백합니다. 이 말은 즉시, 이 순간부터 자신의 운명이 바뀌었음을 의미합니다. 레아의 고백이 갈수록 겸손해지는 것을 알 수 있습니다. 이것이 바로 레아가 계속 잉태할 수 있었던 비결입니다. 레아가 하나님과 점점 가까워지고 있습니다. 그리고 마침내 넷째 아들을 낳으며 홈런을 칩니다.

그가 또 임신하여 아들을 낳고 이르되 내가 이제는 여호와를 찬송하리로다 하고 이로 말미암아 그가 그의 이름을 유다라 하였고 그의 출산이 멈추었더라_창 29:35

레아는 야곱에게 줄곧 미움을 받는 천덕꾸러기 아내입니다. 그런데 이상하지요? 야곱이 364일 라헬하고만 지내다 딱 하루 레아와 동침하는데 그때마다 아들이 척척 들어섭니다. 364일 함께하는 라헬에게는 자녀가 없습니다. 그러니 하나님은 참으로 공평하십니다.

저희 집안에도 비슷한 사연이 있습니다. 옛날에는 서로 얼굴도 안 보고 결혼했잖아요. 저희 시조부모님도 그렇게 만나서 결혼하셨는데, 시할아버지는 시할머니의 못생긴 외모가 마음에 안 드셨나 봅니다. 그래서 조강지처인 시할머니를 버리고 첩과 함께 평양에 나가 사셨습니다. 시할머니와는 잠자리도 안 하면서 갖은 집안일은 다 시키셨죠. 그러다 어느 날 시할아버지가 술에 취해 딱 한 번 시할머니와 동침했는데 이것이 홈런을 날리는 일이 되었습니다. 그 하룻밤으로 저희 시아버지가 생긴 겁니다. 시아버지에게서 네 아들이 나고 손자에 증손자가 나며 가문이 부흥되었죠. 게다가 저 같은 손부를 보았으니 굉장한 부흥 아닙니까. 반면에 시할아버지가 평생 끼고돌았던 첩에게서는 단 한 명의 자녀도 보지 못했습니다. 꼭 레아와 라헬 같지요?

시아버지는 소문난 효자셨습니다. 어머니를 홀대하는 아버지라도 공경하며 장례까지 치러드리고, 전쟁이 나자 어머니를 업고서 남으로 피난 내려와 평생 호강시켜 드렸습니다. 시할머니는 남편의 사랑과는 비교도 안 되는 극진한 효도를 아들에게서 받으셨습니다. 그렇게 아흔이 넘도록 사시다가 하나님 품에 안기셨습니다.

평생 남편에게 사랑 받지 못한 시할머니는 생전에 하나님밖에 모르셨습니다. 배움이 짧아 숫자도 잘 못 세고 아는 것도 별로 없지만 누구보다 하나님을 사랑하셨습니다. 손주들을 그토록 예뻐하셨는데도 생애 마지막 순간에 "누가 보고 싶으세요?" 물으니까 "예수님, 예수님" 하시면서 천국에 가셨습니다. 시할머니 덕분에 저희 시댁이 예

266

수님을 잘 믿는 것 아닐까 생각해 봅니다.

레아도 네 명의 아들을 얻고 "이제는 여호와를 찬송하리로다"고 백하게 되었습니다. "찬송하리로다"라는 구절은 원어로는 '감사와 찬양의 말을 내쏟다, 발하게 하다'라는 의미입니다. 레아가 남편에게 사랑 받지 못해도 "여호와께서 나의 괴로움을 돌보셨다", "내가 사랑 받지 못함을 들으셨다", "나로 연합하게 하셨다" 하며 조금씩 하나님을 알아 가다가 마침내 "여호와를 찬양하리로다" 고백하게 되었습니다. 환경이 변하지 않아도 감사하고 찬양하게 되었습니다. 그리고 이 '찬송'이라는 뜻의 아들 유다의 후손에게서 영원히 찬양할 대상이신 우리 구주 예수 그리스도께서 나셨습니다. 할렐루야!

레아가 사랑 받지 못해도 아들을 낳고 있으니까, 다시 말해 전도하면서 영적 후사를 낳고 있으니까 영원히 찬양 받으실 예수님의 직계 조상이 탄생했습니다. 그러니 남편에게 미움 받고 누구 하나 사랑해 주는 이 없어도 우리가 할 일은 '아들을 낳는 것'입니다. 주님의 증인이 되어 사람을 살려야 합니다. 나의 고난을 약재료로 내놓으며 생명을 낳고 또 낳는 역사를 이루어야 합니다.

레아가 하나님의 무한한 은혜를 체험하고서 유다를 낳고 찬양했습니다. 유다는 하나님만이 영원히 찬양할 대상이시라는 뜻입니다. 레아가 남편의 사랑만 바라다가 '아, 나의 진짜 상급은 하나님이지 남편이 아니구나!' 비로소 깨닫게 되었습니다. 우리도 변하지 않는 환경에서 주님을 보며 찬양하는 데까지 나아가야 합니다. 저 역시 남편과 의사소통이 안 되다가 하나님을 만난 뒤부터 소통의 길이 열렸습니다. 하나님과 연애하는 사람은 공평하신 하나님을 찬양합니다. 좋은 것 하나 없어도, 남편이 바람피우고, 부모가 나를 버리고…… 어쩌고 저쩌고해도 "하나님은 공평하시다!" 찬양합니다. 이렇듯 나의 환경이 어떠하든지 "하나님이 나를 돌보시고, 들으시고, 나와 연합하신다"라고 고백하는 것이 진정한 찬송입니다.

레아가 비련의 여인에서 찬송의 여인이 되었습니다. 그녀의 아들 유다도 험난한 인생을 거쳐 예수님의 조상으로 우뚝 섰습니다. 그러니 정말 구원의 여정에서 거저 되는 것은 하나도 없습니다. 여러분, 평탄한 인생, 사랑 받는 인생 너무 부러워하지 마세요. 끝까지 신앙을 지켜 예수 그리스도의 세계에 들어간 열두 지파 가운데 중추 역할을 한 네 지파가 몸값조차 없던 레아의 태에서 나왔습니다. 낮고 천한 자를 높이시는 하나님입니다. 하나님의 이 사랑을 깨닫기를 바랍니다.

우리가 안되고 안되는 사건들을 지나면서 진정한 감사와 찬양을 배우게 됩니다. 되고 되기만 하면 감사도, 찬양도 못 합니다. 배부르고 등 따스운데 뭘 감사하고 찬양하겠습니까. 또 찬송한대도 입으로만, 겉으로만 하니까 주님이 우리로 용광로를 지나 진정한 찬송을 하는 인생으로 나아가게 하십니다. 어려서부터 진정한 찬송을 하기는 어렵지만 부모가 온몸으로 가르치면 우리 자녀들은 주께로 빨리 돌이킬 줄 믿습니다.

'못생기고 시력이 약한 레아가 아들을 넷이나 얻었으니 황송한 것 아니야.' 본문을 이렇게만 생각하는 분도 있을지 모르겠습니다. 이건 성경을 겉핥기로 읽은 겁니다. 레아가 열두 지파의 주축이 된 아들들을 낳은 것은 하나님께서 그녀가 사랑 받지 못함을 보시고 태를 열어 주셨기 때문입니다. "여호와께서 내가 사랑 받지 못함을 들으셨다!" 레아도 고백하지 않았습니까(창 29:33)? 사랑 받지 못함을 들으셨다는 건 7년 값도 안 되는 레아의 비천함을 하나님이 보셨다는 말입니다. 그래서 영적 후사를 주렁주렁 붙여 주셨습니다.

우리도 그래요. 세상에서 미움 받고 가증히 여김 받고 버려지고 고통 받은 사람일수록 주께서 좋은 지체들을 만나게 하십니다. 이들에게는 목장 식구가 정말 내 식구입니다. 눈물로 자기 삶을 나눠 주는 목원들이 참성도요, 나의 친구로 여겨지는 겁니다. 반면에 배부르고 등 따스운 사람은 목장에 가도 좋은 지체를 못 알아봅니다. '뭘 저런 시시콜콜한 이야기까지 하나' 하고 지질하게 여깁니다.

주께서 내 고생하는 것 다 아시고 갚아 주십니다. 세상의 위로는 일시적이지만 모든 것의 근본이신 하나님의 위로는 영원합니다. 오직 하나님만이 참된 위로자이십니다.

"찬송하리로다 그는 우리 주 예수 그리스도의 하나님이시요 자비의 아버지시요 모든 위로의 하나님이시며 우리의 모든 환난 중에서 우리를 위로하사 우리로 하여금 하나님께 받는 위로로써 모든 환난 중에 있는 자들을 능히 위로하게 하시는 이시로다"(고후 1:3~4).

그러니 바람피우는 남편 들들 볶지 말고, 못되게 구는 상사에게 간청하지 말고 하나님께 간구하십시오. 하나님께서 나의 괴로움을 돌보시고 들으시므로 연합하게 하십니다. 하나님을 깨워야 합니다. 그럴 때 영원한 세계가 내게 옵니다. 눈앞에 촛불 때문에 힘들었는데 눈을 들어 보니 태양이 있는 겁니다. 태양이신 나의 주님을 보며 찬송하기를 바랍니다. 그렇게 힘들어도 순종하며 나의 십자가를 지고 가다 보면 어느 날 유다를 낳을 줄 믿습니다.

우리는 자꾸 십자가를 버리려고만 합니다. 재미있는 이야기를 들었습니다. 형편은 어렵지만 믿음이 좋은 한 자매가 있었습니다. 자매는 좀체 나아지지 않는 사정에 '하나님은 왜 이런 십자가를 내게 주시는가' 내심 원망이 올라왔습니다. 그런데 하루는 예수님이 꿈에 나타나셨습니다. 힘겹게 십자가를 지고 가시는 예수님을 보고서 '나의 죄 때문에 주님이 십자가를 지셨구나' 하고 자매도 자기 십자가를 지고 따랐습니다. 처음에는 기뻤습니다. 그러나 한참 가다 보니 십자가가 무겁게 느껴졌습니다. 자매는 주님께 간구했습니다.

"주님은 목수셨으니 제 십자가를 조금만 잘라 주세요."

예수님은 빙그레 웃으시며 조금 잘라 주셨습니다. 십자가가 한결 가벼워졌습니다. 그런데 조금 지나자 다시 무겁게 느껴졌습니다.

"주님, 조금만 더 잘라 주세요."

이번에도 주님은 말없이 잘라 주셨습니다. 그러나 얼마 못 가 십자가 무게가 다시 자매를 짓눌렀습니다. 그렇게 주님을 졸라 십자가를 잘라 내기를 여러 번…… 드디어 자매는 천국 앞에 다다랐습니다. 그런데 이게 웬일입니까. 요단강이 세차게 흐르는 깊은 계곡이 천국 문 앞을 딱 가로막고 있는 겁니다. 주위를 둘러보니 처음 길이 그대로, 기다란 십자가를 지고 온 다른 사람들은 그것을 다리 삼아 계곡을 쉬이 건넜습니다. 반면 도중에 십자가를 잘라먹은 자매는 계곡을 건널 방법이 도무지 없었습니다. 바로 앞이 천국인데…… 이러지도 저러지도 못하고 요단강 앞에서 목 놓아 울다가 잠에서 깼습니다. 이후로 자매는 '주님, 십자가가 무겁습니다. 조금만 잘라 주세요' 결코 떼쓰지 않았습니다. 주신 환경에 순종하며 찬양과 기쁨의 삶을 살았습니다.

바로 이것이 "유다"에 담긴 의미입니다. 내 몫에 태인 십자가에 감사하십시오. 환경이 달라지지 않아도 감사해야 합니다. 이야말로 진정한 찬송입니다. 나의 십자가는 하나님이 고르고 골라서 내게 가장 알맞게 주신 것입니다. 그러니 자꾸 버리고 가려 하지 마세요. 십자가 자르겠다고 가정을 내팽개치며 이혼하고 직장을 때려치우면 이도저도 안 됩니다. 비록 보이는 것 없어도 내게 주신 십자가를 묵묵히 지고 가다 보면 어느 날 홈런을 치게 될 줄 믿습니다.

저희 시할머니가 그랬잖아요. 단 한 번의 동침으로 큰 일가를 이루셨습니다. 정말 하나님이 함께하신 사건이라고밖에는 설명할 길이 없습니다. 시할머니를 향한 시아버지의 지극한 효심도 하나님께서 주신 마음입니다. 비록 남편에게 사랑 받지 못해도 할머니는 앉으나 서나 하나님을 부르짖었습니다. 숫자도 잘 못 세시는 분이 시간을 정해 두고 밤낮 기도하셨습니다. 자녀들이 잠결에 그 기도를 듣지 않았겠습니까. 그래서 하나님께서 그 한 번을 허락해 주신 줄 믿습니다. 364일 사랑 받는 것, 아무 소용 없습니다. 한 번이면 됩니다.

꼭 레아와 같은 한 자매의 간증을 소개합니다.

제가 어릴 때 어머니는 무능한 남편과 세 딸을 두고서 집을 나갔습니다. 홀로 자녀를 감당할 수 없었던 아버지는 우리 자매들을 각각 친척 집에 맡겼고, 저는 작은아버지 댁에 보내졌습니다. 저는 그곳에서 천덕꾸러기가 되지 않고자 부단히 노력했습니다. 그러나 존재 자체로 밉상이다 보니까 아무리 조심해도 미움 받는 걸 피할 수는 없었습니다. 이런 이야기를 들으면 모두가 제게 "불쌍하다, 힘들었겠다"라고 말합니다. 하지만 이때가 제 인생에서 가장 아픈 순간은 아니었습니다.

고통의 기억을 떠올려 보라고 하면 제 생각이 모이는 시점이 있습니다. 바로 남편이 감옥에 가고 나 홀로 남겨져 아이를 낳은 때였습니다. 그때의 상처를 잊어버릴 수도, 누구에게 말할 수도 없었습니다. 어린 자녀들을 버려 두고 떠난 엄마와 무능력한 아버지에게서 제가 무얼 기대했겠습니까. 그러나 남편은 달랐습니다. 내 사람이라고 여겼기에 남편만은 나의 결핍을 채워 주어야 한다고 믿었습니다. 그런데 그런 남편이 갑자기 사라져 버리자 얼마나 슬프고 무서웠던지요. 혼자 아이를 낳고 병실에 있을 때는 꼭 섬에 갇힌 것만 같았습니다. 나를 철저히 홀로 두신 하나님이 꼭 악마처럼 느껴졌습니다. '그리 악하게 살지 않았는데 왜 내게 이런 일이 닥쳤을까, 하나님이 계신다면 내 고통을 이렇게까지 모르는 척할 수는 없어' 원망도 많이 했습니다. 남편이 출소하면 모든 고통을 보상 받을 줄 알았지만, 이후로도 고난은 계속 찾아왔습니다. 정말 땅끝까지 내려간 인생이었습니다.

그러나 주님을 깊이 만난 후 이 일이 나를 버리신 사건이 아니라는 걸 알았습니다. "내가 가는 길을 그가 아신다"는 욥기 말씀을 보고(욥 23:10) '하나님이 내 형편을 아시는구나, 내가 살아온 날을 다 보고 계셨구나!' 깨달아지면서 얼마나 은혜를 받았는지 모릅니다. 죽을 것 같은 환경 속에서 하나님을 원망했지만, 그 하나님이 계셔서 제가 살아날 수 있었습니다. 하나님을 만난 것이 제 인생에서 가장 기쁜 일입니다.

저는 이렇게 잘못 없이 고난당하는 사람을 하나님이 반드시 만져 주신다고 믿습니다. "자녀를 버린 부모가 나쁜가, 자녀를 성폭행한 부모가 나쁜가?" 누군가에게 물었더니 성폭행한 부모가 더 나쁘답니다. 그런데 그런 부모가 우리 가운데 있지 않습니까? 둘 다 나쁜 부모지만 자녀를 성폭행하는 건 병입니다. 중독입니다. 병원에 가서 고쳐야 합니다. 옳고 그름에만 머물 것이 아니라 불쌍히 여겨야 합니다. 하나님을 만나면 이런 문제도 해결될 줄 믿습니다.

물론 부모에게서 받은 고통은 해결하기 어려운 것 잘 압니다. 그러나 말씀이 들려 하나님이 만나 주시고 공평하게 대해 주시면, 고통의 굴레 가운데 몸부림치던 자라도 최고의 성도로 거듭날 줄 믿습니다.

우리가 무엇을 찬송해야 합니까? 공평하신 하나님을 찬송해야 합니다. 나의 머리털로 주의 발을 씻긴 섬김을 기억하시고 다 갚아 주실 하나님을 찬송해야 합니다. 슬픈 자의 위로 되시는 하나님을 찬송해야 합니다. 어떤 환경에서도 찬송함으로 유다를 낳고 예수 그리스도의 후손을 낳는 여러분 되기를 축원합니다.

- 너무 힘들어서 잘라 내고 싶은 십자가는 무엇입니까?
- 하나님이 나를 돌보시고 들어주시고 연합하게 해 주신 간증이 있습니까?

모태신앙인으로 교회를 오래 다녔지만 믿음에는 관심이 없었습니다. 학벌 열등감에 사로잡혀 오로지 일류가 되고자 미친 듯이 노력했습니다. 그러나 아무리 노력해도 승진에서 누락되었고, 심지어 저만 스카웃에서 제외되어 회사에 홀로 남는 수치를 당했습니다. 그때도 저는 돌이키지 못하고 꼭 내가 사랑 받지 못하는 레아처럼 느껴져 '나는 왜 이런가' 하며 분을 품었습니다(창 29:31a). 그런데 회사에 혼자 남겨지자 일을 할 사람이 저밖에 없어 맡은 일의 범위가 넓어지고 모든 일의 중심에 서게 되었습니다. 그러던 중에 아내를 소개 받아 결혼했습니다. 이후 첫아이를 낳고 둘째를 임신 9개월 만에 출산했는데 이 아들이 자라면서 말도 잘 못하고 눈도 제대로 맞추지 못했습니다. 가족 간에도 많이 다투는 위기 상황이 왔습니다. 집사람은 말씀으로 저를 권면했지만 들을 귀가 없어 목사님 설교 말씀이 잘 들리지 않았습니다. 저보고 돌이키라고 하나님이 자꾸 사건을 주시는데도 저는 돈이 있어야 한다는 생각에 일에만 몰두했습니다.

그즈음 새로 옮긴 외국계 회사는 본사 직원이 7년 동안 영업해도 수익이 나지 않는 곳이었습니다. 그러나 하나님은 무시당하는 레아

274

에게 아들을 주신 것처럼 2명으로 시작한 회사가 8년 만에 50명이 되고, 매출은 50배가 되는 결과를 보여 주셨습니다(창 29:31b). 그제야 비로소 하나님께 나아가 교제를 나누고자 하는 소망이 생겼고, 회사에서 힘든 직원들과 함께 말씀을 나누게 되었습니다.

어느 날 주일, "하나님은 어떤 실수도 실패가 되지 않게 하십니다"라는 목사님의 설교 말씀에 제가 너무나 부족하고 큰 죄인임이 깨달아졌습니다. 그때부터 모든 일정을 예배에 맞추고 교회 양육 훈련 숙제로 작성한 간증문을 자녀들에게 보내며 지난 제 잘못을 사과했습니다. 기분에 따라 갑자기 화를 내고 야단치며, 내 눈높이로 판단했던 것을 용서해 달라고 했습니다. 그리고 자녀들의 답장을 받으며 굳었던 제 마음이 녹아내리는 것을 느꼈습니다.

레아처럼 슬프고 괴로워 죽고 싶었던 저를 보시고 예배 때마다 만나 주셔서 이제는 영원토록 찬양할 대상은 예수님이라는 것을 알게 해 주신 주님, 감사합니다(창 29:35). 하나님을 사랑하는 마음으로 지체들을 섬기며 주님의 십자가를 따르기를 소원합니다.

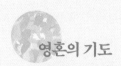

영혼의 기도

하나님 아버지, 제가 입으로만 찬양하고 손으로만 반주하며 어린 시절을 보냈습니다. 라헬처럼 모두에게 인정받고 사랑 받기를 바라다가 죽을 뻔했는데, 하나님께서 힘든 결혼생활이라는 딱 맞는 고난을 허락하셔서 저도 레아처럼 돌이키게 되었습니다. 내 힘으로는 도저히 레아가 될 수 없지만 하나님께서 돌보시고 들어주시고 연합하게하셔서 마침내 저로 하나님의 이름을 찬양하는 데까지 나아가게 하셨습니다. 그리고 이렇게 라헬에서 레아로 돌이키고 나니, 비록 믿음은 없었어도 어려서부터 섬겼던 그 모든 것을 주님께서 영육 간에 다 갚아 주십니다. '내가 라헬이었구나.' 이 작은 깨달음을 귀히 여기셔서 지금도 갚아 주고 계십니다.

주님, 레아처럼 버림받고 가증히 여김 받으며 괴로워하는 영혼이 우리 가운데도 많습니다. 나를 버린 부모를 용서할 수 없어서, 배우자와 자녀에게 배신당한 아픔이 너무 쓰라려서 불러도 불러도 돌아오지 않는 이들이 얼마나 많은지 모릅니다. 주님, 그들을 불쌍히 여겨 주옵소서. 레아만큼 아픔과 상처 많은 인생이 어디 있겠습니까. 조강지처인데도 남편 야곱이 그를 미워하는 걸 넘어 가증히 여겼다고 합니다. 그러나 그런 가운데서도 그녀가 끊임없이, 간절히 하나님의 이름을 부르며 나아가자 믿음의 조상, 예수님의 조상을 낳는 놀라운 축복을 받았습니다. 우리도 나의 상처와 아픔이 약재료가 돼서 사람을 살리는 인생이 되게 하옵소서. 아들을 낳는 자, 영적 후사를 낳는 자가 되게 해 주옵소서. 나의 십자가를 자르지 않는 것이 천국 가는 길인 걸 믿습니다. 나의 십자가를 잘 지고서 전도하게 하옵소서. 그럴 때 낳고 낳는 생명의 역사가 일어나고, 예수님의 조상을 낳는 홈런을 치게 될 줄 믿습니다.

하나님을 찬송합니다. 하나님을 찬송할 수 있어서 감사합니다. 괴롭고 슬퍼도 아버지 하나님을 부를 수 있는 것에 감사해서 다시 한 번 찬송합니다. 찬송 받기에 합당하신 하나님 아버지, 우리의 찬송을 받아 주옵소서. 예수님 이름으로 기도하옵나이다. 아멘.

11

기쁜 자

창세기 30장 1~13절

하나님 아버지, 레아가 "기쁘도다" 고백합니다.
우리도 매사에 "기쁜 자라" 말을 듣는
성도가 되기를 원합니다.
그러기 위해 우리의 사건을 말씀으로
해석할 수 있는 믿음을 허락해 주옵소서.
말씀하여 주옵소서. 듣겠습니다.

여러분의 인생에서 가장 기쁜 일은 무엇입니까? 저는 주님을 깊이 만나기 전까지 대학에 붙은 게 가장 기쁜 일이었습니다. 갈망했던 좋은 대학에 한 번에 들어간데다 부모의 뒷받침이 절실한 피아노과 진학을 누구의 도움 없이 홀로 이루었잖아요. 그야말로 기적 아니겠습니까? 당시엔 이제부터 "고생 끝, 행복 시작"일 줄로 믿었습니다. 잠시는 기뻤죠. 그런데 그 대학 때문에 소위 시집을 잘 가서 행복은 끝, 고생만 시작되었습니다. 부모가 계셔도 고아처럼 자랐고 결혼했지만 과부가 되어서 성경에서 가장 불쌍히 여기는 고아와 과부를 제가 다 거쳤습니다. 정말 기쁜 일이라고는 하나 없어 보이는 삶이었습니다. 그러나 이제는 모든 사람이 저보고 "기쁜 자라" 하는 인생을 살고 있습니다.

　여러분은 슬픈 자입니까, 기쁜 자입니까? 본문에서 레아는 "기쁘도다, 모든 딸들이 나를 기쁜 자라 하리로다"라고 고백합니다(창 30:13). 그런데 놀라운 사실은 시기당하고 경쟁의식과 유혹이 난무하는 환경 가운데서 레아가 이런 고백을 했다는 것입니다. 오히려 잘 먹고 잘사는 이들은 "기쁘도다" 하지 못하는 걸 많이 보았습니다. 오늘 내가 시기를 당합니까, 경쟁에 놓여 괴롭습니까? 그럼에도 '기쁜 자'가 될 줄로 믿습니다. 우리가 어떻게 기쁜 자가 될 수 있을지 본문을 통해 보겠습니다.

시기당하는 가운데 기쁜 자가 됩니다

라헬이 자기가 야곱에게서 아들을 낳지 못함을 보고 그의 언니를
시기하여 야곱에게 이르되 내게 자식을 낳게 하라 그렇지 아니하면
내가 죽겠노라_창 30:1

하나님께서 레아가 사랑 받지 못함을 보시고 그의 태를 열어 주
셨습니다(창 29:31). 여호와께서 보아 주셔서, 다시 말하면 하나님의 시
선이 레아에게 향하여 그가 네 아들을 낳았습니다. 반면에 라헬은 자
기 시선으로 보고 언니를 시기합니다. 하나님이 하신 일인데도 남편
에게 사랑 받지 못하는 언니가 잘되니까 샘을 냅니다. 마음속으로만
시기하는 게 아니라 밖으로까지 투기심이 표출됩니다. 레아는 하나
님께 기도하는 가운데 아들을 낳았는데 라헬은 기도하기는커녕 성만
내고 있습니다. 자식을 낳지 못하는 여자는 죽은 것과 다름없다고, 스
스로를 죽은 자 취급하면서 "나 죽네, 나 죽네" 합니다. 영영 후사를 낳
지 못하고 남편 사랑마저 빼앗길까 봐 야곱을 협박하기까지 합니다.
　라헬의 자식 욕심은 영적 자녀를 낳겠다는 마음보다는 경쟁심에
뿌리를 두고 있습니다. 그러니 레아 언니의 고통은 생각하지 못합니
다. 무엇보다 남편에게 사랑 받는 것이 아내에게는 최고의 행복 아닙
니까. 그러나 라헬은 사랑 받지 못하는 레아의 슬픔은 헤아리지 못하
고 자기 처지만 불쌍해서 "나 죽겠네" 합니다. 그런 라헬을 보고 야곱
은 어떻게 나옵니까?

야곱이 라헬에게 성을 내어 이르되 그대를 임신하지 못하게 하시는
이는 하나님이시니 내가 하나님을 대신하겠느냐_창 30:2

그토록 사랑하는 라헬에게 화를 냅니다. "성을 내어"라는 구절을
원어성경에서는 '콧숨을 거세게 몰아내며 극렬하게 분을 발하여'라
고 더 생생하게 묘사합니다. "임신하지 못하게 하시는 이는 하나님이
시니 내가 하나님을 대신하겠느냐!"라는 말도 그렇습니다. 하나님만
이 생명의 주관자이심을 믿는 야곱의 신앙심이 엿보이기도 합니다.
하지만 그보다 "하나님 놔두고 왜 나를 들들 볶아 대냐!"라는 의미가
더 강합니다.

야곱은 라헬 때문에 인생이 늘 힘듭니다. 그런데도 사랑이라 착
각하고 평생을 삽니다. 따지고 보면 야곱이 라헬 때문에 얼마나 고생
했습니까? 라헬 얻으려고 7년에다 7년을 더 일했습니다. 그렇게 어렵
게 모셔 온 라헬이 야곱을 끊임없이 괴롭힙니다. 예쁜 여자만 좋아하
면 이렇게 인생이 피곤해집니다. 남자분들, 경각심을 가지십시오.

라헬이 질투의 화신이 되어 모두를 괴롭게 합니다. 라헬 자신도
지옥을 삽니다. 남편에게 사랑 받아도 오직 자녀 얻는 것만이 소원이
니까 다른 무엇으로는 마음이 채워지지 않는 겁니다. 이를 구속사로
생각해 보면 예수 그리스도가 우리의 구세주요, 신랑이시기에 예수
님께 사랑 받으면 다른 무엇은 필요 없습니다. 그런데 지금 라헬이 교
회를 다녀도 이걸 모르는 겁니다. 주님의 사랑을 듬뿍 받는데도 감사
하지 못하면 형벌의 세월만 길어집니다.

레아는 하루하루 하나님을 붙잡으며, 처음엔 코끼리 뒷다리 더듬듯 어렴풋이 알았던 주님의 실체를 점점 확실히 보게 됐습니다. 그러나 라헬은 그런 레아를 시기하기만 합니다. 좀체 주님의 실체를 보지 못합니다. 주님을 붙잡는 것이 무엇인지 모르기에, 레아의 애통은 보이지 않고 그 애통으로 주어진 아들만 보고 시기합니다.

레아는 육적 남편에게 사랑 받지 못하니까 영적 남편이신 예수 그리스도의 사랑을 조금씩 알아 갑니다. 반면에 라헬은 육적 남편에게 너무 사랑 받다 보니까 참신랑이신 예수님의 사랑이 간절하지 않습니다. 제가 정말 보니 남편 사랑을 받지 못하는 분들은 근본적으로 겸손합니다. 그래서 남편 때문에 힘든 분들은 제가 손만 잡아도 서로 통하는 게 있습니다. 반면에 남편에게 사랑 받는 분들은 꼭 라헬 같습니다. 시기가 장난 아닙니다. 남자라고 다릅니까? 겉으로 드러내지 않아도 알고 보면 다들 투기의 화신입니다. 예수님을 못 만나면 남자든지 여자든지 시기에서 못 벗어납니다. 레아와 라헬을 통해 그걸 우리에게 알려 주십니다. 레아는 고난 가운데 축복을 맛보고 있는데 라헬은 잘 먹고 잘살면서 시기의 고통을 지나고 있습니다.

『우리를 지배하는 7가지 욕망의 심리학』시리즈는 '시기, 탐식, 화, 게으름, 탐욕, 정욕, 자만'이라는 일곱 가지 주제를 통해 인간의 본성과 욕망을 들여다보고 있습니다. 그중 『시기』편에서 비평가 조지프 엡스타인(Joseph Epstein)은 다음과 같이 설명합니다.

게으름은 그다지 신나지는 않지만 퍼져서 누워 있다 보면 나름 재미있게 느껴지기도 합니다. 화 역시 가끔 터뜨리면 후련한 느낌을 맛볼 수 있습니다. 그런데 일곱 가지 욕망 중에 유일하게 재미조차 없는 것이 시기랍니다. 시기는 미묘하다 못해 음흉하기까지 해서, 사람들이 가장 부정하고 싶어 하는 감정이랍니다. 시기한다는 건 속이 좁고 쩨쩨하고 비열하다고 스스로 인정하는 것이기 때문입니다. 또한 다른 여섯 가지 욕망을 품었다고 밤잠을 설치지는 않지만 시기는 잠이 오지 않을 정도로 인간을 괴롭게 한답니다.

웹스터 사전은 시기를 "다른 사람이 누리는 이점을 인식해서 그와 똑같은 이점을 가지고 싶어 하는 열망에서 나타나는 고통과 분노"라고 정의합니다. 옥스퍼드 사전은 "행복, 성공, 명성 등 가치 있는 것을 누리는 사람에게 느끼는 불쾌감과 악의"라고 보다 현실적으로 정의하면서 시기를 반감, 적대감, 적극적 해악, 위해, 가해 등과 같은 범주로 분류합니다.

철학자 키르케고르는 그의 저서 『죽음에 이르는 병』에서 "감탄은 행복한 자기 포기이지만 시기는 불행한 자기만족"이라고 말했습니다. 예를 들자면, 나의 미모가 조금 부족한데 예쁜 사람을 보았다고 합시다. 그와 비교하지 않고 "어머, 저 사람은 정말 예쁘네!" 감탄하는 건 행복한 자기 포기입니다. 반면에 "저 사람은 성형한 게 틀림없어. 조금 있다가 코가 삐뚤어질 거야" 하면서 스스로 위안하는 건 시기이며 불행한 자기만족이라는 겁니다. 누가 싫은 소리 할 때 "아니야, 내가 최고야" 하는 것도, 다른 이와 비교하며 "저 사람은 잘생기고 유능하고 사랑을 한 몸에 받는데 나는 왜……" 하는 것도 시기입니다.

또한 신학자이자 작가인 도로시 세이어즈(Dorothy Sayers)는 시기에 빠진 인간을 '위대한 평등론자'라고 비유했습니다. 시기에 불타는 자는 누가 나보다 앞서는 걸 견디지 못합니다. 상향 평준화를 할 수 없다면 하향 평준화라도 반드시 해야 합니다. 이때 상향 평준화의 최선은 출세입니다. '너무 분해서 이겨 먹겠어!'라는 마음으로 분투하여 높은 지위까지 오르는 것이죠. 이런 경우 대부분 속물이 된답니다. 반대로 최악의 하향 평준화는 "너 죽고 나 죽자" 하는 것입니다. "행복한 사람을 보느니 차라리 모조리 파괴해 버리겠어" 하고 모두를 불행으로 빠뜨리는 겁니다. 시기에 내재된 강력한 원한이 파괴적인 행동으로 표출되는 경우죠. 결국 상향 평준화나 하향 평준화나 비참하기는 마찬가지입니다.

우리는 시기와 질투를 하나의 단어처럼 붙여서 사용하기도 하지만 이 둘은 의미가 조금 다릅니다. 질투는 남녀 간의 삼각관계에서 흔히 나타납니다. 내가 좋아하는 이성이 다른 사람을 좋아할 때 느끼는 부정적인 감정을 말하죠. 제삼자의 눈으로 보면 질투는 자기를 보호하려는 자연스러운 감정으로 보이기도 합니다. 반면에 시기는 상대방이 정당하게 소유한 재산에 대해서도 적대감을 가지는 것입니다. 그래서 영어와 독일어는 시기와 질투를 다르게 정의한다고 합니다.

시기는 나도 죽고 남도 죽이는 감정입니다. 라헬은 시기가 지나쳐서 "나 죽겠다!" 하고 야곱은 속수무책입니다. "나보고 어쩌라고!" 하며 성만 냅니다. 라헬을 사랑하는 까닭에 14년을 품삯도 받지 않고 일했는데, 어렵게 라헬을 데려와서는 싸움질이나 하고 있습니다. 사랑이 무엇인지 도대체 모르는 것입니다.

• 고난 가운데 말씀을 붙들며 주님의 실체를 점점 바로 보고 있습니까? 비교하고 시기하면서 고통만 맛보고 있지는 않습니까? 나는 무엇을, 누구를 시기합니까?

경쟁에 놓인 가운데 기쁜 자가 됩니다

라헬이 이르되 내 여종 빌하에게로 들어가라 그가 아들을 낳아 내 무릎에 두리니 그러면 나도 그로 말미암아 자식을 얻겠노라 하고
_창 30:3

라헬의 시기심이 결국 죄를 낳습니다. 야곱으로 하여금 첩을 취하게 만듭니다. "그가 아들을 낳아 내 무릎에 두리니"라는 말은 '빌하에게서 아들을 얻으면 무너졌던 내 체면이 회복되리라'는 의미입니다. 라헬은 사라 할머니가 아브라함에게 하갈을 첩으로 들여보냈다가 일생 힘들었다는 이야기를 들었을 겁니다. 시어머니 리브가가 20년을 기다린 뒤 마침내 아들을 낳았다는 이야기도 들었을 것입니다. 그런데 이런 간증들이 라헬에게는 다 쓸데없습니다. 라헬은 오직 이겨야 삽니다. 경쟁의식에 사로잡혀서 이길 수만 있다면 수단과 방법을 가리지 않습니다.

4 그의 시녀 빌하를 남편에게 아내로 주매 야곱이 그에게로 들어갔

더니 5 빌하가 임신하여 야곱에게 아들을 낳은지라_창 30:4~5

참 이상하지요? 하갈도, 그두라도 왜 이리 첩들은 쉽게 임신이
되고 아들을 순풍순풍 잘 낳는지 모르겠습니다. 술집에서 만난 이성
과 딱 하룻밤 보냈는데 임신이 되었다는 이야기를 우리도 종종 듣잖
아요. 그러니까 조심해야 합니다. 함부로 살아서는 안 됩니다.

라헬이 이르되 하나님이 내 억울함을 푸시려고 내 호소를 들으사
내게 아들을 주셨다 하고 이로 말미암아 그의 이름을 단이라 하였
으며_창 30:6

"아들만 낳으면 소원이 없겠다" 타령하는 사람에게 정말 아들을
주면 그가 감사할까요? 라헬을 보니 전혀 그렇지 않습니다. 빌하에게
서 아들을 얻은 라헬은 "하나님이 내 억울함을 푸시려고 내 호소를 들
으사 내게 아들을 주셨다"고 부르짖습니다. 그런데 생각해 보세요. 라
헬은 하나님이 내 호소를 들으셨다고 말하지만 자기 뜻대로 한 기도
이지 하나님께서 들으시는 기도는 아니었습니다. 그런데도 '내가 기
도해서 하나님이 수치를 벗겨 주셨다'고 자화자찬합니다.
    라헬과 같은 사람들은 자신을 인정하지 않습니다. 그저 인정받
기에만 혈안이 돼 있습니다. 라헬처럼 일이 잘 풀릴 때만 "하나님의
역사로다" 부르짖고 고난이 찾아오면 "억울하다" 하는 사람은 참된
크리스천이라고 할 수 없습니다. 믿음의 조상 야곱의 부인으로서 라

헬은 부적격합니다.

'단'이라는 이름도 그렇습니다. 언니를 시기하며 성내다가 인간
적인 방법으로 아들을 얻더니 그 이름도 '억울함을 푸시다'라는 뜻의
'단'이라고 짓습니다. 하나님이 단을 통해 자기의 억울함을 풀어 주셨
다는 겁니다. 왜, "우리 아들이 서울대에 가서 그동안의 설움이 다 풀
렸잖아" 하고 자랑하는 부모가 있잖아요. 지금 라헬이 꼭 그러는 겁니
다. 한편으로는 하갈에게서 이스마엘을 낳고 사라가 기뻐했다는 말
은 없었는데 그래도 라헬은 단을 자기 아들로 여깁니다. 믿음의 씨가
조금은 보입니다.

왜 라헬은 단을 낳고 "억울함이 풀렸다"고 했을까, 더 깊이 'Think'
해 보았습니다. 남편 사랑을 독차지하는 내게는 자녀가 없는데 언니는
아들을 넷이나 낳았습니다. 그런데 단을 낳고 보니까 비록 여종에게서
얻은 아들이기는 해도 레아의 네 아들에 비해 단이 너무 잘난 겁니다.
레아의 아들들은 겉보기에 별 볼 일 없는데, 아마도 단은 잘생겼던 것
같습니다. 우량아에다 외모도 출중하니까 라헬이 홈런을 쳤다고 생각
했습니다. 더 알기 쉽게 말해 보면, 레아가 아들이 넷이어도 그중 누구
도 서울대를 못 갔는데 라헬은 딱 한 명 낳은 아들이 서울대를 간 겁니
다. 그러니 "내 억울함을 푸시려고 아들을 주셨다"라는 말이 절로 나오
지 않겠습니까? 하나님이 육의 것을 잠깐 채워 주시니까 라헬이 기세
가 등등해졌습니다.

7 라헬의 시녀 빌하가 다시 임신하여 둘째 아들을 야곱에게 낳으매

8 라헬이 이르되 내가 언니와 크게 경쟁하여 이겼다 하고 그의 이름을 납달리라 하였더라_창 30:7~8

아들을 얻고자 하는 라헬의 욕망은 사그라들 줄 모릅니다. 그래서 빌하를 통해 둘째를 낳고 "내가 언니와 크게 경쟁하여 이겼다"라는 뜻으로 '납달리'라고 이름 짓습니다.

'경쟁하여'로 번역된 구절을 원어성경으로 보면, '다툼, 싸움'을 뜻하는 단어인 '나프툴레(נַפְתּוּלֵי)'에 하나님을 뜻하는 단어 '엘로힘(אֱלֹהִים)'을 붙여서 '하나님의 싸움'이라고 표현하고 있습니다. 자신이 언니와 벌이는 이 경쟁이 하나님의 싸움이라는 겁니다. 라헬이 정말 모든 일을 하나님의 싸움이라고 여겼을까요? 물론 하나님께서 레아의 태는 여시고 자신의 태는 닫으신 걸 알고 '하나님이 이 싸움에 관여하시는구나' 깨달았을 수도 있습니다. 그러나 지금까지 그녀의 태도로 보아 그런 건 아닌 것 같지요?

본문과 비슷한 구절이 뒷부분에도 나옵니다. 훗날 야곱이 얍복 나루에서 하나님의 사자와 밤새 씨름하다가 허벅지 관절이 부러진 사건입니다(창 32장). 이때 하나님이 야곱의 이름을 '하나님과 겨루어 이겼다'라는 뜻의 이스라엘로 바꾸어 주시죠. 그러나 라헬의 싸움은 야곱의 싸움과는 아주 다릅니다. 라헬은 자기 힘으로 겨루고는 "내가 큰 싸움에서 이겼다"고 의기양양해합니다. 이것은 하나님의 싸움이라고, 하나님께 기도해서 아들을 얻었다고 입으로만 하나님을 읊어 댑니다. 진정한 승리는 나를 내려놓는 것인데 라헬은 자기 방법, 자기 생각대로 밀어붙이면서 이기는 싸움을 했다고 부르짖습니다.

한편으로 하나님이 대단한 걸 주시니까 라헬의 시기가 조금 가라앉았습니다. 라헬 같은 교인은 돈이 벌리면 교회에 앉아 있고, 벌리지 않으면 교회부터 안 옵니다. 그러니 잘된다고 꼭 축복은 아닙니다.

언니와의 경쟁에서 이겼다고 자랑 삼아 떠드는 라헬이나, 동생 아벨을 시기하여 죽인 가인이나, 자기 상처를 건드렸다고 살인을 저지른 라멕이나 무엇이 다릅니까. 상대를 누르고 이겼다고 환호하는 세상 모습과 다를 바 없습니다. 이 세상은 그야말로 경쟁의 연속입니다. "내가 아무개를 제치고 일등 했잖아", "내가 몇십 대 일의 경쟁률을 뚫고 대학에 붙었잖아" 이런 게 자랑거리입니다. 이웃은 시기의 대상도, 경쟁의 대상도 아닌데 모두가 경쟁합니다. 겉보기에는 돈독해 보여도 부부간에도, 형제간에도, 교인끼리도 경쟁하느라 난리입니다. 특히 동서지간에 얼마나 경쟁이 치열한지 모릅니다. 서로 시기하고 미워하면서 날마다 지옥을 삽니다.

그런데 보세요. 라헬이 그토록 간구해서 낳은 일류 아들의 결론이 무엇입니까? 빌하에게서 난 단의 후손은 훗날 열두 지파의 계보에서 빠집니다. 일류 대학, 일류 회사에 들어갔다고 해서, 일류 장로, 일류 목사라고 해서 예수님의 계보에 오르는 것이 아닙니다. 큰 경쟁에서 정말 이겼는가, 아닌가는 마지막까지 가 봐야 압니다.

한 목사님이 방황하는 아들을 선진국이 아니라 못사는 나라로 유학을 보내서 일절 용돈도 보내지 않고 벌어서 쓰게 했답니다. 그런데 그것이 자녀 교육에 훨씬 도움이 되었다는 겁니다. 목사님은 자녀들을 선진국으로 유학 보내던 시대는 지났다면서, 우리가 도움을 받던 나라에서 이제는 은혜를 베풀어야 하는 나라가 되었으니 자녀들을 힘든 나라로 보내 훈련시켜야 한다고 말씀하셨습니다.

미국의 교육 심리학자 알피 콘(Alfie Kohn)은 그의 저서『경쟁을 반대한다』에서 이렇게 말합니다.

"우리는 경쟁적인 활동에 매우 열광할 뿐 아니라 거의 모든 일을 경연장으로 끌어들이고 있다. 회사에서도 이달의 사원이라는 타이틀을 차지하고자 경쟁을 해야 한다. 잠시라도 경쟁에서 벗어나려고 춤을 추러 가면 그곳에서도 경쟁에 말려든다."

그는 중요한 일이든지, 사소한 일이든지 우리 삶에서 순위를 매기는 강박으로부터 자유로운 일은 어디에도 없다고 말합니다. 어디를 가든 늘 경쟁을 한다는 겁니다. 전혀 그럴 필요가 없는 상황에서도 우리는 다른 사람과 비교합니다. 예를 들어, 파티에 가서도 누가 나보다 지적이고 매력적으로 보이는가 꼭 순위를 매긴답니다.

교회에서도 경쟁합니다. 서로 직분을 비교하고, '저 집사 아들은 일등 했다는데 우리 아들은 왜 이 모양인가……' 하며 밤낮 견주어 봅니다.

그러면 경쟁은 유익한 것일까요? 알피 콘은 "경쟁의 본질은 상호 배타적인 목표를 달성하는 것"이라고 정의합니다. 쉽게 말하면 '네가 실패해야 내가 이긴다'는 것입니다. 그래서 경쟁 사회에는 승자와 패자밖에 없답니다. 그런데 이런 구도가 인간을 얼마나 병들게 하는지 모릅니다.

세상은 승리를 탁월함과 동일시하지만, 무엇을 잘하는 것과 남을 이기는 것은 전혀 다른 차원의 문제입니다. 그런데 경쟁은 인간에게 가장 중요한 자존심에 타격을 입힌다는 겁니다. 모두가 자기 가치를 인정받고 싶어 하고, 이런 인정 욕구를 경쟁에서 승리해서 채우려 합니다. 그러나 승리하는 사람은 소수이고 대부분 패배자가 됩니다. 따라서 많은 사람이 패배감을 안고 살아가는 겁니다. 승리했다고 자존감이 올라가는 것도 아닙니다. 승자와 패자로만 구분되는 사회에 영원한 승자란 없습니다. 잠깐인 승리의 전율이 끝나면 또다시 자신을 입증하기 위해 경쟁해야 합니다. 알피 콘은 이것이 경쟁의 악순환이라고 지적합니다.

정말 그렇지 않습니까? 열심히 노력해서 승진해도 계속 치고 올라가야 하니까 평생 쉴 틈이 없습니다. 잘나가고 잘된다고 안식할 수 있는 게 아닙니다. 모두가 영원한 경쟁의 수레바퀴 속에 있습니다.

나아가 알피 콘은 경쟁 속에서 끊임없이 상처 받는 개인의 심리와 경쟁적 사회 구조가 합쳐지면 타인의 성공은 자신의 실패를 통해 이루어졌다는 생각이 신념처럼 자리하게 될 것이라고 말합니다. 경쟁에 의해 뺏고 빼앗기는 제로섬 게임대로 움직이는 사회라고 인식된다면 상대에게 신뢰를 주는 행동은 스스로에게 손해를 끼치는 바보 같은 일로 보이게 될 거라고 경고합니다. 경쟁이 극심해질수록 일등을 향한 강박은 강해질 테고, 규칙을 지키는 것보다 승리하는 게 더 큰 미덕이 될 것이라고도 지적합니다.

남의 시험지를 베끼는 학생부터 선거에서 이기기 위해 불법을 저지르는 정치인까지, 갈수록 규칙을 지키지 않는 사람이 늘어나는 것이 이런 이유 아니겠습니까? 그런데 우리는 그 원인이 명백히 승패의 구조에 있는데도 규칙을 지키지 않는 개인을 처벌하면 된다고만 생각합니다. 우리가 보았지만 청문회 해 가면서 벌주고, 옳고 그름으로 따진다고 사회가 바뀝니까?

승자가 모든 것을 차지하는 사회에서 경쟁자가 갖추어야 할 덕목은 규칙을 지키는 게 아니라 이기는 것입니다. 모두가 그저 '다음에는 꼭 이겨야지'라고만 생각합니다. 사회 구조가 좀체 바뀌지 않습니다. 이런 구조적인 악 속에서 살아남으려면 성공하는 습관을 갖는 것밖에 없어 보입니다. 그래서 목회자들도 성공을 부르짖고, 학교끼리, 집안끼리, 심지어 부부 사이에도 경쟁합니다. 특히 주식투자에 지나치게 빠진 사람들을 보면 경쟁심에 불타오르더군요. '이번에는 실패했지만 다음에는 성공하리라' 합니다. 도무지 실패를 인정하지 않습니다.

라헬이 그렇습니다. "내가 경쟁하여 이겼다!" 이것이 라헬 인생의 주제가입니다. 주로 잘난 사람들이 이럽니다. 라헬이 잘났잖아요. 남편 사랑을 한 몸에 받아도 자식 못 낳는 게 억울해서 죽을 지경입니다. 그래서 아들 이름도 납달리라고 짓지 않습니까. "납달리야~" 부를 때마다 "내가 언니하고 경쟁해서 이겼잖아", "아들 넷 낳은 사람을 내가 이겨 먹었잖아" 하고 영원히 기념하고 싶은 겁니다. 하나님도 못 이길 싸움을 내가 이겼다고 합니다.

우리들교회 한 집사님이 지난 말씀을 듣고 이런 나눔을 했습니다.

우리들교회 목장을 통해 영적·육적으로 은혜와 축복을 받으신 분들의 간증을 자주 들었습니다. 그런데 저는 그런 간증을 들을 때마다 시기, 질투가 났습니다. 지난 말씀에서 목사님이 꿈속에서 십자가 잘라먹은 자매를 예화로 들어 주셨는데, 그때도 '나 역시 천국에 이르는 마지막 관문에 도달하지 못할 사람은 아닌가' 스스로 돌이켜보기보다 천국 축복을 받고 싶다는 생각만 했습니다. 30억 부도를 맞았지만 주님 만나 빚을 다 갚았다는 한 집사님의 이야기를 들을 때는 '집사님이 거기까지 이르기까지 얼마나 힘드셨을까'라고 체휼하기보다 빚을 다 갚았다는 데 시기가 났습니다.

비단 이 집사님만 그런 게 아닙니다. 예수를 믿는다고 하지만 모두가 똑같지 않습니까? 앞으로 보겠지만 라헬이 두 아들을 낳고 "내 억울함을 푸셨다", "내가 경쟁에서 이겼다" 떠드니까 레아가 듣고 간이 콩알만 해집니다. 하도 라헬이 잘난 척을 하니까 주눅 들어서는 레아도 넘어집니다.

● 나는 누구를 이기고자 애씁니까? 어떤 경쟁에서 이겼다고 자랑하고 있습니까?

유혹에 넘어갔더라도 내 형편없음을 보면 기쁜 자가 됩니다

레아가 자기의 출산이 멈춤을 보고 그의 시녀 실바를 데려다가 야
곱에게 주어 아내로 삼게 하였더니 _창 30:9

"여호와께서 나의 괴로움을 돌보셨다", "여호와께서 나의 사랑
받지 못함을 들으셨다", "여호와를 찬송하리로다" 하던 레아가 옆에
서 라헬이 염장을 지르니까 유혹에 홀랑 넘어갑니다. 자기의 출산이
멈춤을 '레아가 보고' 시녀 실바를 야곱에게 주었다고 합니다. 이전에
는 여호와께서 레아를 보셨다고 했는데(창 29:31), 여기서는 그런 말씀
을 찾아볼 수 없습니다. 라헬이 보고(창 30:1), 레아가 보고…… 인간의
시선으로 보니까 자꾸 인간적인 마음이 들어갑니다.

과연 레아는 무엇을 보았을까요? '라헬이 하는 것은 나도 할 수
있다', '내게도 시녀 실바가 있다', '나도 실바를 들여보낼 수 있다' 이
런 것을 보지 않았을까요? 인간이 이렇게 연약합니다. 되었다 함이 없
습니다.

한편으로는 야곱의 마음이 라헬에게로 영영 가 버리는 것은 아
닐까 레아가 걱정이 들었겠지요. 레아의 출산이 멈춤을 보고 야곱이
발걸음을 끊었습니다. 부부관계가 끊겼습니다. 부부 사이에 문제가
생겼습니다. 그래도 레아는 야곱이 좋은 겁니다. 그러니 하나님을 찬
양하면서도 남편에게 사랑 받지 못해서 늘 주눅이 듭니다.

아내들은 남편에게 사랑 받지 못하면 순간순간 주눅 듭니다. 아

내들만 그런 게 아닙니다. 남편들도 그리스도의 사랑을 받지 못하면 순간순간 주눅 듭니다. 그리스도와 우리의 관계를 부부 관계에 빗댔을 뿐이지 본문을 아내들의 이야기로만 국한해서 읽으면 안 됩니다. 우리는 다 하나님의 사랑이 필요한 존재입니다. 모두 하나님의 사랑을 받아야 합니다.

만일 레아도 남편의 사랑을 듬뿍 받았더라면 라헬같이 행동하지 않았을까요? 별 인생이 없습니다. 레아나 라헬이나, 하나님의 긍휼함이 필요한 것이 우리 인생입니다. 로마서 1장에 보면 하나님께서 불의로 진리를 막는 사람들을 더러움에 내버려 두셨다고 말합니다.

"그러므로 하나님께서 그들을 마음의 정욕대로 더러움에 내버려 두사 그들의 몸을 서로 욕되게 하게 하셨으니"(롬 1:24).

여기서 '더러움'은 단순히 도덕적인 면만을 가리키지 않습니다. 가치 없는 것을 위해 가치 있는 것을 포기하는 걸 말합니다. 썩어질 것에 무릎을 꿇고, 헛된 것을 구하고, 망할 것을 좋아하는 게 우리 인생의 특징입니다. 눈앞에 일시적인 것을 위해서 영원한 것을 버립니다. 그러나 "생각하건대 현재의 고난은 장차 우리에게 나타날 영광과 비교할 수 없도다"(롬 8:18)라고 했습니다.

레아만은 끝까지 믿음을 지킬 줄 알았건만 환경에 장사 없다고 그도 유혹에 넘어졌습니다. 우리는 다 연약한 죄인입니다. 돈 문제, 자식 문제 앞에서 안 무너질 사람 없습니다. 돈 벌겠다고, 자식 성공시키겠다고 모두가 날뛰는데 나만 가만있자니 불안합니다. 여러분도 생각해 보세요. "누가 자녀를 이런 거 저런 거 시켜서 성적이 쑥쑥 올랐다

더라" 소리 들으면 가만있다가도 따라 하고 싶지 않습니까? 잘못된 방법이라도 열 가지 중에 한두 가지는 '따라 해 볼까?' 유혹이 듭니다. 그런데 하나님이 우리의 이런 연약함을 보시고 불쌍히 여겨 주십니다.

30장 4절과 9절을 원어성경으로 보면 라헬은 빌하를 들여보내기로 오래전부터 계획한 반면에 레아는 라헬을 보고 질투심에 못 이겨서 갑자기 실바를 들인 걸 알 수 있습니다. 겉은 같아 보이지만 어떤 마음으로 했는지 하나님이 보셨습니다. 저는 이것이 정말 위로가 됩니다.

인간의 재판은 오직 눈에 보이는 증거로만 판단합니다. 그러나 하나님은 우리의 마음을 보사 내 비록 연약해도 긍휼히 여겨 주십니다. 야곱에게 사랑 받지 못하고 부부관계조차 끊긴데다, "내가 언니와 경쟁하여 이겼다!" 하고 라헬이 속을 긁어 대니까 레아가 심령이 상할 대로 상해 뭐라도 따라 해 보고 싶지 않았겠습니까? 하나님이 그런 레아를 보시고 긍휼히 여겨 주십니다.

레아의 시녀 실바가 야곱에게서 아들을 낳으매_창 30:10

이쯤에서 저는 야곱을 묵상해 보았습니다. 자매끼리 시기, 질투하며 열띤 경쟁이 벌어진 이때 야곱은 도대체 뭐 하고 있습니까? 네 여자를 취하여 재미 볼 것 다 봅니다. 정말 "야곱, 이놈!"이라는 말이 절로 나옵니다. 야곱이 하나님의 법을 어기면서 가만히 앉아 이 여자, 저 여자 다 취하고 있으니까 그에게 험악한 인생이 기다리고 있는 겁니다. 가지치기해야 할 것이 야곱에게 너무 많습니다.

한편으로 레아와 라헬의 싸움을 보면서 마태복음 1장의 예수님의 족보에 왜 그들이 오르지 못했는지도 유추해 보게 됐습니다. 시아버지와 동침한 다말, 기생 라합, 이방 여자 룻, 간음한 여인 밧세바, 처녀로서 잉태한 마리아…… 지금이라도 손가락질당할 만한 여인 모두가 예수님의 족보에 올랐는데 요조숙녀 레아와 라헬은 못 올랐다는 것 아닙니까. 왜 그럴까요? 다말을 생각해 보세요. 비록 영적 후사를 얻기 위한 일이었지만 시아버지와 동침한 며느리라는 주홍글씨를 달고서 평생에 겸손했을 겁니다.

"저는 얼굴을 들지 못할 죄인입니다." 자기 죄를 보는 이런 겸손이 천국 문을 여는 열쇠입니다. 그러니 라헬처럼 잘난 척 좀 하지 마세요. 레아와 라헬이 똑같이 경쟁했지만 그래도 레아는 깨달았습니다.

> 10 레아의 시녀 실바가 야곱에게서 아들을 낳으매 11 레아가 이르되 복되도다 하고 그의 이름을 갓이라 하였으며 12 레아의 시녀 실바가 둘째 아들을 야곱에게 낳으매 13 레아가 이르되 기쁘도다 모든 딸들이 나를 기쁜 자라 하리로다 하고 그의 이름을 아셀이라 하였더라_창 30:10~13

레아가 자신이 유혹에 넘어간 걸 알고, 그런데도 하나님이 후대해 주셨음을 깨닫고 "천부여 의지 없어서" 손들고 나아옵니다. 그리고 두 아들의 이름을 "복되도다", "기쁘도다"라는 뜻의 갓과 아셀이라고 짓습니다. "내 억울함을 푸셨다", "경쟁에서 이겼다" 부르짖은 라헬과는 다릅니다. 시기와 경쟁에 놓여 유혹에 넘어간 자신의 부족함을 깨달았기에 "기쁘도다, 후대의 모든 사람이 나를 기쁜 자라 하리로다" 고백할 수 있었습니다.

날마다 자신의 형편없음을 보는 것, 이것이야말로 기쁜 자가 되는 비결인 줄 믿습니다. 시아버지와 동침한 다말도 평생 자기의 형편없음을 보았기에 예수님의 족보에 올랐습니다.

우리들교회 한 집사님이 나누어 주신 고백입니다.

"나는 마음이 온유하고 겸손하니 나의 멍에를 메고 내게 배우라 그리하면 너희 마음이 쉼을 얻으리니"(마 11:29).
내가 되었다고 생각할 때 주님은 오히려 나의 형편없음을 보게 하십니다. 그래서 초라하고 한심한 나의 모습을 보며 자포자기하고 있을 때 주님은 "수고하고 무거운 짐 진 자들아 다 내게로 오라 내가 너희를 쉬게 하리라"(마 11:28) 말씀해 주십니다. 탐심과 정욕, 상처라는 짐을 주님께 내려놓으라 말씀하십니다.
과거의 저는 지진아 중의 지진아요, 골칫덩어리 성도였습니다. 늘 분위기를 흐리는 목원으로 목장에 적응을 잘 하지 못했습니다. 마음이 뒤틀려 교회를 떠났다가 돌아오기를 수없이 반복했습니다. 세례도 교회에 등록한 지 몇 년 만에 겨우 받았습니다. 그러나 이제는 목장에 조금씩 적응하며 다른 사람의 나눔에도 귀 기울일 수 있게 되었습니다. 힘든 지체들이 체휼되고 때로는 그들의 힘든 사연에 한숨과 눈물도 납니다. 그래서 '나는 잘 가고 있다'고 착각했습니다.

그러나 여전히 저는 혈기에 넘어집니다. 몇 년 전, 주일예배를 마치고 집으로 돌아가던 길에 다른 운전자와 시비가 붙어 방망이를 휘두른 일이 있었습니다. 그건 과거의 나일 뿐이라고, 더는 내게 그런 모습은 없다고 호언장담했는데…… 얼마 전, 수요예배를 마치고 돌아가던 길에 지하철에서 어떤 남자와 또다시 시비가 붙었습니다. 옆자리에서 분주하게 지갑을 찾던 제가 거슬렸는지 남자가 팔꿈치로 가격하고 욕을 해 대더군요. 저도 혈기를 참지 못하고 욕으로 받아쳤습니다. 그러다 한 번 더 걷어차였죠. 거기서 멈췄어야 했는데, 그의 얼굴에 힘껏 주먹을 날리고는 열차 문이 열린 틈을 타 잽싸게 내렸습니다. 그러고도 분이 풀리지 않아서 한참을 씩씩대면서 생각했습니다.

'흥! 혈기 부리다 여자한테 얻어맞은 기분이 어떠냐? 나야 내렸으니 창피할 것 없지만 너는 그 안에서 개망신 좀 당해 봐라!'

그런데 마음이 평안하지 않더군요. 상대가 먼저 폭력을 써서 방어한 것뿐이라고 변명하고 변호해 보아도 정죄감은 깊어졌습니다. 상대의 폭력을 참지 못해 벌인 일인데 정작 제가 더 폭력적이었습니다. 맞은 순간 0.5초도 생각하지 않고 주먹이 나가는 저의 혈기는 살인 병기요, 제 인생의 가장 큰 장애물입니다.

되었다 함이 없는 저의 혈기를 치유 받고 싶어서 이렇게 창피함을 무릅쓰고 고백합니다. 온유하고 겸손한 주님의 마음을 배우기 원합니다. 그래서 마음의 쉼을 얻고 싶습니다. 지옥에서 올라오는 혈기, 쓴 뿌리와도 같은 나의 상처가 온전히 치유되기를 기도합니다. 주님을 사랑합니다.

이분이 정말 형편없지만 주님을 사랑한다고 고백합니다. 레아처럼 비록 무너졌지만 "복되도다", "기쁘도다" 고백하시니 정말 하나님의 은혜는 측량할 수가 없습니다. 레아는 기쁜 일 하나 없고 복과는 상관없는 고난 속에 있지만 늘 "찬송하리로다", "복되도다", "기쁘도다" 하고 결론 맺습니다. 이 집사님에게도 무슨 기쁜 일이 있겠습니까? 그러나 집사님이 고백하셨듯이 내가 되었다고 생각했을 때 나의 형편없음을 보는 사람이 진정 복된 자, 기쁜 자입니다.

레아가 시기당하고 경쟁에 놓여서 실수했습니다. 그럴 때 나의 형편없음이 보입니다. 내가 얼마나 형편없는지 보라고 주님이 나의 육을 조금씩 무너뜨리십니다. 하나님의 힘으로 찬양하는 것이지 내 힘으로 찬양하는 것이 아닙니다. 나의 형편없음을 보는 자가 가장 기쁜 자라고 말씀을 통해 주님은 다시금 강조하십니다.

기쁜 자는 시기와 경쟁, 유혹 가운데도 "기쁘도다" 하는 사람입니다. 유혹에 넘어갔더라도 나의 형편없음을 보면 기쁜 자가 됩니다. 이 경쟁 사회에서 누가 자기의 형편없음을 보겠습니까? 누가 자기의 치졸함을 드러냅니까? 그래서 저는 하나님이 우리들교회를 지켜 주신다고 생각합니다. 우리들교회는 경쟁에서 질 수밖에 없는 수치스러운 이야기들을 다 드러내고 갑니다. 나의 형편없음을 고백하면서 나아가는 우리의 이 한 가지를 하나님이 잘한다고 여겨 주셔서, 점점 줄 것만 있는 교회로 세워 주십니다. 나의 형편없음을 보고 회개하는 복, 이 최고의 복이 여러분에게 넘치기를 소원합니다.

- 나는 어떤 유혹을 받습니까, 어떤 유혹에 넘어졌습니까? 유혹에 무너질 때마다 나의 형편없음을 보고 회개합니까? '어쩔 수 없었어' 하면서 변명만 하고 있지는 않습니까?

- "내 억울함을 푸셨다", "경쟁에서 이겼다"의 고백과 "찬송하리로다", "기쁘도다", "복되도다"의 고백 중 나는 어떤 고백을 합니까?

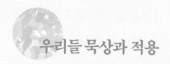

저는 외국계 회사에 다니며 하는 일마다 인정을 받았습니다. 그러자 교만이 하늘을 찔렀습니다. 심한 경쟁에서 오는 스트레스는 술과 음란으로 풀었고, 성과를 낸 다음 오는 허탈감은 더욱 치열한 경쟁을 통한 승리로 채웠습니다. "언니와 경쟁하여 이겼다", "하나님이 내 억울함을 푸셨다" 하는 라헬처럼 저도 시기심에 불타 안식 없는 경쟁의 쳇바퀴를 끊임없이 돌렸습니다(창 30:6~8). 그동안 아내는 아이를 혼자 키우며 분노의 화신이 되었습니다. 결국 술자리와 골프 모임 등으로 끝없이 나가던 제게 지쳐 아이를 데리고 친정으로 들어갔습니다.

이후 2년의 별거 기간 끝에 합의이혼을 했습니다. 아들이 초등학교에 입학하면서 재결합을 시도했으나 4개월을 못 넘기고 다시 헤어졌습니다. 저는 자존심 때문에 이혼한 사실을 회사에 말하지도 못하고 수년을 숨겼습니다. 이혼 후 아이와 떨어져 사는 것이 너무 힘들고 '살아서 뭐 하나' 하는 자괴감과 정죄감으로 힘들 때 지금의 아내를 만나 교회에 나가게 되었습니다. 교회에 온 첫날 "이혼은 절대 안 됩니다", "깨끗한 호적을 자식에게 남겨 주는 게 제일 큰 유산이에요" 하시는 목사님 말씀에 많이 찔렸습니다. 그리고 과거 바람피우며 하나님을 떠나 살던 자신의 이야기를 솔직히 나누어 주시는 새가족부 교사의 고백에 마음 문이 열렸습니다. 처음 목장예배에 참석하던 날은 사람들 앞에서 기도하며 많은 눈물을 흘렸습니다. 목장 식구들의 도움으로 세례도 받았습니다. 또 교회의 양육 훈련을 받으며 '정죄감에 빠지지 않고 회개하고 헌신하는 삶을 살겠다'고 다짐했습니다. 제게 온 모든 사건과 고난이 내 삶의 결론이라는 것을 100% 인정하게 되었고 전처에게 진심으로 사과했습니다.

이혼과 재혼을 겪으며 이혼이 한 가정과 주위 사람들에게 얼마나 많은 상처를 주는지, 재혼이 얼마나 힘든 가시밭길인지를 알았습니다. 이제는 복음에 빚진 자로서 항상 겸손한 인생을 살기 원합니다. 이렇게 형편없는 저를 "복되도다, 기쁘도다" 여겨 주시고 안아 주시는 주님의 한량없는 은혜를 찬양합니다(창 30:11, 13).

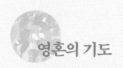
영혼의 기도

하나님 아버지, 시기와 경쟁 가운데서 유혹에 흔들리는 우리를 불쌍히 여겨 주옵소서. '다른 사람은 열 가지로 노력하는데 나만 가만히 있어도 되는가. 그중 하나쯤은 따라 해도 되지 않는가' 합리화하며 세상과 똑같이 인간적인 방법을 취하곤 합니다. 그러면 기쁠 줄 알았건만 오히려 인생이 슬프게 다가옵니다. 정말 별 인생 없고, 나에게는 선한 것이 하나도 없다고 고백할 수밖에 없습니다.

주님, 경쟁 사회에서 이기고 또 이기고자 우리가 얼마나 애쓰는지 모릅니다. 일류 배우자를 얻으려 애쓰고 일류 자녀를 만들려고 애쓰고 일류 학교와 일류 회사에 들어가려고 애씁니다. 예수 그리스도가 나의 남편 되심에도 불구하고 늘 필요한 게 많아서 내가 원하는 걸 얻고자 해악을 가하기도 합니다. 그러나 주님이 야곱과 라헬 부부를 통해 일류가 되고 이기는 게 결코 복이 아니라고 말씀해 주십니다. 그토록 사랑해서 결혼했는데도 라헬은 시기하느라 바쁘고 야곱은 그런 라헬보고 그저 성만 냅니다. 예수님을 알아야 진정한 사랑을 하는데, 주님을 깊이 만나지 못한 채 겉만 붙들고 사니까 나날이 인생이 슬퍼집니다. 모든 걸 경쟁이라 여기고, 경쟁에서 이겨야만 하고, 그러지 못하면 억울하고 분해서 살 수가 없습니다. 이런 우리를 불쌍히 여겨 주옵소서.

주님, 그래도 우리는 이렇게 말씀을 보며 내가 라헬인 걸 깨닫고 회개하지만 주님을 몰라서 여전히 고통 속에 있는 이들이 얼마나 많은지 모릅니다. 라헬 같은 남편, 아내, 부모, 자녀가 질투의 화신을 자처하며 날마다 우리를 괴롭힙니다. 그들이 그러고 싶어서 그러는 게 아니라 그 마음속에 하나님의 사랑이 들어가지 못해서 날마다 시기의 고통을 겪는 겁니다. 그런 라헬을 우리가 불쌍히 여기며 기도하게 하옵소서. 억지로는 그와 연합할 수 없지만 믿는 우리가 먼저 깨닫게 하옵소서. 우리 역시 라헬같이 시기와 욕심에 무너지는 자이지만, 내 형편없음을 보고 하나님 앞에 왔더니 복된 자, 기쁜 자라 불리는 인생이 되지 않았습니까. 측량할 수 없는 하나님의 은혜를 입은 자로서 라헬 같은 또 다른 이를 위해 기도하게 하옵소서. 내 힘으로는 사랑할 수도, 용서할 수도 없지만 내가 먼저 손 내밀고 기도할 때 주님이 그를 받아 주시며 기쁜 자라 불리는 인생이 될 줄 믿습니다.

주님, 특별히 자녀 때문에 힘들어하는 부모들을 위해 기도합니다. 그 가정 안에 주님의 사랑이 임하여 복된 가정, 기쁜 가정이 될 수 있도록 역사하여 주옵소서. 또한 자녀가 없어 힘들어하는 부부들을 위해서도 기도하오니 그들이 복된 자, 기쁜 자를 낳을 수 있도록 축복해 주옵소서. 예수님 이름으로 기도하옵나이다. 아멘.

12

후한 선물

창세기 30장 14~24절

하나님 아버지, 주께서 주신 나의 삶이
후한 선물이라고 고백하기를 원합니다.
어떻게 우리가 이런 고백을 할 수 있을지
말씀하여 주옵소서. 듣겠습니다.

나의 지난 일생을 두고 한번 생각해 보십시오. '하나님께서 참으로 후한 선물을 주셨구나' 고백할 수 있습니까, 아니면 '하나님이 실수하셨어, 나에게 이러시면 안 돼!' 하고 불평이 나옵니까? 아직 살아온 날이 많지 않아서 잘 모르겠습니까?

본문 20절의 "후한 선물"이라는 말의 원어에는 '선하다', '충실하다'라는 의미와 더불어 '기쁘다', '형통하다'라는 뜻이 있습니다. 후한 선물은 하나님 편에서는 선하고 온전한 선물이고, 우리 편에서는 기쁘고 넉넉한 선물입니다. 그런데 이상한 점은 남편 사랑을 듬뿍 받은 라헬이 아니라, 전혀 사랑 받지 못한 레아가 이런 고백을 했다는 겁니다. 시기 받고 경쟁에 놓였어도 "복되도다", "기쁘도다" 고백했던 레아가 마지막으로 "하나님이 내게 후한 선물을 주셨다"고 고백합니다. 과연 무엇이 후한 선물인지, 어찌해야 우리가 레아와 같은 고백을 할 수 있을지 본문을 통해 살펴보겠습니다.

근본적인 열등감이 있으면 후한 선물을 받을 수 없습니다

밀 거둘 때 르우벤이 나가서 들에서 합환채를 얻어 그의 어머니 레

아에게 드렸더니 라헬이 레아에게 이르되 언니의 아들의 합환채를
청구하노라_창 30:14

레아의 맏아들 르우벤이 아버지에게 사랑 받지 못하는 어머니를
안타깝게 여기고서 합환채를 가져옵니다. 지중해 연안에서 주로 자
생하는 합환채는 가지만 한 크기의 오렌지색 열매를 맺는 식물입니
다. 고대 사람들은 그것이 최음제나 임신 촉진제 역할을 한다고 믿었
습니다. 즉, 지금 르우벤이 "어머니, 이거라도 가지고 아빠를 되찾아
와요" 하면서 효도하는 겁니다. 그렇다고 본문을 보고서 "집 나간 아
버지 좀 네가 데려와라" 하며 자식을 방패막이 삼는 일은 없기를 바랍
니다. 누가 시킨 게 아니라 르우벤은 자발적으로 효도했습니다. 사랑
받지 못해도 믿음을 잘 지키는 어머니가 존경스러우면서도 내심 불
쌍하게 여겨졌겠죠.

한편 라헬은 여전히 인간적인 생각에만 사로잡혀 있습니다. 하
나님께서 레아의 태를 열어 주신 역사를 보고도 자꾸 엉뚱한 데서 임
신의 근거를 찾습니다. 언니가 아들을 넷이나 낳은 게 혹시 합환채 때
문은 아닐까 해서 레아에게 합환채를 달라고 요구합니다. 감히 하나
님의 능력을 합환채와 비교합니다.

라헬 같은 사람은 누가 "우리 아들이 하나님의 은혜로 대학에 붙
었어요" 간증해도 "집사님네 아들 김 선생한테 과외 공부 받았잖아
요. 그 선생 좀 소개해 줘요" 하면서 합환채 달라는 소리만 합니다. 또
자녀가 대학에 떨어지면 돈이 없어서, 과외 공부를 못 시켜서 떨어졌

다고 생각합니다. 뭐든지 합환채만 있으면 해결될 것 같습니다.

> 레아가 그에게 이르되 네가 내 남편을 빼앗은 것이 작은 일이냐 그
> 런데 네가 내 아들의 합환채도 빼앗고자 하느냐 라헬이 이르되 그
> 러면 언니의 아들의 합환채 대신에 오늘 밤에 내 남편이 언니와 동
> 침하리라 하니라_창 30:15

아들을 낳았어도 레아는 야곱을 붙들어 매지 못했습니다. 애초
부터 야곱이 사랑한 사람은 라헬이니까 동생의 남편을 빼앗은 것 같
은 생각도 듭니다. 꼭 라헬이 조강지처 같습니다. 그래서 항상 아무 말
못 하고 주눅 들어 살았습니다. 그런데 여섯 아들을 낳으며 레아의 믿
음이 점점 성장했습니다. 비록 사랑 받지 못해도 "연합하리로다", "찬
송하리로다", "복되도다", "기쁘도다" 고백하며 하나님 앞에서 정체성
을 찾았습니다. 그러자 처음으로 레아가 당당하게 말합니다.

"네가 내 남편을 빼앗은 것이 작은 일이냐!"

쉽게 말하면 "야곱은 내 남편이야. 나와 먼저 결혼했어. 야곱이
싫으면 나랑 결혼했겠니? 야곱이 나를 위해서도 7년의 값을 치렀어.
내가 조강지처야!" 하는 겁니다. 믿음이 없으면 이런 말을 못 합니다.
지금 레아가 잘난 척하는 게 아닙니다. 누구는 레아보고 적반하장이
라고 합니다. 그런 게 아니라 예수를 만나고 괜한 정죄감에서 벗어나
비로소 자기 신분을 인식한 것이죠.

레아가 당당하게 말하니까 라헬이 압도됐습니다. 늘 "죽여 줘쇼"

하던 사람이 "꽥" 소리를 지르니까 라헬이 꼼짝 못 합니다. 겨우 한다는 말이 "그러면 내 남편과 하룻밤 자, 그 대신 합환채를 내게 팔아" 하고 거래를 제안하는 겁니다. 이 얼마나 인간적인 생각입니까. 언니가 자신이 조강지처라고 하는데도 야곱을 '내 남편'이라 부르면서, "내 남편 언니에게 들여보내 줄게" 합니다. '언니가 아무리 그래 봤자 야곱은 내 것이야, 내 남편은 나를 떠날 수 없어'라는 속내겠죠. 자신감이 굉장합니다.

그러나 라헬이 아무리 남편을 꽉 쥐고 있어도 근본적인 열등감은 어찌하지 못합니다. 레아가 아들 낳은 게 너무 부러운 겁니다. 아들을 갖고 싶은 열망을 온몸으로 표출합니다. 남편의 사랑이 아들 낳고 싶은 갈망을 상쇄하지 못합니다. 레아는 여호와를 의뢰하며 점점 힘을 얻는데, 라헬은 시기에 사로잡혀 무너지기 시작합니다. 자꾸 인간적인 해결책만 궁리합니다. 합환채만 있으면 다 해결될 것 같습니다.

라헬은 남편의 사랑이 간절하지 않습니다. 그토록 사랑 받아도 감사하지 않습니다. 오직 아들 낳기만 간절히 바랍니다. 남편이 자기 것이라고 생각하니까 그렇습니다. 그런데 야곱은 자기에게 마음이 없는 라헬만 바라보고 있습니다. 정말 아이러니 아닙니까? 인간의 사랑이 이렇습니다. 두 자매가 부도덕한 매매를 하는 그 중심에 믿음의 조상 야곱이 있습니다. 결과적으로 라헬은 이 합환채 거래 때문에 레아가 3명의 자녀를 더 낳기까지 기다려야 했습니다.

저물 때에 야곱이 들에서 돌아오매 레아가 나와서 그를 영접하며 이르되 내게로 들어오라 내가 내 아들의 합환채로 당신을 샀노라 그 밤에 야곱이 그와 동침하였더라 _창 30:16

"내가 합환채로 당신을 샀어요. 내게로 들어오세요!" 레아가 계속 당당합니다. 조강지처이지만 잠자리 한번 요구할 수 없는 레아의 처지를 야곱도 잘 압니다. 그런데 값을 주고 샀다는 말에 그 밤, 레아에게로 들어갑니다. 오늘은 이곳, 내일은 저곳…… 여러분이 이런 남편이 되지 않기를 바랍니다.

레아의 출산이 멈추고 부부관계도 끊겼습니다. 그런데도 왜 야곱은 레아에게 갔을까요? 장인 라반이 두 눈 시퍼렇게 뜨고 있으니까 어쩔 수가 없는 겁니다. 1년에 한 번이라도 들어가야 하는 거죠. 지난 말씀에서 제가 이 여자, 저 여자 다 취하는 야곱보고 야곱 놈이라고 했더니 "라헬이 하도 달달 볶아서 그런 것 아니냐" 말하는 분들도 있더군요. 주로 남자분들이 그럽니다. 그러나 성경을 아무리 찾아봐도 그런 말 한마디 없습니다. 야곱이 못 이기는 척하면서 다 취한 겁니다.

레아 입장에서도 한번 생각해 봅시다. 아무리 합환채로 잠자리 기회를 얻었더라도 자존심이 상하지 않았을까요? '이렇게까지 해야 하나' 싶지 않겠습니까. 그러나 여호와를 신뢰하기에 레아에게 열등감이 없습니다. 남편의 사랑과 하나님의 사랑은 비교가 안 되잖아요. 언제나 찬송하고 기뻐하고 복되다고 여기는 레아를 보며 오히려 라헬이 깊은 열등감을 느끼고 있습니다. 그래서 언니의 무엇인가를 부적처럼 지니고 싶어 합니다.

"언니는 무슨 화장품을 바르기에 얼굴이 그토록 빛나는 거야?"

"나는 영생 화장품 발라!"

우리가 이런 인생을 살아야 합니다. 죽을 지경인 환경에서 레아의 얼굴이 기쁨으로 넘치니까 라헬이 언니의 모든 것이 가지고 싶은 거예요. '언니에게 뭐가 있구나' 합니다.

- '이것만 있으면 다 해결되리라' 여기며 내가 구하는 합환채는 무엇입니까?
- 나는 어떤 열등감에 사로잡혀 있습니까? 하나님이 내 인생에 많은 선물을 허락하셨는데도 '나는 이것도 없고 저것도 없어' 하면서 내게 없는 부분만 쳐다보고 있지는 않습니까?
- '너에게는 뭐가 있는 것 같다'라는 말을 들어 본 적이 있습니까?

하나님이 들으시는 기도를 할 때 후한 선물을 받습니다

하나님이 레아의 소원을 들으셨으므로 그가 임신하여 다섯째 아들을 야곱에게 낳은지라_창 30:17

레아가 적반하장으로 라헬을 못살게 군 게 아닙니다. 이때 라헬이 잘 참아서 후에 요셉을 낳았다고 말하는 사람도 있더군요. 그런 게 아닙니다. 레아가 하나님이 들으시는 기도를 했습니다. 레아와 라헬의 기도 중에 하나님은 레아의 기도를 들어주셨습니다.

그래도 레아가 조강지처인데, 라헬이 "내 남편이랑 하룻밤 동침하게 해 줄게" 하면 "내 남편이야!" 하고 나와야 하지 않습니까? 그러나 레아는 인정합니다. 선심 쓰듯 남편을 내주면서 라헬이 속을 긁어도 레아는 "고마워" 하고 야곱에게 갑니다. 조강지처로서 부끄러움마저 버렸습니다. 자존심을 딱 내려놓았습니다. 이런 레아를 하나님이 보시고 기도에 응답해 주십니다. 아들을 낳으며 아내로서 임무를 다하는데도 사랑 받지 못하는 레아를 하나님이 불쌍히 여기십니다. 불쌍히 여길 자를 불쌍히 여겨 주신 겁니다.

> 레아가 이르되 내가 내 시녀를 내 남편에게 주었으므로 하나님이 내게 그 값을 주셨다 하고 그의 이름을 잇사갈이라 하였으며_창 30:18

레아가 다섯째 아들을 낳고 "하나님이 보상해 주셨다"라는 뜻의 '잇사갈'이라고 이름 짓습니다. 구원을 위해 수치를 무릅쓴 레아의 간절함을 하나님께서 보시고 불쌍히 여기셔서, 그의 태를 택하여 구속사의 혈통을 허락하십니다.

천국은 침노를 당하는 곳입니다(마 11:12). 배부른 사람은 천국을 사모하지 않습니다. 썩어지고 죽어지고 밀알이 돼서 수고하고 무거운 짐을 져야 천국에 발을 디딥니다(마 11:28). 레아에게는 이런 침노함이 있었습니다. 겸손할 수밖에 없으니까 자기를 주장하지 않고 무엇이라도 받아들입니다. 라헬이 "내 남편과 하룻밤 동침하라"고 하니까 감사하며 야곱을 듭니다. 내 사모하는 주님을 하루라도 볼 수 있다면 자존심 따위는 아무런 문제가 되지 않는 겁니다. 그 누구보다도 천국을 사모합니다.

우리도 그렇습니다. 레아처럼 미움 받고 쫓겨나서 주의 말씀에 목말라야 천국으로 발을 옮깁니다. 그런 사람이 천국에 쳐들어갑니다. 반면에 배부르고 등 따스운 사람은 천국을 사모하지 않습니다. 이 땅에서 잘 먹고 잘사는데 뭐 그리 천국을 사모하겠습니까?

라헬을 보세요. 예수님이 권능을 많이 베푸셨어도 절대로 회개하지 않은 고라신과 벳새다처럼(마 11:21) 라헬은 남편에게 넘치는 사랑을 받는데도 감사할 줄도, 회개할 줄도 모릅니다. 남편을 독차지하고도 언니의 합환채까지 빼앗으려 합니다.

마태복음 13장의 네 가지 땅에 떨어진 씨 비유를 보면 길가와 돌밭, 가시떨기에 뿌려진 씨는 말씀이 결실하지 못한다고 했습니다. 그중 가시떨기는 세상의 염려와 재물의 유혹을 상징합니다(마 13:22). 이를 다시 말하면 모든 것을 다 가지려는 욕심을 가리킵니다. 하나라도 못 가지면 큰일이라도 난 듯 안달하는 것, 이것이 바로 '라헬병(病)'입니다. 남편 사랑이 전부 내 차지여도 한 가지라도 없으면 안 되는 겁니다.

수고하고 무거운 짐을 져야 주님께로 갑니다. 주님은 그런 자에게 "내게로 오라" 말씀하십니다. 배부르고 등 따습고 행복하고 가벼운 짐 진 자에게 오라 하지 않으셨습니다. 오라 하신대도 그들은 오지 않을 겁니다. 같은 남편을 둔 두 부인 중에서 사랑 받는 라헬이 아니라 미움 받는 레아가 주님의 사랑을 받습니다. 레아는 남편이 미워해도 주님 때문에 상처 받지 않고 한결같이 남편을 사랑하며 기다립니다.

우리도 그렇잖아요. 주님을 사랑하게 되면 주님이 어떤 명령을 하시든지 의심의 틈 없이 "옳소이다"가 됩니다. 레아는 앉으라면 앉고 서라면 섭니다. 하루라도 남편과 함께할 수 있다면 못할 일이 없습니다. 언제나 남편을 기다립니다. 영적 후사, 구원을 위해서라면 어떤 부끄러움도 감수합니다. 이런 레아의 기도를 하나님이 들어주셨습니다.

배부른 자는 내 옆의 식구에게 감사할 줄 모릅니다. 없어지고 병들어야 감사합니다. 라헬도 야곱이 그토록 사랑을 쏟아부어 주는데도 합환채를 가져야만 행복해진다고 믿습니다. 그러나 레아는 364일 라헬만 끼고도는 남편이라도 건강히 살아 있어 줘서 감사하고, 숨 쉬어 줘서 감사합니다. 남편 사랑 못 받아도 갈수록 얼굴이 해같이 빛납니다. 레아와 라헬의 사랑의 격차가 비교할 수 없을 정도로 벌어지고 있습니다.

> 19 레아가 다시 임신하여 여섯째 아들을 야곱에게 낳은지라 20 레아가 이르되 하나님이 내게 후한 선물을 주시도다 내가 남편에게 여섯 아들을 낳았으니 이제는 그가 나와 함께 살리라 하고 그의 이름을 스불론이라 하였으며 _창 30:19~20

레아의 마지막 고백은 '스불론'입니다. "이제는 그가 나와 함께 살리라." "예수님과 영원히 함께 살리라!" 언제나 소망 가운데 사는 레아입니다. 그는 하나님이 내게 후한 선물을 주셨다고 자기 인생을 결론짓고 있습니다. 남편에게 사랑 받지 못해도 나의 인생이 후한 선물이며, 자녀도 후한 선물이라고 고백합니다. 우리 모두가 이런 고백을 할 수 있기를 축원합니다.

그 후에 그가 딸을 낳고 그의 이름을 디나라 하였더라_창 30:21

'디나'라는 이름은 '심판'이라는 뜻입니다. 레아에게 딸이 더 있었지만 디나만 밝히는 것은 그로 인해 야곱 집안이 큰 고난을 겪었기 때문입니다. 앞으로 묵상하겠지만 하몰의 아들 세겜에게 디나가 강간을 당합니다(창 34장). 즉, 고난의 주인공인 딸만 언급한 겁니다.

이 땅은 소망이 없습니다. 그러므로 세상은 소망이 없다는 걸 속히 알게 되는 것이 축복입니다. 고난 없이 돈, 권력, 남편, 아내 다 가지고 소망 둘 것 천지라면 왜 천국을 침노하겠습니까. 이 땅에 소망이 없어야 천국을 침노합니다. 그래서 남편이 바람피우고, 자식이 가출합니다. 세상에는 소망이 없다는 걸 알려 주는 역할입니다. 그러니 그런 식구들을 불쌍히 여겨야 합니다.

라헬이 뜻대로 합환채를 가졌지만 레아가 자녀 셋을 더 낳기까지 기다려야 했습니다. 드디어 라헬에게 레아가 본이 됐습니다.

"나의 괴로움을 돌보셨다." "내가 사랑 받지 못함을 들으셨다." "연합하리로다." "찬송하리로다." "복되도다." "기쁘도다." "보상해 주셨다." "후한 선물을 주셨다."

레아가 괴로움으로 시작해서 후한 선물로 결론 나는 걸 보면서

316

라헬이 할 말이 없어졌습니다. 합환채 들고 남편 끼고 있으면 뭐 합니까. 레아는 하룻밤만 보내도 아들이 척척 생기는데 라헬의 태는 감감 무소식입니다. 빌하를 들여보내 아들을 얻고 언니와의 경쟁에서 이긴 줄만 알았는데 레아도 똑같이 실바에게서 아들을 낳았습니다. 경쟁이 안 됩니다. 게다가 남편 사랑 전혀 못 받는데도 레아는 갈수록 기쁨이 넘쳐 보입니다. 그러니 라헬이 할 말이 없어집니다. 정말 라헬은 어쩌면 좋습니까. 레아와 라헬 중에 진짜 불쌍한 사람은 누구입니까? 누구도 라헬을 불쌍히 여기지 않지만, 영적으로 보면 사실 라헬이 제일 불쌍합니다. 고난 가운데서도 하나님을 만나지 못하고 홀로 지옥을 살고 있잖아요.

- '난 그런 취급 받을 사람이 아니야!' 하며 자존심을 내세우는 일은 무엇입니까? 자존심, 체면, 위선 등등 구원을 위해 내가 내려놓아야 할 것은 무엇입니까? 천국을 침노하리라는 간절함이 내게 있습니까?
- 나는 모든 것을 가져야 직성이 풀리는 라헬병 환자는 아닙니까?
- 내게 주신 가족, 환경, 삶이 후한 선물이라고 고백할 수 있습니까?

**끝까지 생각해 주시는 하나님이 계시기에
후한 선물을 받습니다**

22 하나님이 라헬을 생각하신지라 하나님이 그의 소원을 들으시고

그의 태를 여셨으므로 23 그가 임신하여 아들을 낳고 이르되 하나
님이 내 부끄러움을 씻으셨다 하고_창 30:22~23

드디어 라헬에게 아들을 허락하십니다. 하나님이 라헬을 생각하
셨습니다. 그의 소원을 들으셨습니다. 하나님의 시간은 이때입니다.
라헬이 아무리 노력해도 지금까지 자녀를 주지 않으신 건 그 동기가
잘못됐기 때문입니다. 레아나 라헬이나 똑같이 시녀를 야곱에게 주
었어도 레아는 남편을 위해, 하나님을 생각함으로 행한 일이었습니
다. 반면에 라헬은 빌하를 들여보내면서 "아들을 낳아 내 무릎에 두리
라"고 했습니다(창 30:3). 언니를 향한 시기와 남편 사랑을 독차지하려
는 욕심으로 행한 일인 겁니다.

라헬이 아들을 낳고 드디어 "하나님이 내 부끄러움을 씻으셨다"
라고 고백합니다. 자기 인생을 가리켜 부끄러운 인생이라고 고백합
니다. 영과 육으로 인정했습니다. 합환채 덕에 아들을 낳은 것이 아니
라 하나님이 나의 수치를 씻어 주셨다고, 하나님이 하셨다고 인정합
니다.

생명은 오직 하나님께 있습니다. 만일 합환채 때문에 라헬이 아
들을 낳았다면 하나님이 하셨다고 고백하지 못했을 겁니다. 교회에
다니면서도 앞길을 묻는다면서 점 보러, 사주 보러 다니는 분들이 있
습니다. 요새는 소위 예수 점쟁이도 많습니다. 이런 데 저런 데 기웃거
리며 "여기로 갈까요, 저기로 갈까요?", "결혼을 할까요, 말까요?", "이
민을 갈까요, 말까요?", "주식을 살까요, 말까요?" 이상하게 묻고 다니

니까 여러분의 일이 안 풀리는 겁니다. 이런 합환채 좋아하면 라헬이 그랬듯 오래오래 기다려야 합니다.

라헬은 합환채가 불임의 해결책이 되리라고 믿었습니다. 합환채로 야곱의 성욕을 불러일으켜 임신의 기회를 얻고자 한 겁니다. 그런데 출산이 멈추었던 레아가 야곱과의 정상적인 성관계를 통해 3명의 자녀를 더 낳자 라헬이 두 손 두 발 다 듭니다. 생명의 주인은 하나님이시라는 걸 인정하지 않을 수 없었습니다. 정말 그렇습니다. 인공수정을 한대도 하나님이 개입하지 않으시면 아이를 가질 수 없습니다. 하나님이 개입하셔야 생명이 태어납니다.

라헬이 그만큼 비열했기에 오랜 시간이 걸렸습니다. 라헬은 기도도 경쟁심으로 합니다. 우리에게 빗대 보자면 "하나님, 잘난 아들 둔 동서와 비교돼서 내가 살 수가 없어요. 우리 아들 아시죠? 이번에 우리 아들 대학에 붙여 주시기만 하면 제가 평생 헌신할게요!" 이렇게 하나님과 거래하는 기도를 하는 겁니다. 그래 놓고 상한 마음으로 기도했다고 착각합니다. 여러분이 어떤 눈물을 흘리는지 하나님은 다 아십니다. 겉보기엔 상한 심령의 눈물 같아도 원망의 눈물인지, 후회의 눈물인지, 증오의 눈물인지, 속지 않으시는 하나님은 다 아십니다. 내 감정에 겨워 울고는 "내가 눈물로 기도했다" 하면 안 됩니다.

오래 걸리긴 했지만 라헬이 비로소 하나님을 인정하니까 하나님도 라헬을 인정해 주십니다. 라헬이 무너지기가 이렇게 어렵습니다. 육의 남편에게 사랑 받는 아내들은 하나님을 사랑하기가 정말 어려운 것 같습니다. 아내들만 그런 게 아닙니다. 이 땅에서 지위, 권세, 명예를 누리며 사랑 받는 남편들도 하나님께 나아오기가 어렵습니다. 오로지 경쟁에서 이기는 것밖에 모릅니다.

그런데 말이죠, 이젠 좀 깨우쳤나 싶었는데 라헬은 참 안 변합니다.

그 이름을 요셉이라 하니 여호와는 다시 다른 아들을 내게 더하시기를 원하노라 하였더라 _창 30:24

라헬은 대단하지요? 오래 기다리다가 어렵게 낳은 아들이 그 유명한 '요셉'이잖아요. 남편 사랑 한량없이 받다가 하나 낳은 아들이 총리 요셉입니다. 요즘으로 치자면 하버드대학 석박사 아들이라고나 할까요? 완전히 홈런을 날렸습니다. 라헬은 하나를 낳아도 어떻게 예수 그리스도의 표상 같은 요셉을 낳을 수 있습니까? 레아와 유다가 지질해 보이기가 그지없었을 겁니다. 그래서 라헬은 근본적으로 겸손하기가 어렵습니다.

라헬이 평생에 전도 딱 한 번 했습니다. 우리가 늘 두렵고 떨림으로 전도해야 하는데, 전도가 자랑거리가 돼서는 안 되는데 라헬은 과시하고 싶었나 봅니다. 그래서 이렇게 고백합니다.

"여호와는 다시 다른 아들을 내게 더하시기를 원하노라!"

쉽게 말하면 "하나님, 이것만 가지고는 안 되는 거 아시죠? 하나 더 줘요" 하는 겁니다. 라헬 평생에 감사의 고백이라고는 찾아볼 수 없습니다.

레아는 "여호와께서 나의 괴로움을 돌보셨다, 연합하게 하셨다,

여호와를 찬송하리로다, 기쁘도다, 복되도다" 고백하며 점점 영적 어머니로 거듭났는데, 라헬은 "내 억울함을 푸셨다, 경쟁에서 이겼다, 다른 아들을 더해 달라" 부르짖다가 베노니를 낳은 뒤 산고를 이기지 못하고 죽었습니다. '베노니'는 '내 슬픔의 아들'이라는 뜻입니다. "나는 이 세상이 슬프다" 하면서 떠난 겁니다. 후에 차마 자식을 슬픔의 아들이라 부를 수 없었던 야곱이 '오른손의 아들'이라는 뜻의 '베냐민'으로 바꾸어 불렀죠. 이것만 보면 야곱이 자식들을 대단히 위하는 것 같지만 라헬이나 야곱이나 똑같습니다. 자기밖에 모릅니다. 모든 걸 갖춘 사람은 자기가 제일 소중합니다. 겸손의 고백을 하려야 할 수가 없습니다.

● 하나님이 선물로 주신 것인데 내가 과시하며 자랑하는 것은 무엇입니까?
● 내게는 감사의 고백이 있습니까? 감사하지 못하는 이유는 무엇입니까?

가장 후한 선물은 약속의 자녀입니다

지질한 가장 야곱, 남편에게 사랑 받지 못하는 조강지처 레아, 시기와 경쟁의 화신 라헬과 생살여탈권이 주인에게 있는 여종 출신의 두 첩. 참 내놓기 부끄러운 콩가루 집안인데 이들에게서 난 아들 모두가 약속의 후사가 되었습니다. 야곱의 열두 아들이 모두 이스라엘 열두 지파의 조상으로 올라갔습니다(창 49:28). 이야말로 가장 후한 선물 아니겠습니까?

아브라함의 아들 중에는 오직 이삭만 약속의 계보에 올랐습니다. 애굽 여인 하갈에게서 난 이스마엘과 후처 그두라에게서 난 여섯 아들은 오르지 못했습니다. 이삭의 두 아들 중에는 야곱만이 오르고 에서는 탈락했습니다. 다른 배도 아니요, 믿음의 배필인 리브가에게서 난 쌍둥이 형제인데도 운명이 갈렸습니다. 그런데 야곱의 가정에서는 언니, 동생, 두 첩이 낳은 자식 모두가 약속의 후사가 되었습니다. 정말 이상하지 않습니까. 우리는 이것을 어떻게 해석해야 할까요?

아브라함은 믿음의 1대라서 약속의 자손 한 명을 낳기까지 정말 힘들었습니다. 자그마치 25년이나 걸렸습니다. 2대손 이삭은 두 아들 중 한 아들을 영적 후사로 길러 내는 데 실패했습니다. 그런데 믿음의 3대째 되니까 저절로 전도가 됩니다. 그래서 믿음의 역사가 정말 중요합니다. 여자들의 시기, 질투 속에서도 하나님은 하나님의 목표를 이루어 가셨습니다.

자녀 낳기 경쟁 끝에 하나님이 야곱에게 열두 자녀를 주셨지만, 엄마도 다르고 기질도 다른 자녀들끼리 문제가 많았겠지요. 그러나 "내 엄마, 네 엄마", "우리 엄마, 너희 엄마" 하며 맨날 싸움질해 가면서 인간관계를 절로 배웠을 겁니다. 그 결과 훌륭한 믿음의 열두 지파를 이루게 됐습니다. 하나님이 선을 이루셨습니다. 그러니 소용돌이 가운데 있는 것이 얼마나 축복인지 모릅니다. 콩가루 같은 가정이지만 아브라함에게 약속해 주신 대로 야곱과 레아와 라헬과 그 자녀들을 잊지 않고 하나님이 방문해 주셨습니다. 치졸하여 속이고 시기하고 유혹에 넘어졌어도 방문해 주셨습니다. 모두 약속의 자녀가 되는 후한 선물을 주셨습니다.

생각해 보세요. 아브라함은 이스마엘을 포기하기까지 13년이 걸렸습니다. 이스마엘이 여러모로 훌륭하잖아요. 그것이 믿음인지, 성품인지 예수를 처음 믿을 때는 분별이 안 됩니다. 헷갈립니다. 그래서 아브라함이 이삭을 얻는 데 25년이 걸렸습니다. 그래도 이스마엘의 어머니는 이방인이니까 이때는 분별하기가 조금 쉬웠습니다. 이삭의 두 아들은 모두 믿음의 배필인 리브가에게서, 같은 배에서 난 자식입니다. 이삭이 불신결혼을 한 것도 아니잖아요? 에서도 너무 훌륭합니다. 남자답고 능력 있고 지질한 면모라고는 찾아볼 수 없습니다. 반면에 하나님이 약속의 씨로 택하신 야곱은 비열하고 거짓말을 밥 먹듯 합니다. 그러니 이삭도 에서를 좀체 내려놓지 못했습니다.

우리가 행위로 구원 받는 게 아니라는 걸 인정하기가 이렇게 어렵습니다. 그래서 하나님이 3대손인 야곱 집안을 콩가루 가정으로 만드신 겁니다. 야곱은 거짓말쟁이에다 사기꾼에 여자 좋아해서 부인을 넷이나 얻고, 부인들끼리는 시기 질투하고, 자식들은 맨날 싸우고…… '예수 믿는 가계 맞냐?' 하고 남들이 손가락질할 만한 조건을 다 가졌습니다. 그런데도 하나님이 열두 아들 모두를 약속의 자녀로 올려 주셨습니다. 옳은 행위가 아니라 오직 예수를 믿음으로 구원 받는다는 걸 가르쳐 주시는 겁니다.

그런데 마치 정치판처럼 교계도 편을 갈라 비난하고 싸우는 걸 보면 얼마나 안타까운지 모르겠습니다. 불신자들보다도 믿는 사람들끼리 더 뭐라 합니다. 예수님은 세례 요한과 함께 가지 못하셨습니다. 바리새인과 서기관들과도 함께 가지 못하셨습니다. 바리새인들은 예수님이 말만 하면 잡아 죽이려고 합니다. 왜 그럽니까? 성경을 잘 안다고 자부하던 자들이잖아요. 그러나 하나님 나라는 뭘 잘 안다고, 똑똑하다고, 착하다고 가는 나라가 아닙니다.

지질해도, 거짓말쟁이에 사기꾼이어도 야곱은 겸손했습니다. 치졸하고 비열해도 약속의 자녀라 불러 주시는 은혜를 깨닫고 늘 하나님 앞에 "죽여 줍쇼" 하고 겸손히 나아갔습니다. 야곱의 아들들도 다 지질합니다. 아버지의 첩과 간음하고, 살인하고, 며느리와 동침하고…… 정말 내놓을 것 하나 없는 인생들인데 그런 열두 아들이 전부 약속의 계보에 올랐습니다. 야곱이 이들을 믿음으로 알아본 것입니다. 자기 인생이 지질하니까 행위로 분별하지 않았습니다.

그러니 이제 서로 비난하기를 멈추었으면 좋겠습니다. 이래도 저래도 예수 믿으면 다입니다. 그렇다고 막살아도 예수만 믿으면 된다는 건 아닙니다. 바른 믿음은 바른 행위로 나타나야 하는 것 맞습니다. 그런데 예수 믿었다고 하루아침에 행위가 훌륭해지지 않잖아요. 그러니 "장로가 그러면 되냐", "교회 집사가 왜 그러냐" 하지 마세요. 야곱도 돈 좋아하고 여자 좋아했잖아요.

저보고 "왜 동성애를 죄라고 하느냐, 왜 당신 주변에는 동성애자 친구가 한 명도 없느냐"고 비난하는 사람도 있습니다. 우리들교회만큼 동성애자들을 불쌍히 여기고 사랑하는 교회가 어디 있겠습니까. 우리들교회 안에는 자신을 솔직히 드러내고 하나님 앞에 나아오는 동성애자들이 있습니다. 이분들이 예배와 목장을 얼마나 사모하는지 모릅니다. 그러나 동성애는 하나님의 순리를 거스르는 것이기에 교회는 동성애가 죄라고 분명하게 선포하고 가야 하는 겁니다. 이단에 관한 문제도 마찬가지입니다. "이단에 속한 사람은 한두 번 훈계한 후에 멀리하라" 말씀하셨습니다(딛 3:10). 그런데 교회가 인권을 무시하며 상식을 넘고 있다고 비난하면서 관용만을 강조하는 사람들이 있습니다. 교회가 인본적이 되어서는 안 됩니다.

오직 예수입니다. 그러니 옳고 그름으로 따지며 서로 비난하는 일은 그만하자고요. 하나님이 우리를 불러 주셨고 함께 예수 이름을 부르며 가는데, 왜 교회가 교회를 비난합니까? 예수 믿는 게 최고입니다. 부족해도 하나님이 양육해 가실 겁니다. 다만 시간이 걸리는 것뿐이죠. 아브라함도 이삭도 야곱도 다 지질하지만 주님은 야곱의 아들들 모두를 이스라엘 열두 지파의 조상으로 찬란하게 세워 주셨습니다. 믿음의 3대에 이르러 하나님이 행위로 구원 받는 게 아니라는 걸 확실히 알려 주십니다. 그러니 "너는 바람피운 주제에, 뇌물 받은 주제에, 사기 친 주제에……" 하고 남을 손가락질할 수 있는 사람 없다는 말입니다.

죄 많은 사람보다도 더 힘든 이들은 세례 요한 같은 사람입니다. 세례 요한이 감옥에 갇히면서 실족했습니다. 그래서 주님이 세례 요한과 같이 가실 수 없었던 겁니다. 여자가 낳은 자 중에 세례 요한보다 큰 이가 없지만, 천국에서는 극히 작은 자라도 그보다 크다고 주님은 말씀하셨습니다(마 11:11). 예수 믿는 우리가 더 큰 자라는 겁니다. 하나님 나라는 교양과 율법으로 가는 나라가 결코 아닙니다.

이스마엘과 에서가 너무 훌륭하니까 아브라함도 이삭도 헷갈렸는데 야곱 대에는 주님이 확실하게 메시지를 주십니다.

"도둑질해도 이혼해도 형편없고 지질하고 음란해도 예수 믿고 회개하면 천국 간다!"

그렇다고 "도둑질한 사람도 천국 간대, 이혼한 사람도 천국 간대. 그러니까 우리 마음껏 도둑질하자, 이혼하자!" 이런 궤변을 늘어놓으면 안 됩니다. 이 구속사를 잘 깨닫기를 바랍니다.

우리들교회 목장 보고서에 올라온 한 집사님의 나눔입니다.

말씀의 기름을 몇 겹으로 칠하지 않으면 삶이 고통스러워 못 견딜 것만 같습니다. 비유가 마땅치는 않지만 저에게 성경은 극심한 고통을 겪는 환자에게 주는 모르핀과 같습니다. 말씀이 없다면 단 한 시간도 참기가 힘듭니다.

요즘 저에게 주어진 벌이 나의 어떠한 죄에서 비롯되었는지 찾아내고자 애씁니다. 현미경으로 바이러스를 보듯 말씀으로 저를 면밀하게 들여다보고 있습니다. 아직 더 돌아보아야겠지만 저의 죄는 조상의 편애와 음란에 뿌리를 둔 것 같습니다. 저희 친할아버지는 본처 외에 여러 첩을 두셔서 수십 명의 자식을 낳으셨습니다. 그리고 본처 소생인 큰아버지와 저희 아버지를 첩의 아들들과 자주 비교하면서 폭언과 폭력을 쏟아붓곤 했습니다. 저희 아버지에게는 동년인 이복형제의 성적표를 내밀며 "왜 너는 그것밖에 못 하냐"고 욕하고 때리셨다고 합니다.

친할머니는 아버지가 학생일 때 위암과 합병증으로 고생하다가 돌아가셨습니다. 첩에게서 손주보다도 어린 자녀들을 계속해 낳는 친할아버지에게 아버지와 형제들은 "제발 자식만은 그만 보시라"고 눈물로 호소하셨다고 합니다. 친할아버지가 마지막으로 낳은 딸은 저보다 한 살 위입니다. 그런데 그 딸이 할아버지 묘소 앞에서 스스로 목숨을 끊는 비극이 벌어지기도 했습니다. 할아버지의 음란과 편애 때문에 정실 자녀나 첩의 자녀나 큰 상처를 받은 것이죠. 할아버지의 죄는 아버지 대까지 이어져 극심한 차별을 받은 사촌들이 많습니다. 아버지와 형제들은 사업과 재산 등의 문제로 갈등을 겪은 뒤 30년 넘게 왕래가 없습니다. 편애가 얼마나 가정을 망치는지, 가계의 저주가 얼마나 무서운 것인지 돌아보게 됩니다.

저희 아버지 역시 자신의 상처를 가족에게 쏟아 내셨습니다. 어머니는 그런 아버지가 무서워 저에게 애정 표현도 잘 못 하셨습니다. 그래서인지 저는 초등학생 때부터 저 자신을 우습게 여겼습니다. 왜, 자존감이 낮은 사람들이 세상 알기를 우습게 알지 않습니까? 제가 딱 그랬습니다. 그런데다 공부도, 일도 곧잘 하니까 저는 점점 괴물이 되었습니다. 음란, 외도, 술 중독, 교만, 가족 경시, 존중 결여, 극단적 이기심, 무관심, 공동체 의식 결여, 질서에 불복종…… 안과 밖으로 얼마나 많은 죄를 짓고 살았는지 모릅니다. 그리고 그 뿌리에는 대를 이어 내려온 편애와 비교 의식이 자리 잡고 있습니다. 알게 모르게 지은 이런 수많은 죄가 오늘날의 고난을 가져왔습니다. 중소기업 사장인 저는 요즘 사업의 큰 위기를 맞았습니다. 다른 사람이라면 버티기 어려울 텐데 씻을 수 없는 가계의 저주와 죄, 그로 인해 겪는 고난에도 불구하고 제정신을 유지하고 있는 저를 보면 빙그레 웃게 됩니다. 하나님의 말씀과 교회 공동체가 저에게 침착함과 오래 참을 수 있는 힘을 주고 있습니다.

콩가루 중의 콩가루 집안 출신이어도 하나님이 후한 선물을 베푸셔서 이분이 약속의 자녀가 되었습니다. 이분도 라헬처럼 일류 딱지를 떼기가 너무 힘들었을 겁니다. 그러나 자기 부끄러움을 인정하고 씻어 주시기를 구하면서 죄를 줄줄이 오픈하고 난 뒤 지금은 가장 기쁜 때를 살고 있노라고 고백하셨습니다.

우리네 가정도 다 야곱 집과 같은 콩가루 가정 아닙니까? 그래도 예수 믿는 게 최고니까, 예수를 믿으면 다 약속의 자녀로 올라갈 줄 믿습니다. 적어도 우리는 내가 죄인이라는 걸 알잖아요.

내가 비난한다고 상대가 달라지지 않습니다. 나의 연약함을 보고 '천부여 의지 없어서' 손 들고 나아가는 것만이 우리가 변화되는 길입니다. 그러니 서로 비난하는 건 이제 그만했으면 좋겠습니다.

우리가 후한 선물을 받으려면 근본적인 열등감이 없어야 합니다. 하나님보다 합환채를 더 바라보아서는 안 됩니다. 하나님이 들으시는 기도를 해야 합니다. 그러면 하나님이 우리를 끝까지 생각해 주십니다.

나의 부끄러움을 인정할 때 하나님께서 그 부끄러움을 씻어 주십니다. 그 하나님의 은혜를 맛보기를 바랍니다. 야곱 가정을 보세요.

슬픔과 시기가 넘치고, 부인은 넷에다 각기 배다른 아들들인데 하나님이 그 자녀들을 다 약속의 자녀 삼아 주셨습니다. 이것이 가장 후한 선물입니다. 하나님은 우리를 한 번도 실망시키지 않으시고 은혜를 베풀어 주십니다. 그러므로 하나님과 우리 사이에 의심의 틈이 없어야 합니다. 주 안에 있는 나에게 딴 근심이 없어야 합니다.

"하나님이 내게 후한 선물을 주시도다!" 레아의 마지막 고백입니다. 오늘, 바로 지금, 여러분은 이런 고백을 할 수 있습니까? 라헬이 아니라 레아의 고백입니다. 남편이 나를 사랑해 주지 않아도, 내 삶에 보이는 것 하나 없어도 "하나님이 내게 후한 선물을 주시도다!" 고백하는 여러분과 제가 되기를 축원합니다.

- 숨기고 싶은 집안의 사연, 나의 사연은 무엇입니까? 누군가의 약점과 수치를 보고 손가락질하고 있지는 않습니까?
- 나의 부끄러움을 하나님 앞에 내어놓고 씻음 받고 있습니까? 죄로 얼룩진 인생이라도 예수를 믿음으로 약속의 자녀가 되는 줄 믿습니까?

재혼 가정에서 자란 저는 힘든 가정환경이 싫어 도망치듯 남편과 결혼했습니다. 이후 해외주재원인 남편을 따라갔던 해외 생활이 버거워서 남편은 두고 두 아들만 데리고서 서울로 돌아왔습니다. 그런데 큰아이는 한국에 돌아와 무기력해졌고, 작은아이는 사춘기를 겪다 급기야 학교에 불을 내고 강제 전학을 당할 위기에 빠졌습니다. 저는 "아버지와 떨어져 엄마 혼자 일하면서 너희를 키우는데 이럴 수 있느냐"고 라헬처럼 울부짖으며 작은아이를 반강제로 유학을 보냈습니다. 그러다 남편이 있는 해외로 다시 나가기 전 예배를 드리면서 제가 그동안 "예수여 나와 당신과 무슨 상관이니이까" 외치는 거라사의 귀신 들린 자와 같았다는 것을 깨달았습니다. 내가 밤낮으로 소리치며 가족을 힘들게 한 죄인이고, 돼지 떼 이천 마리가 몰살당한 것 같은 아들의 사건도 하나님이 저를 사랑하셔서 주신 일이라는 걸 알게 되었습니다(막 5장).

레아가 하나님을 만나고 당당한 모습으로 야곱에게 "내게로 들어오라" 한 것처럼 저는 영적 남편이신 하나님을 만난 뒤 예배와 공동체를 지키기 위해 해외로 나가려던 계획을 포기했습니다(창 30:16). 그리고 반강제로 유학 보낸 작은아들을 다시 집으로 데려오고자 공동체에 중보기도를 요청하고, 아들에게는 "힘든 마음은 만져 주지도 못하고 잔소리와 푸념만 했던 엄마를 용서해 주렴" 하며 빌었습니다. 이후 "말씀의 가치관을 갖는 아이가 되게 해 주시라"는 기도에 주님이 응답하셔서 마침내 작은아이는 집으로 돌아와 예배를 회복하고 청년부 목자까지 되었습니다.

하나님을 만난 뒤 배다른 동생과 비교하며 부모를 원망하던 저의 근본적인 열등감이 해결되었습니다. 그러자 르우벤처럼 저절로 부모님께 효도하고 싶은 마음이 생겼습니다(창 30:14). 저보고 영적으로 깨어 있으라고 하나님이 고난의 환경을 후한 선물로 주셨는데 저는 없는 아들만 바라며 원망하는 라헬처럼 감사 없는 삶을 살았습니다(창 30:1). 이런 제 모습을 회개합니다. 저의 신분을 깨닫게 하시고 자존심을 내려놓고 간절히 천국을 침노하게 하신 주님, 사랑합니다.

영혼의 기도

하나님 아버지, 아브라함이 죽고 이삭을 거쳐 야곱에 이르러 믿음의 3대가 되었으니 이제 세상이 부러워할 만한 인물이 나와야 한다고 생각했습니다. 그런데 믿음의 3대손인 게 무색하게 야곱이 너무 지질합니다. 사기꾼에다가 거짓말쟁이입니다. 여자 좋아하고 돈 밝히다가 결국 도망자 신세로 전락합니다. 집안도 그야말로 콩가루입니다. 엄마가 다른 열두 아들에, 자녀들끼리는 서로 시샘하고 경쟁하기에 바쁩니다. 그런데도 주님은 야곱의 열두 아들을 믿음의 조상, 찬란히 빛나는 약속의 자녀로 올려 주셨습니다. 이 무한한 주님의 은혜를 생각하면 얼마나 목이 메는지요. 오직 믿음으로 구원 받는다는 걸 알려 주려고 야곱의 가계가 수고했습니다.

주님, 아마 야곱은 저절로 하나님을 부르게 됐을 겁니다. 지질한 자신과 가정을 보면서 "주여!" 저절로 부르짖게 되었을 겁니다. 우리가 다 그렇습니다. 자존적 교만이 있어서 하나님을 그냥 믿지 못합니다. 잘난 이스마엘과 에서는 주님의 이름을 부르지 못했습니다. 콩가루처럼 가정이 다 부서져야, 학벌이 없어야, 부도와 외도, 중독으로 고통 속에 몸부림쳐 봐야 '나 같은 죄인' 하면서 겸손히 주님의 이름을 부릅니다. 그래서 주님이 우리를 고난의 한가운데 두십니다. 그러나 오직 예수이기에, 우리가 예수만 믿으면 어떤 환경에 있더라도 후한 선물이라고 고백하게 될 줄 믿습니다.

우리가 근본적인 열등감을 어찌할 수 없어서 예수를 믿어도 여전히 합환채를 구합니다. 비굴하기까지 합리화하면서 합환채를 얻어 내려 합니다. 세상에 대한 열망이 여전히 사그라들지 않습니다. 그러나 주님, 그래서 주 앞으로 나아갑니다. 나 자신이 너무 형편없어서 주님 앞에 나아갑니다. 자신의 형편없음을 깨닫고 모든 자녀를 약속의 자녀, 믿음의 후사로 올려놓은 레아와 야곱처럼, 우리도 나의 형편없음을 깨닫고 회개하여 하나님 나라를 이어 가는 믿음의 중심인물로 우뚝 서게 하옵소서.

주님, 특별히 한국 교계를 위해 기도합니다. 우리 속에 끊임없이 오가는 비난을 없애 주옵소서. 환난당하고 빚지고 원통한 자들이 모여 하나님 나라를 이룰 수 있도록 은혜 위에 은혜를 내려 주옵소서. 예수님 이름으로 기도하옵나이다. 아멘.

13

네 품삯을 정하라

창세기 30장 25~43절

하나님 아버지, 우리의 품삯은 얼마나 될는지요.
하나님께서 주시는 말씀을 듣고
나의 품삯을 정할 수 있기를 원합니다.
말씀하여 주옵소서. 듣겠습니다.

우리들교회 목장 보고서에서 한 목자님의 나눔을 읽었습니다. 이분이 사장님인데 사원들보고 성과급 지급에 반영할 자기 평가서를 제출하라고 했답니다. '나는 업무를 얼마나 잘 수행했는가?', '나는 얼마나 솔선수범했고 회사 화합에 기여했는가?' 이것이 평가 기준이었습니다. 그런데 웬걸요, 직원 전원이 스스로에게 'A+'를 주었다는 겁니다. 그뿐만 아니라 팀장들도 모든 팀원에게 A+를 주었답니다. 중역으로서는 이해할 수 없는 결과였습니다.

이전에 '5백만 원, 천만 원'으로만 성과급 차등을 두었을 때는 직원들이 자기 평가를 객관적으로 했답니다. 그런데 이번에는 'High-risk, High-return'(고위험, 고수익)이라는 벤처기업의 특성에 맞게 직원들에게 긴장감을 심어 주려고 '5백만 원, 천만 원, 2천만 원'으로 성과급 차등을 정했답니다. 그러자 이런 결과가 나온 겁니다. 모두가 자신에게 최고점을 주고, 급기야 성과급을 받지 못한 사원들이 퇴사하는 사태까지 발생했습니다.

'최고액이 천만 원이었을 때는 별문제가 없었는데 왜 2천만 원이 되니까 퇴사자까지 생겼을까? 사람들의 자존심 한계선이 2천만 원인가 보다. 경쟁이 인간의 자존심에 가장 큰 타격을 입힌다는 목사님 말씀이 정말 맞다!' 목자님은 깨달아졌답니다. 한국 사람들은 배고픈 건

참아도 배 아픈 건 못 참는다는 속설을 증명해 준 일례라고요. 앞으로 이런 폐단을 막고자 이전처럼 최고액을 천만 원으로 내려야 할지, 3천만 원으로 더 올려야 할지 고민이 된다고 하셨습니다.

여러분은 무엇이 정답 같습니까? 나의 품삯은 얼마라고 생각합니까? 본문에서 라반이 야곱에게 "네 품삯을 정하라" 합니다(창 30:28). 진정한 품삯은 무엇일까요? 제대로 품삯을 받으려면 어떻게 해야 할까요?

함께 있는 사람들에게 복을 끼쳐야 합니다

25 라헬이 요셉을 낳았을 때에 야곱이 라반에게 이르되 나를 보내어 내 고향 나의 땅으로 가게 하시되 26 내가 외삼촌에게서 일하고 얻은 처자를 내게 주시어 나로 가게 하소서 내가 외삼촌에게 한 일은 외삼촌이 아시나이다 _창 30:25~26

누구나 큰일을 성취하고 나면 고향 생각이 납니다. 왜, 그렇지 않습니까? 일이 잘 풀리고 승진하면 부모님 생각부터 나고 실패하고 실직하면 고향에 발걸음조차 하기 싫습니다. 야곱에게 큰일은 요셉을 얻은 것이었나 봅니다. 사랑하는 라헬에게서 낳은 요셉……. 야곱은 라헬에게서 요셉을 낳자 큰 짐을 벗은 것만 같습니다. 그래서 고향 땅으로 돌아가고 싶은 갈망이 생겼습니다.

야곱은 라반에게 고향 땅으로 돌아가게 해 달라고 요청하면서 자신이 얻은 처자를 품삯으로 달라고 합니다. 출애굽기 21장 종에 관한 법을 보면, 당시 히브리 종은 6년간 종살이를 한 뒤 칠 년째에는 주인을 떠나 자유인으로 살아갈 수 있었습니다. 그런데 이때 주인에게서 받은 아내가 있다면 그 아내뿐만 아니라 그에게서 얻은 자식들까지 두고 떠나야 했습니다. 만약 아내와 함께 살려면 주인의 집에 남아 종신토록 종살이를 해야 했습니다.

"만일 그가 단신으로 왔으면 단신으로 나갈 것이요 장가 들었으면 그의 아내도 그와 함께 나가려니와. 만일 상전이 그에게 아내를 주어 그의 아내가 아들이나 딸을 낳았으면 그의 아내와 그의 자식들은 상전에게 속할 것이요 그는 단신으로 나갈 것이로되. 만일 종이 분명히 말하기를 내가 상전과 내 처자를 사랑하니 나가서 자유인이 되지 않겠노라 하면. 상전이 그를 데리고 재판장에게로 갈 것이요 또 그를 문이나 문설주 앞으로 데리고 가서 그것에다가 송곳으로 그의 귀를 뚫을 것이라 그는 종신토록 그 상전을 섬기리라"(출 21:3~6).

출애굽기의 법이 이때도 적용되었는지는 모르겠습니다. 다만 "내가 외삼촌에게 한 일은 외삼촌이 아시나이다"라는 말에서 당시 야곱의 심경을 유추해 볼 수는 있습니다. 한 '일'은 원어로 '섬김, 봉사'라는 뜻 외에 '노예의 신세'라는 의미도 있습니다. 그러므로 "내가 외삼촌에게 한 일은 외삼촌이 아신다"라는 말의 숨은 뜻은 "사실 나는 노예처럼 일했다"라는 겁니다. "삼촌 아래서 노예처럼 일했지만 엄밀히 따지면 나는 조카고 사위다. 14년 일한 걸로 내 품삯을 이미 치렀으니

더는 노예가 아니다. 내 처자를 품삯으로 달라!" 하는 것이죠.

> 라반이 그에게 이르되 여호와께서 너로 말미암아 내게 복 주신 줄
> 을 내가 깨달았노니 네가 나를 사랑스럽게 여기거든 그대로 있으
> 라_창 30:27

지금까지 라반으로 보아 감언이설이라는 걸 여러분도 아시겠죠? 라반은 여호와를 사랑하는 사람도 아니요, 여호와를 바로 아는 사람도 아닙니다. 그런데 갑자기 여호와를 들먹이면서 "여호와께서 너로 말미암아 내게 복 주신 줄 깨달았다"고 야곱을 띄웁니다. 야곱을 너무 붙잡고 싶은 겁니다. 라반에게 야곱은 굉장히 필요한 사람입니다. 어쨌든 야곱 덕에 유익을 보았습니다. 야곱이 있어서 복을 받았습니다. 야곱이 얼마나 인정받는지, 라반의 이 한마디만 보아도 딱 알 수 있습니다.

우리도 세상에 복을 끼치는 존재가 되어야 예수를 전할 수 있습니다. 축복 받을 자격 없는 라반입니다. 예수를 제대로 알지도 못합니다. 그러나 하나님께서 야곱을 통해 그에게 물질의 복을 주신 것은, 하나님의 사람과 관계 맺고 있으면 떡고물이라도 떨어진다는 걸 보여주기 위함입니다. 그래서 믿음은 들음에서 난다는 말씀처럼(롬 10:17) 누구의 말을 듣는가, 누구와 관계 맺는가가 정말 중요합니다.

야곱 덕분에 라반이 풍성해졌습니다. 이처럼 내가 세상에 복을 끼치면 품삯을 정할 때 유리해지는 겁니다. 나로 인해 유익을 보아야

예수도 전합니다. 이것은 진리입니다. 말로만 "예수 믿으라"고 하면 믿을 사람이 누가 있습니까?

야곱은 일터에서 여호와를 나타냈습니다. 우리도 가정에서, 일터에서 여호와를 나타내야 합니다. 안 믿는 가족이나 동료 사이에서 내가 불이익을 당하고 있더라도 여호와를 나타내야 합니다. 그러면 모두가 나로 인해 복을 받습니다. 나를 힘들게 하는 시부모, 장인 장모, 동료, 상사라도 내 덕에 복을 받습니다. 형편없어도 예수를 믿는 내가 복의 근원입니다.

그러니까 여러분, 나는 멋있는 사람입니다. 지질하다고 무시당해도 예수를 믿으면 멋있는 사람입니다. 되는 일 하나 없다 해도 멋있는 사람입니다. 모두에게 복을 끼치는 멋진 인생으로 주님이 우리를 설계하셨습니다. 그러니 "나는 괜찮은 사람이다! 멋있는 사람이다!" 스스로에게 말해 주십시오. "나는 예수 믿고 되는 일이 없어!" 이러면 매력이 하나도 없어서 정말로 모두가 나를 무시합니다. 예수를 믿어도 열등감에 빠져 자신을 정죄하는 사람이 얼마나 많은지 모릅니다. 나의 환경이 어떠하든지, 예수를 만나기만 하면 복을 끼치는 인생이 되는 줄 믿습니다.

나아가 불신결혼은 시작도 하지 말기를 바랍니다. 누구와 관계 맺는가가 정말 중요한데, 믿지 않는 사람과 함께하기로 결정하는 것부터 복의 근원이 될 수 없습니다. 형편없어도 예수 씨를 보고 정해야 합니다. "지금 이 사람과 알콩달콩 좋은데 예수님은 나중에 믿으라고 하지 뭐." 이렇게 섣불리 결혼하면 복 받는 길로 더디 가게 됩니다. 내가 지금은 예수를 믿어도 마지막 날에 예수 이름을 부를지, 아닐지 모르잖아요. 그만큼 인생은 힘든 여행길이기에 누구와 동행하는지가 정말 중요합니다.

- 주변 사람이 내 덕에 복을 받습니까, 나 때문에 괴로워합니까? 나는 가정에서, 일터에서, 학교에서 여호와를 나타내고 있습니까?
- 나는 주로 누구의 말을 듣고 누구와 관계 맺고 살아갑니까?

함께 있는 사람에게 훈련을 잘 받아야 합니다

또 이르되 네 품삯을 정하라 내가 그것을 주리라_창 30:28

항상 라반은 야곱보고 품삯을 정하라고 합니다(창 29:15). 그러고는 주는 법이 없습니다. 맨날 결정을 뒤집습니다. 지금도 그렇습니다. 지난 24장에서 아브라함의 종이 리브가를 이삭의 신붓감으로 데려가겠다고 하자 라반이 일을 지연시키려 했습니다(창 24:55). 이번에도 "품삯을 정하라" 하면서 지연작전을 씁니다. 정말 품삯을 주려 했다면 진작 주었겠죠. 야곱이 14년을 일했고, 야곱 덕에 부자가 됐으면 그간 품삯의 10분의 1이라도 주었어야 합니다. 그런데 라반은 이제부터 품삯을 정하라고 합니다. 정말 주려는 게 아니죠. 우리가 실패하는 건 사람의 마음을 읽지 못하기 때문입니다. 말로 "품삯 줄게, 줄게" 한다고 홀랑 믿으면 안 됩니다.

딸들을 주는 대가로 14년을 일하기로 이미 약속했기 때문에 따지고 보면 라반 입장에서는 야곱에게 빚진 게 없습니다. 그런데 잘 보세요. 야곱이 받겠다고 한 게 아니라 라반의 입에서 먼저 "품삯을 정하라"는 말이 나왔습니다. 이것이 중요합니다. 라반 입에서 품삯이라는 말이 나오니까 떠나려던 야곱이 갑자기 주저앉습니다. 그리고 이때부터 머리를 굴리며 거래하기 시작합니다.

'언제까지 야곱 이야기를 들어야 하는가' 하는 분도 있을지 모르겠습니다. 애석하지만(?) 창세기 25장부터 끝까지 온통 야곱의 이야기입니다. 생각해 보세요. "야곱은 사기꾼이었다" 한마디하고 지나가면 될 일을 왜 닭 털같이 많은 본문을 야곱에게 할애할까요? 성경 한 절, 한 절이 너무 중요한데 말입니다.

야곱이 이처럼 길게 언급되는 건, 우리가 야곱처럼 안 변하는 인간이라는 뜻입니다. 야곱 이야기를 듣고 또 들으며, 우리보고 '사기꾼'이라는 소리를 날마다 들으라는 하나님의 깊은 뜻이 숨어 있는 것이죠. 그러니까 '내가 사기꾼이라서 나보고 들으라고 반복해서 말씀해 주시는구나' 해야지, '왜 자꾸 나한테 사기꾼이래!' 이러지 마세요. 그만큼 우리가 다 치졸합니다. 아무튼 야곱 이 인간은 돈 이야기만 나오면 눈이 반짝반짝해집니다.

야곱이 그에게 이르되 내가 어떻게 외삼촌을 섬겼는지, 어떻게 외삼촌의 가축을 쳤는지 외삼촌이 아시나이다_창 30:29

야곱은 물고 늘어질 사람이 외삼촌밖에 없습니다.

내가 오기 전에는 외삼촌의 소유가 적더니 번성하여 떼를 이루었으니 내 발이 이르는 곳마다 여호와께서 외삼촌에게 복을 주셨나이다 그러나 나는 언제나 내 집을 세우리이까_창 30:30

야곱이 '삼촌이 나를 필요로 하는구나, 내가 유리한 고지에서 협상할 수 있겠구나' 딱 알아챘습니다. 아쉬운 쪽이 손해 보는 협상을 하게 마련인데, 라반이 자신을 마음에 들어 하는 걸 야곱이 간파했습니다. 그래서 "외삼촌은 내 덕에 번성했는데 나는 여전히 처가살이하는 종에 불과할 뿐이다" 하고 밑밥을 던지면서 협상할 준비에 들어갑니다.

우리가 장사를 하건, 결혼을 하건 인간에 대해 간파해야 내가 원하는 걸 얻어 낼 수 있습니다. 그리고 성경이야말로 모든 인간론을 담은 책입니다. 그래서 성경을 열심히 묵상하면 결혼도 잘하고, 직장 생활도 잘합니다. 사장이든지 부하든지 내 역할을 잘 해냅니다.

많은 성도가 "목사님은 직장 생활도 안 해 봤는데 어떻게 잘 아세요?" 저보고 묻습니다. 제가 고생을 많이 해 보고 성경을 읽었잖아요. 여호와를 경외하는 것이 지혜의 근본이기에(잠 9:10), 세상일과 교회 일이 다르지 않고 일원론이기에 성령께서 제게 모든 일에 지혜를 주시는 줄 믿습니다. 그러니까 성경을 우습게 알면 안 됩니다.

본래 야곱은 간교한 사람입니다. 사기에 아주 일가견이 있습니다. 형이 배고프다고 하면 평범한 동생은 팥죽만 내주고 맙니다. 그런데 야곱은 형의 약점을 잡아서 장자권을 빼앗았습니다. 또 엄마와 한통속이 돼서 아버지가 눈이 어두워진 약점을 이용해 축복권을 탈취했습니다. 그러다 결국 집에서 쫓겨났습니다. 야곱 삶의 결론입니다. 이후 라반의 집으로 도망쳐 와서 무지막지하게 고생했습니다. 강적 라반 아래서 이른바 개고생을 했습니다. 임자를 제대로 만난 겁니다. 사기로 둘째가라면 서러운 야곱이 도무지 당해 낼 수 없는 고단위 사기꾼을 만났습니다.

그런데 아무리 라반이 사기의 고수라도 그에 못지않게 머리 좋은 야곱이 왜 가만히 당했을까요? 야곱이 하나님을 만나게 되니까 사람을 사랑하게 됐습니다. 라헬을 사랑하게 됐습니다. 야곱에게도 약점이 생긴 겁니다. 그래서 7년을 섬겼는데 신부를 바꿔치기하는 사기를 당했습니다. 라헬을 얻고 싶으면 7년을 더 일하라고 라반이 뻔뻔스럽게 나오는데도 꼼짝없이 당했습니다. 그러니까 약점이 있다는 건 좋은 겁니다. 피도, 눈물도 없는 사람은 연단을 받을 수가 없습니다.

만약 야곱이 신사적인 삼촌을 만났더라면 자기 주특기로 밧단아람을 사기 공화국으로 만들지 않았을까요? 그래서 하나님이 야곱의 사기가 전혀 안 통하는 라반을 붙이신 겁니다. "남편에게 당했어", "장인에게 당했어", "시어머니에게 당했어" 하며 억울해합니까? 나도 똑같은 사기꾼이니까 사기꾼을 만난 거예요. 나보다 사기 능력이 한 단계 위인 사람에게 걸린 것이죠. 사기꾼은 사기꾼을 알아봅니다. 그러니 "내가 당했다!" 이런 말은 하지 마십시오. 똑같아서 만난 겁니다. 사기 치고 속이는 나의 악한 본성이 고쳐지려면 나보다 센 사람을 만나는 방법밖에는 없습니다. 그래서 하나님이 붙이신 줄 믿습니다.

또한 야곱에게 길이 없습니다. 고향으로 돌아갈 수도 없고, 라헬을 내 것으로 만들어야 하니까 더더욱 떠날 수가 없습니다. 그래서 길이 없는 게 정말 축복입니다. 돌아갈 곳 없고, 돈 없어서 고스란히 당할 수밖에 없는 게 내 품삯을 정하는 비결입니다.

하나님은 라반을 써서 야곱을 혹독히 훈련하셨습니다. 라반을 통해 지난날의 내 죄를 보게 하셔서 야곱의 악한 인간성을 깨뜨리셨습니다. 혹시 "저 인간 너무너무 나빴어!" 하고 욕하는 사람이 있다면, 내가 그 나쁜 인간1인 줄 아십시오. 내가 나쁜 인간이기 때문에 하나님이 나쁜 인간2를 쓰시고 있다고 생각하면 됩니다. 세상에 나쁜 사람이 어디 있습니까? 그도 나도 훈련되라고 하나님이 서로에게 붙여 주신 겁니다. 사람의 매와 인생의 채찍으로 훈련하고 계신 겁니다(삼하 7:14).

길이 안 보입니까? 떠날 수도 머물 수도 없고, 피할 수도 맞설 수도 없는 인간관계에 봉착해 있습니까? 남편, 아내, 부모, 자녀, 상사가 나를 쥐락펴락하며 이러지도 저러지도 못하게 합니까? 나보고 잘 단련 받아서 주님이 쓰시는 일꾼 되라고 붙여 주신 라반입니다. 야곱을 훈련시킬 사람은 라반밖에 없으니까 하나님이 야곱을 그리로 보내셨습니다. 마찬가지로 나를 훈련시킬 사람이 그 사람뿐이라서 하나님이 지독한 시부모에게로, 장인 장모에게로, 상사, 동료에게로 나를 보내셨습니다. 꼼짝없이 당하려니까 입이 나오고 괴롭지만 다 필요해서 라반을 붙이신 것입니다. 하나님께서 나의 품삯을 후하게 쳐 주려고 붙이신 훈련 도구입니다.

사기죄와 그 예방법에 관해 쓴 한 칼럼을 읽었습니다. 한국소비자보호원이 분석한 사기 유형은 총 56가지랍니다. 신용카드, 어음, 수표, 주식, 부동산, 낙찰계, 결혼, 취업, 입학, 도박, 연예인 캐스팅 등 생활의 모든 영역이 사기 대상이고, 전자상거래 사기, 국제무역 사기 등 신종 사기가 날마다 생겨납니다. 심지어 대법관조차 보이스피싱 사기를 당하는 세상입니다. 그러면 날로 진화하는 사기 수법에 우리가 속수무책으로 당하지 않으려면 어떻게 해야 할까요? 무엇보다 상대의 심리를 파악하고 세상 인심을 아는 것이 중요하답니다. 구체적으로는 "세상에는 공짜가 없다"는 걸 알아야 한답니다. 대부분 공짜를 좋아해서 사기를 당한다는 겁니다. 공짜가 없다는 것만 마음에 새겨도 절대 사기를 안 당한답니다.

그러니 "당신 손에 물 한 방울 안 묻히게 해 줄게", "매일 여행만 다니자", "생일마다 명품 선물 사 줄게" 이런 말에 속아서 결혼해서는 안 됩니다. 세상에 공짜는 없다고 했지요? 달콤한 말에 넘어가 결혼한 사람치고 "내가 속았다!" 하지 않은 사람 못 봤습니다. 부부 사이에도 공짜는 없습니다. 부모 자식 사이에도 공짜는 없습니다. 내가 가만히 있어도 남이 나를 위해 시간을 내고 일해 줄 거라는 생각만큼 어리석은 생각이 없습니다. 타인이 나를 위해 무엇을 해 준다면 분명 숨은 의도와 목적이 있는 겁니다. 사기꾼들의 수법과 함정을 잘 살펴보세요. 사람을 객관적으로 판단하고 세상사의 흐름과 상황을 바로 보아야 합니다. 늘 뱀같이 지혜롭고 비둘기같이 순결해야 합니다(마 10:16).

예수 믿는다고 무조건 사람을 믿어서는 안 됩니다. 사람은 사랑의 대상이지 결코 믿음의 대상이 아닙니다. "나는 착해", "나는 그 사람을 믿었어!" 이런 말은 "나는 바보야"라는 말과 같습니다. "나는 욕심 덩어리야" 하는 겁니다. 내 욕심 때문에 속아 놓고는 상대만 탓하면서 "나는 믿어 줬다"고 자랑하듯 떠들어 대는 사람을 많이 보았습니다. 속인 자보다 속은 자가 더 나쁘다고 제가 늘 말합니다. 왜냐하면 우리는 예수 믿는 사람이잖아요. 예수 믿는 사람이 어떻게 세상 사람에게 속을 수 있습니까?

물론 눈에 불을 켜고 '속지 않아야지' 해도 우리는 연약하기에 쉬이 속아 넘어갑니다. 차라리 모르는 사람이면 나은데 부모, 배우자, 자녀가 나를 속입니다. 그래도 내가 복을 끼치려면 주님이 내 옆에 붙이신 그 사람에게 훈련을 잘 받아야 합니다. 영생 화장품을 바른 듯 어떤 상황에서도 신비한 얼굴과 태도로 인내하다 보면 나에게도, 옆 사람에게도 복을 끼치는 인생이 됩니다.

- 내 방법, 잔머리가 전혀 통하지 않는 사람은 누구입니까? 내가 사기꾼이라서 내 곁에 더한 사기꾼을 붙여 주신 걸 인정합니까? '나를 훈련시킬 사람은 이 사람밖에 없구나' 하며 잘 훈련 받고 있습니까?
- 공짜를 밝히다가 속은 일은 무엇입니까? 나는 어떤 욕심 때문에 속았습니까?

하나님만이 진정한 품삯을 주신다는 걸 알게 됩니다

우리가 함께 있는 사람에게 훈련을 잘 받으면 하나님이 진정한 품삯을 주십니다. 라반이 "품삯을 정하라" 했지만 저절로 야곱의 품삯이 정해집니다. 하나님이 어떻게 야곱의 품삯을 정해 주시는지 살펴보겠습니다.

> 라반이 이르되 내가 무엇으로 네게 주랴 야곱이 이르되 외삼촌께서 내게 아무것도 주시지 않아도 나를 위하여 이 일을 행하시면 내가 다시 외삼촌의 양 떼를 먹이고 지키리이다 _창 30:31

야곱은 라반이 아무것도 주지 않을 걸 잘 압니다. 이것이 중요합니다. 라반에게서 나올 게 없다는 걸 야곱은 이미 알고 있습니다. 혹시 뭐라도 내게 떨어질까 해서 못 떠나는 자리가 우리에게도 있습니다. 누가 돈을 쥐고서 "줄까, 줄까?" 한다고 마냥 휘둘려서는 안 됩니다. 그 속셈을 내가 분별해야 합니다. 욕심이 많으니까 분별을 못하고, 못 떠나는 겁니다.

> 32 오늘 내가 외삼촌의 양 떼에 두루 다니며 그 양 중에 아롱진 것과 점 있는 것과 검은 것을 가려내며 또 염소 중에 점 있는 것과 아롱진 것을 가려내리니 이같은 것이 내 품삯이 되리이다 33 후일에 외삼촌께서 오셔서 내 품삯을 조사하실 때에 나의 의가 내 대답이 되리

이다 내게 혹시 염소 중 아롱지지 아니한 것이나 점이 없는 것이나 양 중에 검지 아니한 것이 있거든 다 도둑질한 것으로 인정하소서 34 라반이 이르되 내가 네 말대로 하리라 하고 35 그 날에 그가 숫염소 중 얼룩무늬 있는 것과 점 있는 것을 가리고 암염소 중 흰 바탕에 아롱진 것과 점 있는 것을 가리고 양 중의 검은 것들을 가려 자기 아들들의 손에 맡기고 36 자기와 야곱의 사이를 사흘 길이 뜨게 하였고 야곱은 라반의 남은 양 떼를 치니라_창 30:32~36

야곱은 라반의 양과 염소 중에서 아롱진 것, 점 있는 것만 품삯으로 받고 그 외에는 가져가지 않겠다고 말합니다. 즉, 열성(劣性)인 가축으로만, 최소한의 품삯만 달라는 겁니다. 이는 라반을 안심시키는 동시에, 욕심 많고 비열한 그라도 거절할 수 없게 하는 요구입니다. "당신이 좋은 것은 다 가지고 못생기고 약하고 변종인 것만 주세요." 누가 이런 요구를 할 수 있겠습니까? '여태껏 돈 한 푼 주지 않았는데 이 정도는 거절할 수 없겠지' 야곱은 생각했습니다.

라반도 자기에게 유리한 거래라고 생각해서 즉시 받아들입니다. 야곱이 요구한 품삯은 당시 양치기의 품삯과 비교도 안 되는 적은 몫이었습니다. 그래서 허술해 보이는 야곱의 제안을 빨리 매듭짓고자 라반이 발 빠르게 움직입니다.

먼저 양과 염소 중에 우성과 열성을 구분하고 열성인 아롱진 것과 점 있는 것, 양 중의 검은 것은 아들들에게 맡겨 사흘 길쯤 떨어진 곳으로 몰고 가게 합니다. 사흘 길은 약 100km 거리로, 두 무리가 절대 섞이지 않게 멀리 떨어뜨린 겁니다. 그러고는 야곱에게 우성인 흰 양과 검은 염소만 맡겨서 앞으로도 점 있는 것이나 아롱진 것이 나올 수 없도록 철저히 조치합니다. '점 있는 것, 아롱진 것은 얼마 안 되니까 멀리 떨어뜨려 두고 내가 잘 관리하면 되겠지' 하는 속셈입니다. 야곱에게 일 원의 삯도 안 주려고 있는 대로 머리를 굴립니다.

그러나 사흘 길 거리를 둔 것이 오히려 야곱에게 기회가 되었습니다. 라반의 감시에서 벗어나게 됐잖아요. 뒤에서 보겠지만, 라반이 아롱진 것만 쳐다보는 사이 야곱이 이른바 유전자 변형 작전에 돌입합니다. 양의 주인은 라반이지만 양치기는 야곱입니다. 실전 경험이 훨씬 많습니다. 물론 하나님이 벧엘에서 주신 약속을 믿기도 했겠지만, 아마도 야곱이 수십 년 양을 치면서 유전의 법칙을 조금 깨달은 것 같습니다. 멘델의 법칙을 일찍 깨달았다고 할까요?

저도 교회를 개척했을 때 야곱처럼 아롱진 것, 점 있는 것만 달라고, 그것이 내 품삯이라고 기도했습니다. "환난당하고 빚지고 원통한 자만 오라!" 외쳤습니다(삼상 22:2). 누가 이 좁은 길을 자처해서 가겠습니까? 그러나 야곱이 14년 고생한 뒤 지혜가 생긴 것처럼, 저도 14년 결혼생활을 통해 갖은 고난을 겪고 나니까 확신이 생겼습니다. 라반이 읽혔습니다. 남의 속에 들어갔다 온 것처럼 사람에 대해 잘 알게 됐습니다. 이것은 오랫동안 양을 쳐 보지 않은 사람이라면 알 수 없는 것입니다. 제가 양을 열심히 쳤잖아요. 실전 경험이 많습니다. 아무도 제게 직분을 안 주니까 꼭 무수리처럼 다니면서 제가 일대일 전도를 했습니다. 그렇게 "가정을 지켜야 한다" 입술이 부르트도록 외치며 이혼을 막고 보니까 환난당하고 빚지고 원통한 자가 나의 품삯이란 걸 알게 됐습니다. 다른 건강한 양은 라반의 것이라는 마음이 들었습니다. 야곱도 같은 마음이었는지는 모르겠지만, 아롱지고 점 있는 것만 달라고 하는 야곱을 보니까 꼭 제 모습 같습니다.

멘델의 법칙에 의하면, 생물의 다른 형질은 유전 인자에 의해 결정됩니다. 서로 다른 형질을 교배한 잡종 1대에서는 우성의 형질만 나타납니다. 열성의 형질이 잠재하고 있긴 하지만 외형으로 나타나지는 않습니다. 그런데 잡종 2대에서는 우성만이 아니라 열성도 나타납니다. 우성과 열성이 일정한 비율로 분리돼서 나타나죠. 양은 털빛이 흰 것이, 염소는 검은 것이 우성입니다. 멘델의 법칙에 따른다면, 겉보기에 우성인 양과 염소라도 열성인자가 잠재하기에 2대에서는 열성인 새끼가 나올 수 있는 겁니다. 확률은 낮지만 불가능한 일은 아닙니다. 야곱이 수십 년 양을 치면서 이런 유전의 원리를 알게 된 것 같습니다.

어찌 됐건 야곱이 품삯을 달라고 한 것이 아니라 라반이 먼저 품삯을 정하라고 했습니다. 이것이 중요합니다. 열성인 것들은 라반이 모두 데려가고 우성 가운데서 열성을 만들어 내야 하니까, 이제부터 야곱의 피나는 노력이 시작됩니다.

37 야곱이 버드나무와 살구나무와 신풍나무의 푸른 가지를 가져다가 그것들의 껍질을 벗겨 흰 무늬를 내고 38 그 껍질 벗긴 가지를 양 떼가 와서 먹는 개천의 물 구유에 세워 양 떼를 향하게 하매 그 떼가

물을 먹으러 올 때에 새끼를 배니 39 가지 앞에서 새끼를 배므로 얼룩얼룩한 것과 점이 있고 아롱진 것을 낳은지라 40 야곱이 새끼 양을 구분하고 그 얼룩무늬와 검은 빛 있는 것을 라반의 양과 서로 마주보게 하며 자기 양을 따로 두어 라반의 양과 섞이지 않게 하며 41 튼튼한 양이 새끼 밸 때에는 야곱이 개천에다가 양 떼의 눈 앞에 그 가지를 두어 양이 그 가지 곁에서 새끼를 배게 하고 42 약한 양이면 그 가지를 두지 아니하니 그렇게 함으로 약한 것은 라반의 것이 되고 튼튼한 것은 야곱의 것이 된지라_창 30:37~42

먼저 야곱은 푸른 나뭇가지를 가져다가 껍질을 벗겨 속의 흰 무늬가 드러나게 만듭니다. 그러면 겉의 푸른색과 속의 흰색이 어우러져 얼룩얼룩한 모양의 가지가 됩니다. 그 가지를 양 떼가 와서 먹는 개천의 물 구유에 세워 두자 어떤 일이 일어납니까? 양들이 그 가지를 보고 얼룩얼룩하고 점 있고 아롱진 새끼를 낳습니다.

물론 얼룩얼룩한 가지 때문에 양들의 DNA 구조가 바뀐 건 아닙니다. 아마도 껍질이 벗겨진 가지가 양들의 성 충동을 유발한 것으로 보입니다. 교미를 촉진시켜서 새끼를 많이 낳게 한 것이죠.

그만큼 우리가 무엇을 보는가가 중요합니다. 하나님의 사람 야곱이 놓아둔 얼룩얼룩한 가지를 양들이 보고 점 있는 새끼를 낳습니다. 하늘의 것을 보면 하늘의 것을 낳고 땅의 것을 보면 땅의 것을 낳는 법입니다.

나아가 야곱은 자신의 양과 라반의 양을 마주 보게 해서 라반의 양들이 얼룩진 새끼를 낳도록 유도합니다. 그러고는 튼튼한 양에게 만 껍질 벗긴 가지를 보여 주어서, 약한 것은 라반의 것이 되고 튼튼한 것은 자신의 것이 되게 합니다. 루터에 의하면 당시 봄에 수태하는 양은 실하고 가을에 수태하는 양은 약했다고 합니다. 아마도 야곱은 자신의 양은 봄에, 라반의 양은 가을에 수태하게 했을 것입니다. 정말 할 수 있는 모든 노력을 다합니다.

전도도 그렇습니다. 야곱이 죽기 살기로 노력해서 성공했듯 전도도 일반적인 원리로는 되지 않습니다. 한 생명을 전도하기까지 얼마나 애쓰고 또 애써야 하는지 모릅니다. 실전을 취해 보지 않으면 결코 할 수 없습니다. 그런데 제가 오십까지 평신도로 지내며 실전 경험이 많잖아요? 그것을 우리들교회 성도들에게 가르쳤더니 성도들도 양을 많이 낳고 있습니다.

라반의 가축은 희고 검은 우성이라도 "메에~" 울기만 할 뿐 아무것도 못 하는데, 야곱의 양과 염소는 점박이라도 건강합니다. 마찬가지로 우리들교회 성도들도 환난당하고 빚지고 원통한 인생들이지만 건강합니다. 그래서 복음이 필요한 곳이면 어디든 침노합니다. 시댁으로, 친정으로, 처가로 달려갑니다. 그 결과 우리들교회가 이만큼 부흥할 수 있었습니다.

이에 그 사람이 매우 번창하여 양 떼와 노비와 낙타와 나귀가 많았더라_창 30:43

야곱이 마침내 번창하게 되었습니다. 그런데 생각해 보자고요. 이 모든 게 야곱이 열심히 노력해서 얻은 것입니까? 야곱이 아무리 유전자 법칙을 잘 알고 사방으로 노력했어도 하나님이 기적을 베풀어 주지 않으셨다면 불가능한 일입니다. 오직 하나님의 은혜로 온 들판이 아롱진 가축들로 가득 차게 되었습니다.

우리가 야곱의 노력을 여러 측면으로 묵상해 보고 적용할 점도 찾아보았지만, 그렇다고 야곱의 행동이 옳은 건 아닙니다. 야곱은 하나님을 의뢰하면서도 여전히 수단과 방법을 가리지 않습니다. 여전히 선하지 않습니다. 하나님이 라반을 손보시고자 야곱에게 재물을 몰아주셨지만 언젠가는 내려놓아야 할 재물입니다. 하나님께서 야곱에게 길이 없다는 걸 아시고, 그의 고난과 수고를 기억하시고 선하게 인도하신 것이라고밖에는 설명할 길이 없습니다. 그러니까 우리가 당한 억울한 대우들도 하나님께서 다 갚아 주실 줄 믿습니다.

한 경찰관의 사연을 다룬 기사를 읽었습니다. 경찰대학 출신인 주인공은 25년 동안 경위직에만 머물고 있는 분입니다. 보통 경찰대학 출신들은 경위부터 시작해 빠르게 고위직에 올라갑니다. 그런데 이분은 동기들처럼 승진시험에 매달리지 않았답니다. 경찰대를 나왔다고 자신보다 나이도, 현장 경험도 많은 다른 경찰들을 제치고 올라가는 게 마음에 걸린 겁니다. 대신에 함께 일하는 선배, 동료들과 융화되고 친밀해지기에 힘썼습니다. 근무한 지 5년이 됐을 때 승진시험에 도전하기도 했지만 경쟁이 치열해서 뜻을 이루지 못했습니다. 그렇게 하루, 이틀 동료들을 섬기다 보니까 만년 경위가 된 겁니다. 이제는 늘어서 승진도 쉽지 않은데다, 까마득한 후배들이 이분을 심사 평가하는 지경이 되었습니다. 그러면 자괴감이나 비애를 느낄 만도 한데 내색 한번 해 본 적 없답니다. 이분의 부인도 경찰관인데 승진은 제쳐두고 일에만 매달리는 남편을 부인도 어찌할 수 없었답니다.

경찰 조직에서 승진을 포기하는 건 인생을 포기하는 것이나 다름없다고 합니다. 그러나 주인공은 자신을 희생하며 다른 사람의 업무 공백을 메우고 허드렛일을 도맡아 했습니다. 그래서일까요? 하나님이 이 가정에 큰 선물을 허락하셨습니다. 바빠서 제대로 돌보지도 못한 두 아들이 모두 서울대에 합격한 겁니다. 명문대에 보낸 걸로 자식 농사를 잘 지었다고 단언하기는 어렵지만 세상 사람들이 보기에는 평생 품삯을 받았다고 하지 않겠습니까?

이분이 예수를 믿는지 안 믿는지는 모르겠습니다. 어쨌든 우리도 이타적으로 살면 하나님이 다 갚아 주실 줄 믿습니다. 다른 사람을 살리는 데 드린 나의 시간과 물질을 하나님이 기억하시고 반드시 갚아 주십니다. 이것이 진정한 품삯이 아닐까 생각합니다.

우리들교회 한 성도가 제게 메일을 보냈습니다. 이분은 재무 상담사로 일하다 더 안정적인 직장을 찾고자 최근 구직에 매달렸습니다. 그러나 번번이 고배를 마셨죠. 그런데 얼마 전 한 회사에서 면접을 보고 조건부 합격을 했다는 겁니다. 조건은 "이 회사를 다녀도 좋다는 담임목사의 결재를 받아 오라"는 것이었습니다.

자세한 내용은 이렇습니다. 회장님과 일대일 면접을 보는데 나이도 많고 회사가 원하는 조건도 아닌 이분을 처음엔 마음에 들어 하지 않았답니다. 그런데 이력서 종교란에 쓰인 '기독교'를 보고 "어느 교회를 다니냐?"고 묻더랍니다. "우리들교회에 다닙니다" 했더니 회장님이 갑자기 자세를 고쳐 앉으며 "그 유명한 이양재 목사님 교회에 다니냐?" 하더라는 거죠. 다 좋은데 '이'양재는 옥에 티네요. 그러고는 "그 목사님께서 우리 회사를 위해 기도해 주시면 얼마나 번창하겠냐, 합격시켜 줄 테니 꼭 목사님 허락을 받아 오라" 했다는 겁니다.

이 회장님이 대형교회 장로님이신데 CTS에서 제 설교 방송이 나오면 만사 제쳐 두고 들으신답니다. 이분이 입사 조건에 하나도 안 맞는데 오직 우리들교회 성도라서 붙었습니다. 부목자로 열심히 섬기고 있으니까 하나님께서 품삯을 주신 줄 믿습니다. 지금은 보이지 않아도 우리가 기쁨으로 섬기다 보면 하나님이 진정한 품삯을 한 방에 내려 주실 줄 믿습니다.

품삯을 받으려면 함께 있는 사람에게 훈련을 잘 받으며 복을 끼쳐야 합니다. 그가 나를 속이고 못살게 굴더라도 주님이 보내신 그 자리에서 묵묵히 최선을 다하는 것이 잘 훈련 받는 길입니다. 그러면 우리의 인내와 수고를 잊지 않으시는 주님이 나의 품삯을 후히 쳐 주실 줄 믿습니다. 우리 모두가 후한 품삯을 받는 인생이 되기를 축원합니다.

• 사람에게 품삯을 바라며 비굴하게 머물러 있는 자리는 어디입니까?
• 하나님을 의뢰한다고 말하면서도 여전히 내 뜻, 내 방법대로 하는 일은 무엇입니까? 진정한 품삯을 주실 하나님을 신뢰하며 내게 허락하신 자리에서 사람을 살리고 있습니까?

저는 고등학생 때 하나님을 만났지만 대학을 졸업하며 허무주의에 빠졌습니다. 결혼 후 기쁨도 잠시, 첫아이가 3개월 3일을 살고 천국에 가는 사건이 왔습니다. 저는 아이를 지키지 못했다는 정죄감에 시달렸습니다. 그러다 "십자가의 고난이 빠진 긍정은 주 안에서의 긍정이 아닙니다. 예수님이 말씀하신 복음은 오직 십자가 복음밖에 없습니다" 하시는 목사님의 설교 말씀을 듣고 이 고난이 주님의 부르심이라는 것이 깨달아져 정죄감에서 해방되었습니다.

그 후 둘째를 임신하고 아이가 건강하다는 말에 세상을 다 가진 듯했습니다. 그러나 예배를 드리며 자녀가 장애아로 사는 것보다 천국 가는 것이 더 좋겠다고 생각했던, 세상 이목을 버리지 못한 악을 회개했습니다. 그런데 이상이 없다던 둘째 아이도 첫아이와 같이 태어난 지 5분 만에 자가 호흡을 못하고 힘들어했습니다. 그때 제겐 하나님이 마치 야곱의 열성 양을 지키는 라반같이 강퍅하게 느껴졌습니다(창 30:35). 그러나 고난을 겪을수록 아이가 장애아로 누워만 있더라도 아이의 구원을 위해 살아야겠다는 생각이 간절해졌습니다.

아이의 투병 막바지 즈음 큐티 말씀은 대속제물을 드리는 제사장에 관한 출애굽기 말씀이었습니다. 7개월 투병 기간 내내 아이는 아침저녁으로 피검사를 했는데, 그때마다 손가락과 발가락 사이사이에 혈관이 터지곤 했습니다. 또 옆구리에는 위류관 구멍과 뇌파 검사를 위한 빽빽한 전선이 달렸는데, 기저귀만 차고 발가벗은 아이의 모습이 꼭 예수님의 모습 같았습니다. 저는 아들의 아픔을 통해 예수님의 십자가 대속의 본질을 비로소 깨달았습니다.

아이가 천국으로 떠난 날, "심폐 소생술!"을 외치며 달려가는 의사들을 만류하며 마지막 숨이 남은 아들을 품에 안았습니다. 그리고 남편과 함께 "희준아! 천국에서 만나. 희준이는 아빠, 엄마의 최고의 아들이었어"라고 말해 주었습니다.

둘째 아이의 죽음으로 저는 다른 이들에게 복을 끼치는 예수님의 부활 신앙으로 다시 태어났습니다(창 30:27). 아파트에서 뛰어내리고 싶도록 허무했던 제가 목장에서 지체를 섬기며 천국의 기쁨을 누리고 있는 이것이 기적이고 표적입니다. 진정한 품삯을 주셔서 기뻐하고 감사하게 하신 하나님, 사랑합니다.

영혼의 기도

하나님 아버지, 나의 품삯은 얼마나 될까요? 주님이 "네 품삯을 정하라" 하시는데, 우리는 내가 이 정도 했으니 자녀는 일류 대학을 가야만 하고, 남편은 나를 사랑해 주어야만 하고, 돈을 잘 벌어야만 하고, 승진해야만 한다고 주장합니다. 내가 함께하는 사람들에게 얼마나 복을 끼쳤는지는 객관적으로 보지 못합니다. 왜 내가 잘한 것만 생각나는지 모르겠습니다. 나는 합당한 품삯을 받지 못한다고 늘 절규합니다. 왜 내게 힘든 사람과 환경을 주셨냐고, 나는 이렇게 살 사람이 아니라고 불평합니다. 세상에 저런 나쁜 인간은 없다고 부르짖습니다. 그래서 이혼을 결심하고 내게 주신 환경을 뛰쳐나가려고 애를 씁니다. 오늘 내 옆에 있는 사람에게 복을 끼치는 것이 가장 큰 품삯을 받는 길인데 우리가 그걸 모릅니다. 내 속의 더러운 악을 보지 못해서 하나님이 훈련 받으라고 더 악한 사람을 붙이셨는데 늘 "나는 억울하다" 부르짖기만 합니다. 이런 우리를 용서해 주옵소서.

라반의 재산이 아무리 많아도 잠시 후면 다 없어질 것들인데 야곱이 그걸 깨닫지 못합니다. 장래를 내다보지 못합니다. 그래서 치열하게 계산하며 여전히 자기 방법대로 품삯을 가지려 합니다. 우리도 내가 천하를 가진 신분인지도 모르고 그저 눈앞의 것만 갖고자 애씁니다. 주님, 불쌍히 여겨 주옵소서. 우리가 먼 훗날을 내다보는 천국 가치관을 가질 수 있도록 도와주옵소서. 내 속에 계신 하나님이 무엇과도 비교할 수 없는 어마어마한 품삯인 것을 믿고, 그 하나님이 붙여 주신 사람에게 잘 훈련 받도록 인도해 주옵소서. 내 남편, 아내, 자녀가 나의 품삯인 것을 알고, 힘든 식구들을 품을 수 있도록 도와주옵소서. 우리가 허락하신 환경에 끝까지 잘 매여 진정한 품삯을 받을 수 있도록 주님, 도와주옵소서.

예수 믿으면 복을 끼치는 인생이 된다고 말씀하셨습니다. 온 천하를 변화시키는, 최고의 품삯을 받은 주인공이 바로 나라는 걸 알고 우리가 당당하게 걸어갈 수 있게 해 주옵소서. 멋있는 인생이라고 부르짖고 갈 수 있도록 은혜 위에 은혜를 내려 주옵소서. 예수님 이름으로 기도하옵나이다. 아멘.

후한 선물

초판 발행일 | 2023년 7월 31일
2쇄 발행 | 2023년 10월 17일

지은이 | 김양재

발행인 | 김양재
편집인 | 김태훈
편집장 | 정지현
편집 | 김윤현 진민지 고윤희
디자인 | 디브로
표지 일러스트 | 이옥진

발행한 곳 | 큐티엠
주소 | 경기도 성남시 분당구 판교공원로2길 22, 4층 큐티엠 (우)13477
편집 문의 | 070-4635-5318   **구입 문의** | 031-707-8781
팩스 | 031-8016-3193
홈페이지 | www.qtm.or.kr   **이메일** | books@qtm.or.kr
인쇄 | ㈜정현씨앤피
총판 | ㈜사랑플러스 02-3489-4300

ISBN | 979-11-92205-52-6

큐티엠(QTM, Quiet Time Movement)은 '날마다 큐티'하는 말씀묵상 운동을 통해
영혼을 구원하고, 가정을 중수하고, 교회를 새롭게 하는 일에 헌신합니다.